本书为2022年度河北省社科联确认课题（项目编号：

新时代高职院校劳动教育研究

盖小丽 著

吉林大学出版社
·长春·

图书在版编目（CIP）数据

新时代高职院校劳动教育研究 / 盖小丽著 . -- 长春：吉林大学出版社，2022.9
ISBN 978-7-5768-1319-7

Ⅰ.①新… Ⅱ.①盖… Ⅲ.①劳动教育 - 教学研究 - 高等职业教育 Ⅳ.①G40-015

中国版本图书馆 CIP 数据核字（2022）第 244694 号

书　　名	新时代高职院校劳动教育研究
	XINSHIDAI GAOZHI YUANXIAO LAODONG JIAOYU YANJIU

作　　者：盖小丽
策划编辑：矫　正
责任编辑：矫　正
责任校对：甄志忠
装帧设计：久利图文
出版发行：吉林大学出版社
社　　址：长春市人民大街 4059 号
邮政编码：130021
发行电话：0431-89580028/29/21
网　　址：http://www.jlup.com.cn
电子邮箱：jldxcbs@sina.com
印　　刷：天津和萱印刷有限公司
开　　本：787mm×1092mm　　1/16
印　　张：13.5
字　　数：200 千字
版　　次：2023 年 5 月　第 1 版
印　　次：2023 年 5 月　第 1 次
书　　号：ISBN 978-7-5768-1319-7
定　　价：68.00 元

版权所有　翻印必究

前　言

2020年3月20日，中共中央、国务院发布《关于全面加强新时代大中小学劳动教育的意见》，明确提出了"引导学生树立正确的劳动观，崇尚劳动、尊重劳动，增强对劳动人民的感情，报效国家，奉献社会"[①]的劳动教育观念，强调"把劳动教育纳入人才培养全过程，贯通大中小学各学段，贯穿家庭、学校、社会各方面，与德育、智育、体育、美育相融合"[②]的育人体系的构建与完善。全面开展大学生劳动教育，符合国家教育体制改革和创新发展战略，与国家职业教育改革发展的要求相契合，体现了党和国家对于培养新时代中国特色社会主义建设者和接班人的迫切需要。

职业教育是一种特殊形式的技术教育，它的培养目标主要是专业技术技能型人才，这些技术技能型人才在未来从事的工作主要是实践性强的工作。因此，职业教育在人才培养中更应该注重劳动教育，注重培养学生正确的劳动观。现阶段，各高职院校正积极地组织和开展"爱学习、爱劳动、爱祖国"的社会实践活动，这不仅有助于引导广大学生树立正确的价值观、人生观、世界观，而且有利于充分调动他们劳动的积极性和主动性，培养他们良好的劳动习惯，从而实现他们身心的健康发展。通过劳动实践，使他们充分了解岗位能力要求、明确发展方向和自己所适合的职业，从而帮助他们实现更高质量的就业。

进入新时代，中国特色社会主义处于高速增长向高质量发展的关键转型时期，社会经济发展坚持以供给侧结构性改革为主线，加快发展先进制造业，推进互联网技术、人工智能、大数据与实体经济的融合，亟需大批

---

① 新华社. 中共中央 国务院关于全面加强新时代大中小学劳动教育的意见[EB/OL]. （2020-3-26）[2022-1-2]. http://www.gov.cn/zhengce/2020-03/26/content_5495977.htm.

② 新华社. 中共中央 国务院关于全面加强新时代大中小学劳动教育的意见_中央有关文件_中国政府网[EB/OL]. （2020-3-26）[2022-1-2]. http://www.gov.cn/zhengce/2020-03/26/content_5495977.htm.

生产一线和创新发展的高职教育优质人才。新时代背景下的高职教育需要大改革、大发展，应着力培养高素质劳动者和技术技能人才，继续服务社会经济发展。因此，大力加强劳动教育是高职院校落实立德树人根本任务和促进"三教改革"的重要基础。高职院校劳动教育积极响应新时代党的教育方针，取得了一些成效，同时，也面临一些问题，如高职院校对劳动教育的认识度不够，缺乏系统化与职业特色，劳动教育与专业教育、思想政治理论课缺乏融合等。这些问题既有高校的共性问题，也有高职院校职业教育的特殊性问题，其特殊性恰恰是高职院校劳动教育问题的症结所在和改革出发点。

因此，本书立足新时代高职院校劳动教育特殊性，并以此为基本线索，探讨高职院校加强劳动教育问题。全书共设置七章，从学校劳动教育的内涵切入，概述学校劳动教育的功能及特殊性，指出新时代高职院校加强劳动教育的重要意义；阐述马克思主义经典作家的劳动教育思想、中国共产党的劳动教育思想、中华优秀传统文化与近现代教育学者的劳动教育理念等理论依据和国际、国内形势等现实依据；梳理中华人民共和国成立以来大学生劳动教育的历史进程及基本经验，分析当前大学生劳动教育的时代背景，有助于我们把优良的劳动观培养理念与方法应用于新时代高职院校加强劳动教育的实践中。在此基础上，以石家庄市五所高职院校学生为调查对象，深入剖析高职院校劳动教育现状、存在的问题及原因；基于调查问题和分析情况，确立教育内容，并从明确目标与原则、细化顶层设计、形成劳动文化、构建课程体系、健全协同机制、健全评价机制等六个方面提出切实可行的加强新时代高职院校劳动教育的实践策略；最后，探讨笔者所在的河北交通职业技术学院基于任务式清单的"一三四六二"劳动教育新模式。

本书第一章、第三章至第七章由河北交通职业技术学院盖小丽老师撰写，第二章由河北交通职业技术学院盖小丽、舒国明老师撰写。本书为河北省科技厅引进国外智力项目"搭建中德职业院校科技教育合作平台"研究成果。由于受到诸多客观条件的限制，在本书研究中仍有许多不足之处，如比较性分析略显不足、调查样本偏窄、提出的实践策略在信息网络化时代的效用有待获得实践成效。

总而言之，劳动教育需加强，策略创新要完善。劳动教育问题是社会各界非常关注的一个问题，新时代高职院校劳动教育问题更是众多学者研究的重要领域。笔者也在高职院校工作，将在今后的工作与研究中，更加关注高职院校劳动教育方式方法的创新与教育成效，继续为高职院校劳动教育全面贯彻党的教育方针努力探索。

目 录

第一章 新时代高职院校加强劳动教育概述 …………………… 1
 一、劳动教育的内涵与功能 …………………………………… 1
 二、新时代高等职业教育的相关理论概述 …………………… 12
 三、新时代高职院校劳动教育的内涵与特征 ………………… 18
 四、新时代高职院校加强劳动教育的重要意义 ……………… 23

第二章 新时代高职院校加强劳动教育的理论基础 …………… 29
 一、理论依据 …………………………………………………… 29
 二、现实依据 …………………………………………………… 64

第三章 新时代高职院校加强劳动教育的历史进程与时代境遇 …… 68
 一、中华人民共和国成立以来大学生劳动教育的
   历史进程与基本经验 …………………………………… 69
 二、新时代高职院校加强劳动教育的时代境遇 ……………… 83

第四章 新时代高职院校劳动教育现状分析 ……………………… 92
 一、高职院校大学生劳动教育调查概况 ……………………… 92
 二、高职院校劳动教育实施存在的问题及原因 ……………… 108

第五章 新时代高职院校加强劳动教育的内容 ………………… 115
 一、主导性内容 ………………………………………………… 116
 二、基本内容 …………………………………………………… 121
 三、拓展性内容 ………………………………………………… 128

第六章 新时代高职院校加强劳动教育的现实途径 ·············· 157
 一、明确新时代高职院校加强劳动教育的目标与原则 ············ 157
 二、细化新时代高职院校劳动教育顶层设计 ················ 166
 三、在全社会形成浓厚的劳动文化 ···················· 168
 四、构建综合性、实践性、开放性、针对性的
   劳动教育课程体系 ························· 175
 五、健全新时代高职院校劳动教育统筹协同机制 ············ 182
 六、建立完善的劳动教育实施评价体系 ················ 185

第七章 河北交通职业技术学院劳动教育新模式初探 ·············· 189
 一、一元引领，落实立德树人 ······················ 189
 二、三体共推，聚合多元力量 ······················ 192
 三、四个结合，深化知行合一 ······················ 195
 四、六个课堂，汇聚全域资源 ······················ 197
 五、两大平台，建立综合评价 ······················ 199
 六、主要做法及经验思考 ························ 200

参 考 文 献 ································· 204

第一章　新时代高职院校加强劳动教育概述

劳动教育是中国特色社会主义教育制度的重要内容，直接决定社会主义建设者和接班人的劳动精神面貌、劳动价值取向和劳动技能水平。2020年3月20日中共中央、国务院发布的《关于全面加强新时代大中小学劳动教育的意见》为常态化地开展劳动育人实践工作提出了新要求、新思路和新方向。全国大中小学都在寻找方法进一步巩固劳动教育的实施效果以提高其劳动教育质量和水平，构建高职院校劳动教育体系也得到了社会各界的广泛重视。高职院校在教学实践中全面、高效、高水平开展劳动教育，能够对学生的工作态度和为人品质实现理想的培养提升。

本章从劳动教育的内涵与功能切入，阐述新时代高等职业教育的内涵与人才培养模式，在此基础上，明确新时代高职院校劳动教育的内涵与特质，指出新时代高职院校加强劳动教育的重要意义，为全书的研究做理论铺垫。

一、劳动教育的内涵与功能

劳动教育是教育的重要组成部分，对劳动教育的科学认识是人们在长期探索中不断深化的。唯物史观表明，劳动教育不是主观意志的产物，而是社会生产力发展的客观要求。新时代是社会主义生产力发展的新阶段，劳动教育的内涵、外延以及担负的使命都有了全新的发展。紧密结合当前的社会历史条件，重新审视学校劳动教育的内涵、本质和功能，具有重要的理论和现实意义。

（一）劳动教育的内涵

1. 劳动

人们对劳动的认识随着时代的发展而不断加深和丰富，正确理解和把握劳动的内涵要从认识和理解劳动的概念开始。首先追溯古代,"劳"和"动"的释义开始。"劳"字始见于甲骨文,本义是费力、劳苦,引申为疲劳、劳累、功劳、功绩。例如:《诗·邶风·凯风》提出"棘心夭夭,母氏劬劳"[1]泛指一般的劳动、烦劳;《尔雅·释诂》:"劳勤也"[2]指勤劳;《左传·僖公三十二年》提到"师劳力竭,远主备之,无乃不可乎?"[3]这里的"劳"是指劳累。"动"在古代指改变原来的位置或状态。例如:《礼·月令》指出"仲春,蛰虫咸动。又摇也。";《易·坤卦》指出"六二之动,直以方也。"有动作之意;《三国志·魏志·华佗传》中"人体欲得劳动,但不当使极尔"[4]在这里"动"表示操作、活动的意思。在古代,"劳动"指一般的劳作、活动。例如:《孟子·滕文公上》说过"劳心者治人,劳力者治于人;治于人者食人,治人者食于人"[5]有使劳作之意;宋朝《萍洲可谈》中所说:"但人生恶安逸,喜劳动,惜乎非中庸也。"[6]可见,"劳动"一词是从古代"劳""动"中引申而来,最终演变为操作、活动之意。

劳动是一个多学科共同研讨的概念,有关的研究方兴未艾。不同的学者持不同的见解。马克思认为"劳动是人类在生产实践中与自然之间进行物质交换活动,在这一过程中充当人类与自然相互联系的媒介"[7]。劳动是人创造自我存在(内、外存在)的活动,它包括各种生产过程。劳动不仅是一种教育手段,还是一个教育过程。劳动是人类文明进步发展的源泉。劳动是个人取得收入,获得生存的谋生手段。劳动是不仅仅为了获得回报,如果我们纯粹为了报酬而劳动,那就是把劳动力当作畜力了,劳动就变成劳役了。正如稻盛和夫所说,劳动不单纯为了谋生,而是磨砺心性,提升人格。

学界认为,劳动是人们有意识地运用自己的智力和体力参与生产实践的活动,即通过体力劳动和脑力劳动相结合的方法参加劳动实践。劳动是

---

[1] 陈子展撰述. 诗经直解[M]. 上海:复旦大学出版社,1983:10.

[2] 邓启铜注释. 尔雅[M]. 南京:东南大学出版社,2015:3.

[3] 赵捷,赵英丽注译. 左传[M]. 武汉:崇文书局,2007:4.

[4] 三国志·魏志·华佗传[M]. 陕西:陕西人民出版社,1995.

[5] 王金芳编著. 孟子[M]. 北京:金盾出版社,2009:8.

[6] 朱彧. 萍洲可谈[M]. 南京:凤凰出版社,2018:12.

[7] 马克思. 资本论(第一卷)[M]. 北京:人民出版社,2004:207.

一种人类运动，通过从内部向外部输出，并提供有价值的活动。劳动作为人类实践活动最集中的表现，是系统性开展世界观、人生观、价值观教育的重要载体。

总之，劳动是人类最本质的特征。从广义上讲，无论人们从事什么样的工作，实际上都是在付出劳动。从狭义上讲，劳动更倾向于我们为满足生存需要而进行的体力劳动。劳动是人类自身的活动，它通过相互合作使人类群体融入自然，以自身的力量促进人与自然的互动，并与物质、信息、能量进行交流，以满足人类和社会的需要。

2. 劳动教育

马克思认为，教育与生产劳动相结合是实现人的全面发展的唯一办法。消灭旧式的社会分工，消灭异化劳动，将人的本质重新归还于人，从而实现人的自由全面发展。

劳动教育不仅是对学生的劳动技能和劳动价值观的培养，更指向一种基于劳动基础之上的对学生在劳动教育中获得自我存在的价值感的培育，新时代的劳动教育最终将回归到学生的全面发展上。所以，笔者认为，劳动教育是为了培养学生的良好劳动品质和正确劳动价值观，进而以学生全面发展为目的而开展的有计划的教育活动。

"十三五"期间，劳动教育工作可分为以下三个阶段。

第一个阶段：广泛开展劳动教育实践探索。为落实立德树人根本任务，培养广大青少年儿童社会责任感、创新精神和实践能力，中小学广泛组织学生参加家务劳动、校内外劳动。各地创建了一批省级劳动教育实践基地和劳动教育特色学校，带动全国中小学劳动教育深入开展。例如：北京市先后建设了北京农业职业学院等3个学农劳动教育基地和1个学工实践基地，将学农、学工实践活动纳入全市教育综合改革重点实施项目，以初中学生为重点开展学农实践活动；河北省易县力求劳动教育实现"有实践基地、有课时、有教材、有教师、有考核"，该县根据寄宿制学校多的特点，开展学生自主管理，让学生互帮互助，自己叠被铺床、洗衣洗袜、刷碗刷筷、捡拾垃圾、修补课桌凳、打扫卫生，培养学生生活自理能力；上海曹杨二中秉承"弘扬劳动精神，培育劳动技能"的劳动教育理念，充分利用曹杨新村劳模云集的优势，设立"走进劳模大访谈"必修课，学校还创建"自行车创意实验室""汽车实验室"等,让学生自行组装自行车、新能源汽车,创建"轨道交通实验室",自主编程控制火车运行,培养新时代劳动者。

与此同时,普通高校结合专业特点,加强实践育人,人文社会科学类本科专业的实践教学不少于总学分的15%,理工农医类本科专业不少于25%。职业院校广泛开展了校园技能文化节、劳动文化节、劳动周活动等。各高校还组织大学生广泛开展志愿服务,持续开展暑期"三下乡"等活动,建立学生志愿者星级认证制度。

第二阶段:全面做好劳动教育顶层设计。习近平总书记在全国教育大会上明确指出,把劳动教育纳入社会主义建设者和接班人的总体要求,构建德智体美劳全面培养的教育体系。以贯彻落实全国教育大会精神为契机,针对劳动教育被淡化、弱化的问题,对新时代大中小学劳动教育制度进行了系统设计,有关部门组织制定了《关于全面加强新时代大中小学劳动教育的意见》(以下简称《意见》),以及《意见》的配套文件《大中小学劳动教育指导纲要(试行)》(以下简称《指导纲要》)。

其中,《意见》面向全党全社会,立足国之大计、党之大计,提高劳动教育站位,把劳动教育摆在突出位置上,作为当前全面贯彻党的教育方针的重点工作。以马克思主义劳动观为指导,坚持全员、全方位、全过程设计,明确劳动教育总目标及不同学段、不同类型学校的课程设置、内容要求和考核评价办法,形成劳动教育体系。强调劳动教育是一项系统工程,涉及面广,各级政府要在党委统一领导下,统筹家庭、学校和社会各个方面力量,为劳动教育全面实施提供场所、人员、经费、安全等保障条件,把劳动教育的四梁八柱搭建好。《意见》于2020年3月由中共中央、国务院印发。《指导纲要》则面向教育系统特别是学校,明确劳动教育是什么、教什么、怎么教等问题,加强劳动教育实施指导。《指导纲要》由教育部于2020年7月印发,供各地和学校试行。

第三阶段:大力推进大中小学劳动教育。根据中央新要求,教育内外相互配合、各级政府和教育行政部门共同努力,推动建立新时代大中小学劳动教育目标内容体系、组织实施体系和支持保障体系。

一是印发实施《意见》,全面部署劳动教育工作。据统计,河北、上海、江西、湖北、广东、广西、云南等地,以省(区、市)党委、政府名义印发了《关于全面加强新时代大中小学劳动教育的实施意见》，北京、天津、辽宁、江苏、浙江、山东、重庆、四川、贵州、西藏、陕西、甘肃、宁夏等省（区、市）组织研制实施意见。

另有一些区县研究出台了相关行动方案。例如：四川省成都市金牛区教育局加快劳动教育课程建设，发布《成都市金牛区中小学、幼儿园劳动教育清单（试行）》，包括目标、项目、场景、评价清单四大板块，着力破解区域劳动教育面临的诸多现实问题；浙江省杭州市富阳区发布《中小学生"新劳动教育"实践体验活动方案》，由区财政补助660万元，组织全区4.4万名3~8年级学生到实践体验基地参加劳动实践，依托"农户+"和"村镇+"两种模式，让学生进农村、入农户、下农田，让农民当学生的"劳动课老师"，依托"企业+""文创+""科技+"，让学生进企业、到文创单位，感知体验新科技下的劳动；河北省临城县面向全县中小学生分年级设计了年级劳动教育指导建议，对家务劳动、校内劳动、农业劳动的时间、项目内容等作了明确的规定，促使劳动教育规范化、常态化实施。

二是开展培训研讨活动，提升对劳动教育的认识。将劳动教育纳入国培计划，纳入各地教育工作领导小组学习和培训内容范围，支持有关专业机构开展专题培训和研讨活动。2020年下半年，教育部委托北京师范大学、辽宁教育学院等，实施劳动教育国培项目9个。湖南、云南等省召开了劳动教育推进会议。天津、河北、辽宁、黑龙江、安徽、江西、湖南、广东、四川等省（市）面向地方教育行政干部、学校校长、骨干教师等，组织开展了专题培训活动。中国教科院更是连续举办了九场公益讲堂活动，全面解读中央和教育部文件精神，介绍相关理论及实践经验，还与华中师范大学合作举办了劳动教育论坛。南京师范大学成立了劳动与教育发展研究院，开展"新时代劳动教育中国理论与中国实践探索"研究。中国劳动关系学院创办了全国首家劳动教育领域集刊——《劳动教育评论》，还与中共重庆市委宣传部共同举办大中小学劳动教育峰会。丰富多样的培训研讨活动从各方面营造了有利于劳动教育的舆论氛围和文化环境。

三是组织学生参加劳动实践，提高学生劳动素养。新学期开始，各地和学校在已有工作基础上，进一步加大力度，明确课时，确定劳动内容，丰富劳动形式，强化劳动教育。例如：广东省深圳市南山区举办了中小学生劳动技能竞赛，让中小学生分学段现场比拼劳动能力和水平；上海财经大学发布新时代劳动教育行动计划，实施生活技能培育、社会实践体验、公益志愿服务、合作发展助力、创新创业创造联动、就业能力拓展、劳动文化建设七大行动；江苏省海安高级中学与有关单位合作共建"海中学生实践农场"，依托农场分批组织高一全体学生开展劳动周活动；学生在劳动周中"过三关"，一是步行关，学校距农场15千米，来回都得自己走，二是生活自理关，铺床叠被、洗衣刷鞋、烧饭做菜全由学生自己完成，三是劳动锻炼关，每天劳动5~6小时，参加耕种、收割、治虫、施肥、操作农机农具、喂鸡喂猪等。

四是研发劳动实践手册，为学校劳动教育提供支持。近期，不少教科研机构与中小学和有关出版社合作，开发了教师劳动教育指导手册或学生劳动实践手册，为学生劳动实践提供具体指导。

（二）劳动教育的功能

教育与生产劳动相结合是"造就全面发展的人的唯一方法"，也是"提高社会生产的一种方法"[1]和"改造现代社会的最强有力的手段之一"[2]。马克思从人类社会发展的总体趋势出发，分析了教育与整个社会物质生产的协调发展，强调教育是服务于人的全面发展和社会发展的有机统一。新时代，制度化劳动教育全面践行"教育与生产劳动相结合"的理念，不仅有利于促进学生个体的全面发展，也有利于创造劳动光荣的社会风尚，服务于社会的发展进步。此外，劳动教育有利于完善新时代学校育人体系，进一步回应"培养什么人、怎样培养人、为谁培养人"这个根本问题。

1. 劳动教育的个体功能是促进学生的全面发展

劳动教育的个体功能是指劳动教育对教育对象个体的客观影响。劳动是人类和人类社会生存和发展的基础，因为劳动不仅生产物质生活资料，而且生产社会关系和人本身。在劳动中，个人不仅要处理人与自然、人与社会的关系，还要处理好人与自身发展的关系。在这个过程中，人们实现

---

[1] 中共中央马克思恩格斯列宁斯大林著作编译局编译. 马克思恩格斯全集（第23卷）[M]. 北京：人民出版社，1972：530.

[2] 中共中央马克思恩格斯列宁斯大林著作编译局编译. 马克思恩格斯选集（第三卷）[M]. 北京：人民出版社，2012：377.

了劳动能力、社会关系和自由人格的全面发展。劳动教育以学生的全面发展为目标，引导学生在处理人与自然的关系中实现劳动能力的全面发展，在处理人与社会的关系中实现社会关系的全面发展，在处理人与自我发展的关系中，实现自由个性的全面发展。

劳动教育有利于引导学生在劳动中实现劳动能力的全面发展。人的劳动能力的全面发展包括身体的发展和智力的发展。改革开放以来，在"科学技术是第一生产力"的方针指导下，我国加快了"智育"教育的深度和广度发展，但也导致了学生"脑力劳动"与"体力劳动"的严重失衡。一项调查显示，"美国小学生平均每天的劳动时间为1.2小时，韩国0.7小时，而中国小学生平均每天的劳动时间只有12分钟"[1]。目前，大多数学校的卫生服务由政府购买，学生的劳动值日内容严重"缩水"。为了不影响学生的学习，一些家长和学生甚至雇佣人值日。此外，在应试教育环境下，劳动课名存实亡，以课代劳、以教代劳、以说代劳现象普遍存在。"十指不沾阳春水"的青少年劳动意识薄弱，缺乏基本的自理能力，健康状况令人担忧，不断沦陷为智能时代的"片面人"。在此背景下，以"手脑并用"为内在要求的学校劳动教育对于促进学生体力和智力的全面发展具有重要意义，有利于促进学生在劳动中实现劳动能力的全面发展。

劳动教育有利于引导学生在劳动中实现社会关系的全面发展。人类的劳动本来就是社会的劳动，因此人始终是"社会的产物"。在分工如此发达的现代社会，"社会关系实际上决定着一个人能够发展到什么程度"[2]。从这个角度来看，社会关系的全面发展决定着人的全面发展。在与他人的普遍交往中，个人"构筑自身作为社会存在的物质生活和精神生活"[3]，从而实现自身的生产和再生产。当今的青少年群体身处信息化、全球化、网络化时代，其社会化的过程表现出时代的特殊性。他们在反哺文化环境中突破了"长—幼"的文化传播模式，实现了网络信息空间中虚拟社会化的

---

[1] 小学生每天劳动12分钟！劳动教育绝不只是个高考作文题……[EB/OL]. (2019-06-10) [2021-3-10].http://www.xinhuanet.com/local/2019-06/10/c_1124600548.htm.

[2] 中共中央马克思恩格斯列宁斯大林著作编译局编译. 马克思恩格斯全集（第3卷）[M]. 北京：人民出版社，1956：290.

[3] 徐海娇. 重构劳动教育的价值空间[J]. 中国教育学刊，2019(6)：51-56.

成长。纵观我们的现实生活,"狂欢是一群人的孤独,孤独是一个人的狂欢"是当今部分青年社会交往的真实写照。网络社会改变了人们传统的社会交往方式,其"形式很热闹,能让人狂欢",但"又是如此孤独",这种狂欢与孤独折射出青年的社会交往能力与社会交往成果的弱化。学校通过劳动教育引导学生进入真实的劳动世界,为他们提供真实的社会交往平台,使他们在劳动中学会沟通与协作,从而创建良好的社会关系。这对于在虚拟社会化成长中的新时代学生群体而言,具有极其重要的意义,有利于引导学生在劳动中实现社会关系的全面发展。

劳动教育有利于引导学生在劳动中实现自由个性的全面发展。关于人的自由个性的充分发挥与全面发展,就是指促进人的独立自主性、自觉能动性和创造性的发展,是人的全面发展的核心体现和最高目标。人通过劳动,不断"确证人的主体性和生命本质力量"[1],不断地实现自我超越,不断追求独立自主性、自觉能动性和创造性的充分发挥,实现自由个性的全面发展。当前,被禁锢在学校"铜墙铁壁"里的青少年在应试教育的压力下,个性压抑,思维固化。加之社会上出现的好逸恶劳、急于求成、渴望不劳而获、盲目消费、商品拜物教等现象,以信息技术为主导的现代生活也总是充盈着"主体性缺失"和"精神家园无处可寻"的茫然。在此背景下,学校通过劳动教育引导学生在劳动实践中体验生命存在的价值和乐趣,在劳动过程体验中展现个人的意志与品格,在劳动成果分享中感悟自我价值的实现,有利于引导学生在劳动中实现自由个性的全面发展。

2. 劳动教育的社会功能是弘扬劳动幸福的社会风尚

在人类的历史演进中,无论是奴隶社会、封建社会,还是社会主义社会、资本主义社会,每种社会形态都拥有特定的社会文化价值系统,这种特定的社会文化价值系统成为维系社会发展的根基。人类历史进步的主要标志是以新社会形态的文化价值系统替换旧社会形态的文化价值系统。以资本主义社会和社会主义社会的文化价值系统为例,二者有着质的差异。资本主义社会的文化价值系统以"天赋人权"为核心,崇尚自由、民主、平等、人权等,并把它们的根源归之于"神授"。马克思批判了资本主义社会文

---

[1] 徐海娇. 重构劳动教育的价值空间[J]. 中国教育学刊, 2019(6): 51-56.

化价值系统的虚伪性，通过分析，得出了资本主义社会是压榨劳动者的奴役社会的科学结论。有资本主义社会的异化劳动和剩余价值的剥削下，社会不可能实现真正的平等和自由。而社会主义文化价值系统是"用劳动创造作为价值判断标准的观念系统"[①]，其理论根基是劳动不仅生产物质生活资料，而且也生产社会关系与人自身，"'劳动的绝对自由'是劳动居民幸福的最好条件"[②]。在主张劳动幸福的社会主义文化价值系统中，人获得劳动尊严，人的全面发展得以实现，人的类本质得以确证。[③]

新时代，中国特色社会主义建设迈入新阶段，开始了新征程。在实现中华民族伟大复兴的征程中，人民群众是这一伟大征程实践的主体。造福劳动者既是社会主义文化价值系统的根本要求，也是中国共产党的初心与使命。功崇惟志，业广惟勤。"幸福都是奋斗出来的，……"[④]，这是习近平总书记向我们全体劳动者发出的奋斗召唤。青少年是我们国家的未来和民族的希望，他们是最有活力和充满梦想的人。一个国家只有在年轻人茁壮成长的时候才会繁荣。当代中国青少年要想有所作为，就必须献身于人民的伟大斗争，坚持为实现中华民族伟大复兴中国梦而奋斗的时代主题。

学校的劳动教育有利于弘扬劳动幸福的社会风尚。与一般意义上的纯粹知识性或者通识性教育活动不同，学校的劳动教育是国家进行国民教育的专门化的课程，其本质是通过劳动实践活动培育学生的马克思主义劳动观。从基本属性来看，学校的劳动教育不仅要具有其他课程所普遍具备的科学规定性，也必须要具备其他教育所不具备或者不显著的政治价值规定性。学校的劳动教育必须坚守意识形态本位，实现科学理性和政治理性的有机统一，传播和培育马克思主义劳动观，有利于弘扬劳动幸福的社会风尚。一方面，学校通过劳动教育引导学生——未来的劳动者崇尚劳动、热爱劳动。伴随社会主义市场经济的发展，在面对劳动与资本、劳动与知识、劳动与获得等矛盾中，青少年的劳动观念发生了很大的变化。一些青少年

---

① 何云峰. 社会主义对资本主义社会文化价值系统的超越[J]. 湖北大学学报（哲学社会科学版），2018，45（6）：9-12，175.
② 中共中央马克思恩格斯列宁斯大林著作编译局编译. 马克思恩格斯全集（第16卷）[M]. 北京：人民出版社，1964：491.
③ 何云峰. 从劳动作为人的类本质的视角看劳动幸福问题[J]. 江汉论坛，2017（8）：49-53.
④ 习近平. 在北京大学师生座谈会上的讲话[M]. 北京：人民出版社，2018：12.

出现了好逸恶劳、急功近利、渴望不劳而获、盲目消费、商品拜物教等心态。学校通过劳动教育引导青少年树立正确的劳动价值观，有利于帮助青年理解劳动是幸福的源泉，从而摒弃好逸恶劳、不劳而获的不良思想。另外，在全球化、信息化、网络化的时代背景下，拜金主义、利己主义、消费主义等西方社会思潮不断入侵并大行其道，使一些青少年陷入价值观冲突，出现了世界观、人生观、价值观扭曲和错位现象，这些青少年放弃甚至反对马克思主义信仰。极端的个人主义和功利主义折射了部分青少年信仰的缺失，特别是对马克思主义劳动观的认识不足。在多元文化时代，学校的劳动教育坚持培育学生的马克思主义劳动观，有利于正本清源，营造清朗的社会风气，使学生树立起劳动最光荣、劳动最崇高、劳动最伟大、劳动最美丽的劳动价值观，激励他们未来用劳动创造幸福，成为辛勤劳动、诚实劳动、创造性劳动的劳动者。

3. 劳动教育的教育功能是完善新时代学校育人体系

我们国家的人才培养体系关系到"培养什么人、怎样培养人、为谁培养人"的根本问题，也是特定时代教育理想的体现。我们国家的传统社会以等级化的宗法制度为治理基础，我们国家的传统道德教育尤其注重道德的发展，以人伦观念为核心，并且强调"礼"文化和秩序的传播。《大学》开篇就强调"大学之道，在明明德，在亲民，在止于至善[①]"，是说教育在于传播德性。我国春秋时期著名的教育家孔子强调教育以"礼"为根本，实现"君君，臣臣，父父，子子"，即遵循人伦秩序。鸦片战争后，我们国家艰难地启动了现代化历程。在这一历史进程中，我国传统的价值体系发生了翻天覆地的变化。伴随"真、善、美"等西方文化价值体系的传入，我国的教育理想在中西融合中发生了转变，从关注德性养成转向注重全面发展，其中最主要的表现就是从"德、智、体全面发展"到"德、智、体、美全面发展"，再到"德、智、体、美、劳全面发展"等。我国许多教育家和思想家都阐述过全面发展的教育理想。例如，中国资产阶级启蒙思想家、教育家严复对斯宾塞（Herbert Spencer）的德、智、体三育论的教育学说非常钦佩，他阐述道："《劝学篇》者，勉人治群学之书也。其教人也，以

---

① 曾参著，刘强编译. 大学[M]. 南京：江苏科学技术出版社，2018：3.

溶智慧、练体力、厉德行三者为之纲。"①1906年，著名学者王国维在其《论教育之宗旨》中系统阐述了"德、智、体、美"全面发展的教育理想。1920年，革命家、教育家、政治家蔡元培阐释其"健全人格说"，提出"所谓健全的人格，内分四育，即：（1）体育，（2）智育，（3）德育，（4）美育"②。

　　劳动教育在我国全面发展人才培养体系中的地位是最具争议的一个问题。虽然1986年的《义务教育全日制小学、初级中学"六三"制初级中学教学计划（初稿）》中曾提出"贯彻德、智、体、美、劳全面发展的方针"这个说法，但是，关于"劳动教育"是否应与"德育、智育、体育、美育"并列，并且成为全面发展教育体系的一部分，这个问题在学界一直备受争议。其中，最为有名的是黄济教授和瞿葆奎教授关于这个问题的讨论。2004年9月，北京师范大学教育学院黄济教授在其发表的《关于劳动教育的认识和建议》一文中，提出劳动教育在人的全面发展教育中有着特殊的地位和作用，不能完全被德育、智育、体育、美育等替代，为了满足学校教育的实际需要，"劳动教育应列为全面发展教育的组成部分"。③但紧随其后，华东师范大学教科院教育学系瞿葆奎教授就公开回应黄济教授的观点，在《劳动教育应与体育、智育、德育、美育并列？——答黄济教授》一文中，瞿葆奎教授史论结合，提出"德、智、体、美、劳五育并举的理论体系"不伦不类，不合逻辑，不是正确的命题，"劳动教育是另一类别的教育、另一个层次的教育，它不能、也不应与体育、智育、德育、美育并列为人的全面发展教育的组成部分"④。

　　迈进新时代，在全国教育大会上，习近平总书记提出"培养德智体美劳全面发展的社会主义建设者和接班人"⑤，"劳动教育"正式被纳入人才培养目标。劳动教育在全面发展教育体系上的地位从"备受争议"到最终

---

① 张志健. 严复学术思想研究[M]. 北京：商务印书馆，1995：136.
② 华东师范大学教育系编. 中国现代教育文选[M]. 北京：人民教育出版社，1989：6.
③ 黄济. 关于劳动教育的认识和建议[J]. 江苏教育学院学报（社会科学版），2004（5）：17-22.
④ 瞿葆奎. 劳动教育应与体育、智育、德育、美育并列？——答黄济教授[J]. 华东师范大学学报（教育科学版），2005（03）：1-8.
⑤ 习近平在全国教育大会上强调：坚持中国特色社会主义教育发展道路 培养德智体美劳全面发展的社会主义建设者和接班人[N]. 人民日报，2018-09-11.

确认，具有深远且重大的意义。这既是对马克思主义"教育与生产劳动相结合"的理论回应，也是对劳动教育地位被弱化的现实回应。当前，劳动教育的发展出现了诸多问题，在学校中被弱化，在家庭中被软化，在社会中被淡化。劳动被人们误解为简单地动动手，被人们误用为赏罚的手段或误读为形式化的活动，劳动教育所蕴含的教育性遭到了忽视。因此，被禁锢在学校"铜墙铁壁"中的青少年，埋头于应试教育的知识中，缺乏劳动教育，导致他们个性压抑，思维固化。以信息技术为主导的现代生活也充盈着"主体性缺失"和"精神家园无处可寻"的茫然。这让我们不得不重新审视劳动的本质和劳动育人的时代价值。将劳动教育与"德智体美"并列正是回应劳动教育被忽略的现实问题。劳动教育在全面发展教育体系上的地位从"备受争议"到最终确认，是促进人的全面发展的现实需要。人类在改造自然和改造社会的劳动过程中，也改造了自身。劳动对人的发展有着决定性作用。劳动教育与德育、智育、体育、美育深度融合，有利于实现"以劳树德、以劳增智、以劳强体、以劳育美、以劳创新"，进而培养全面发展的社会主义建设者与接班人。

二、新时代高等职业教育的相关理论概述

（一）新时代的内涵

2017年10月18日，习近平总书记在中国共产党第十九次全国代表大会上的报告中强调："经过长期努力，中国特色社会主义进入了新时代，这是我国发展新的历史方位。"[①] "这个新时代，是承前启后、继往开来、在新的历史条件下继续夺取中国特色社会主义伟大胜利的时代，是决胜全面建成小康社会、进而全面建设社会主义现代化强国的时代，是全国各族人民团结奋斗、不断创造美好生活、逐步实现全体人民共同富裕的时代，是全体中华儿女勠力同心、奋力实现中华民族伟大复兴中国梦的时代，是

---

① 习近平. 决胜全面建成小康社会 夺取新时代中国特色社会主义伟大胜利——在中国共产党第十九次全国代表大会上的报告[N]. 人民日报, 2017-10-28.

我国日益走近世界舞台中央、不断为人类做出更大贡献的时代。"①

习近平总书记对新时代的内涵作出了高度凝练的概括总结，五个"时代"分别对应着新时代的历史脉络、实践主题、人民性、民族性和世界性，我们可以从这五个维度把握中国特色社会主义新时代的内涵。

1. 历史维度的新时代内涵

从历史脉络看，这个时代是继往开来、承上启下的，它是在新的历史条件下继续夺取中国特色社会主义伟大胜利的新时代。改革开放以来，中国特色社会主义就是中国共产党的全部理论和实践的主题，中国特色社会主义是在实践中不断完善和发展并具有生命特征的形态。如今，中国特色社会主义发展历程可以分为三个阶段：第一个阶段是从党的十一届三中全会到十五大，形成和确立了邓小平理论，改革开放政策解决了中国人民的温饱问题，人民生活基本达到小康水平；第二个阶段是从党的十五大到十七大，形成和确立了"三个代表"重要思想和科学发展观，开始全面建设小康社会；第三个阶段是从党的十八大至今，形成和确立习近平新时代中国特色社会主义思想的指导地位，实现全面小康进入决胜的关键时期，新时代掀开了全面建设社会主义现代化国家的新篇章。

2. 实践维度的新时代内涵

从实践主题看，这个时代是我们党领导全国人民全面建成小康社会，进而全面发展社会主义现代化强国的新时代。中国改革开放经过了一段加速发展的历程，由小变化到中变化再到大变化。1985年9月，邓小平同志说："现在人们说中国发生了明显的变化。我对一些外宾说，这只是小变化。翻两番，达到小康水平，可以说是中变化。到下世纪中叶，能够接近世界发达国家的水平，那才是大变化。到那时，社会主义中国的分量和作用就不同了，我们就可以对人类有较大的贡献。"②中国特色社会主义的发展经过长期以来的量的积累，逐渐迎来了质的变化，正如党的十九大报告中指出："五年来的成就是全方位的、开创性的，五年来的变革是深层次的、根本

---

① 习近平. 决胜全面建成小康社会 夺取新时代中国特色社会主义伟大胜利——在中国共产党第十九次全国代表大会上的报告[N]. 人民日报，2017-10-28.
② 邓小平. 邓小平文选（第三卷）[M]. 北京：人民出版社，1993：143.

性的。"①我国的综合国力、国际影响力和人民幸福感显著提升，从而制定了新时代中国特色社会主义发展战略，即2020年全面建成小康社会，2035年基本实现社会主义现代化，21世纪中叶建成富强、民主、文明、和谐、美丽的社会主义现代化强国。

3. 人民维度的新时代内涵

从新时代的人民性看，这个时代是人民建造美好家园、实现共同富裕的新时代。党的十九大报告指出："我国社会主要矛盾已经转化为人民日益增长的美好生活需要和不平衡不充分的发展之间的矛盾。"②新时代，我国的主要矛盾发生了重大的转变，体现出国家走向了新的发展历程，体现出人民走向了新的美好生活。新时代的中国要解决好眼前的问题才能有更大的发展。一方面，中国特色社会主义的发展解决了多方面短缺的问题，从国家到民生，都是在党的领导下进行的；另一方面，中国特色社会主义的发展走向更大的发展格局，在解决好眼前问题的基础上，更加注重"质"。只有解决了人民最关心的问题，人民的生活水平才会提高，才能最终实现共同富裕。

4. 民族维度的新时代内涵

从新时代的民族性看，这个时代是我们全体中华儿女勠力同心去实现中华民族伟大复兴中国梦的新时代。鸦片战争后，中国陷入了半殖民地半封建的黑暗时代，实现中华民族的伟大复兴，需要不断开拓、不断创新、积极进取，改变人民的命运，在探索民族复兴的伟大征程中诞生了中国共产党。在中国共产党的正确领导下，全国各族人民努力奋进，为中国奠定了政治发展的根本基础，中国迎来了质的变化。在中国共产党的带领下，中国人民彻底推翻帝国主义、封建主义和官僚资本主义三座大山，完成了新民主主义革命，建立了中华人民共和国，结束了中国几千年的封建社会，向自由、平等的新时期转变。中国共产党领导全国人民进行了伟大革命，确立了社会主义基本制度，为中国的繁荣发展打下了根本的政治前提和制

---

① 习近平. 决胜全面建成小康社会 夺取新时代中国特色社会主义伟大胜利——在中国共产党第十九次全国代表大会上的报告 [N]. 人民日报，2017-10-28.
② 习近平. 决胜全面建成小康社会 夺取新时代中国特色社会主义伟大胜利——在中国共产党第十九次全国代表大会上的报告 [N]. 人民日报，2017-10-28.

度基础，使中华民族成功地实现了从站起来、富起来到强起来的质的飞跃，中华民族伟大复兴迎来了光明前景。

5. 世界维度的新时代内涵

从新时代的世界性看，这个时代是中国日益走近世界舞台中央、不断为人类做出更大贡献的"新时代"。党的十八大至今，中国的经济实力迅猛提升，总体稳居世界第二，对世界经济总量的增长起到了至关重要的作用，成为推动世界经济的重要力量。习近平总书记提出的人类命运共同体和"一带一路"的倡导，推动诸多方面的发展，受到各国的重视与大力支持，中国已经成为推动、维护世界和平发展的引领者。中华文化的影响力日益增强，为中国特色社会主义事业的发展指明了方向，提供了选择，贡献了力量。中国特色社会主义拓展了发展中国家走向现代化的途径，给世界上那些既希望加快发展又希望保持自身独立性的国家和民族提供了全新选择，为解决人类问题贡献了中国智慧和中国方案。

简而言之，"新时代"就是中华民族实现强起来的时代，是新时代中国特色社会主义发展的战略安排。在这个新时代背景下，对研究高职院校劳动教育并逐渐按照创新的劳动教育模式对高职院校大学生进行劳动教育任重而道远。

（二）高等职业教育的内涵及人才培养模式

1. 高等职业教育的内涵

由于教育概念的内涵是极为丰富的，我们这里只揭示其最主要的核心内涵。参照新版国际教育标准分类（以下简称ISCED）中有关5B的说明，笔者理解高等职业教育的核心内涵应包括以下四个方面。

第一，由于新版ISCED第5层次将原版中的专科、本科及硕士几个层次合一，所以，高等职业教育也应该同普通高等教育一样，根据不同的学习年限而设有多个学历层次；第二，至少应该包括本科和专科两个层次在内，而不是仅仅局限于单一的专科层次，更不是比普通专科再低一层的补充学制；第三，我国的高等职业教育一般仅限于专科学历层次；第四，对本科层次的高等职业教育发展无论是决策层面还是操作层面，认识都普遍不足，这一问题在明确了高等职业教育的定位与内涵之后正在得到解决。

在上述四方面的核心内涵中，最关键的应该是人才培养目标。某一类型教育的培养目标必须与社会人才结构体系中的某一系列、某一层次的人才相对应，也就是说，它应该与特定的区域相对应，而不是与若干间断的、不连续的区域相对应。否则，不仅不符合国际教育标准的分类，更重要的是，很难明确表述高等职业教育的地位和作用，这必然导致对高等职业教育概念的理解混乱。由此可见，要严格界定高等职业教育的概念，除了必须采用一种较为公认的来自教育内容的分类标准外，还必须采用一种较为公认的来自教育外部的人才结构及分类理论，以与高等职业教育的人才培养目标相互对应。

2. 高等职业教育的人才培养模式

人才培养模式直接关系到所培养人才的规格和质量，进而关系到一个地区乃至于一个国家的经济社会发展水平和质量。因此，研究和探求适合一个地区、一个国家经济社会发展现实以及预期需求的人才培养模式，不仅具有理论意义，而且具有十分重要的现实意义。高职院校的人才培养模式是指在一定的高等职业教育理念的引领下，以社会需求和高等职业教育人才培养目标为导向，依托高职院校自身可利用的办学条件，在特定时限内为学生达到一定职业人才规格要求所预设的知识、能力和素质结构，以及实现这种结构的较为稳定的施行范式。

从人才培养定位上看，高等职业教育是为生产、建设、管理和服务于一线生产实践，培养全面发展的高技能人才的一种新型高等教育类型，其人才培养模式具有如下特征。

（1）市场的导向性

市场的导向性，是由高等职业教育的培养目标决定的。高职教育的人才培养目标主要突出培养学生的职业技术能力，而社会用人单位对某一类人才的需求以及对其职业能力（或技能）的要求会因时、因地和因技术等条件的变化而变化。这就要求高职院校培养的人才技术能力能及时顺应职业的这种变化，高职院校要根据社会经济发展的需求和职业岗位变化趋势及时调整专业结构、课程体系和教学内容，为社会培养"适销对路"的高技能人才，确保毕业生能顺利就业。

（2）培养目标多样性

相对于不同的专业而言，以就业为导向的目的就是要求高职院校应根据生产、建设、管理、服务一线的实际需要和专业特点来确定培养目标，培养职业岗位所需要的技术型人才、技能型人才、应用技术型（或职业型）人才等。

（3）培养主体多元化

要实现人才培养与社会就业的有效衔接，高职院校必须引进社会资源参与人才培养全过程。行业企业既是高等职业教育的需求主体，又是高等职业教育重要的办学主体，以就业为导向的高职教育在确立培养目标及其规格时，应强调办学主体的多元化，坚持学校和行业、专业团体及企事业用人单位共同商定的原则，确保培养目标和人才规格贴近社会需要。

（4）能力培养整合性

以就业为导向就是要求高职院校通过对社会所需的职业、岗位的系统分析，确定人才的知识、能力和素质结构，并以此来设计、开发课程，合理安排实践教学，把高职学生培养成具有生存能力、应变能力、技术应用能力、创新和创业能力的合格的高技能人才。

（5）产学结合实践性

高职教育人才培养模式的基础是实施产学结合的实践性教学，这是以就业为导向的高职教育人才培养不可缺少的重要途径。高职教育能否办出特色取决于企业的参与程度，产学结合的紧密程度决定了人才培养的质量。不同专业类型的知识、能力和素质结构体系需要不同方式的产教结合，以便落实教学内容，实现理论与实践的结合，从而实现产学双方共同设定的人才培养目标。

（6）培养模式多样化

高职院校各专业要根据自身的专业特点，采取不同的培养模式，即使同一专业，学生的知识结构和能力结构也不尽相同。这就要求高职院校要根据行业和用人单位的市场要求和学生个人的特点，实现知识结构和能力结构的多样化培育。

（7）教学内容适应性

采用"双证"和"多证书"式教育，以提升毕业生就业能力和适应岗位需要为原则来构建课程体系和教学内容。这不仅需要高职院校教给学生与职业能力相关的充足的理论知识,而且还需要教给学生创业和拓展能力需要的适应性知识,使高职学生拥有良好的就业竞争力和创业能力。

因此,高职院校人才培养的目标与模式决定了劳动教育在人才培养过程中具有十分重要的地位,必须予以高度重视。

三、新时代高职院校劳动教育的内涵与特征

(一)新时代高职院校劳动教育的内涵

从劳动教育的本质上来看,其属于生产劳动与教育相互结合的实践活动,宗旨是进一步促进学生的全面发展。劳动教育的内容包含劳动观念教育、劳动精神培育、劳动技能教育及劳动品质塑造。高职院校劳动教育是指在日常生活劳动、生产劳动和服务性劳动中对学生开展劳动思想教育、劳动技能训练以及劳动实践锻炼,以促进学生德智体美劳全面发展的综合性教育。

1. 依托专业教育强化学生的劳动知识与技能培养

(1)理论学习、实习实训及工学交替

现代教育理论强调教育和提高生产力的劳动理论紧密结合,它既是当代中国马克思主义民族教育理论的重要基本理论之一,也是我国建设特色社会主义国家的基本理论指导方针之一,现代教育理论与劳动教育理论、提高生产力理论紧密结合,培养德智体美劳全面发展的人才。专业性是现代教育理论的本质属性,这就直接决定了高职院校在教育理论专业性本质属性上采用的专业技术教育应以基于学生能力水平的培训中心为培训模式,在根据社会的具体需要设置不同专业和学科的前提下,完善学生的技能训练。结合国内高等职业教育的现状,我们能够发现,高等职业教育非常重视和强调学科知识掌握的实用性和针对性,重视学生在专业领域中的实践技术水平,以及学生毕业后能够在对应的岗位上直接顶岗。要使高职院校学生达到专业技术能力培训的标准,首先要让学生端正劳动理想观,在专业理论学习的基础上,工学交替,着重培训学生的操纵能力和动手能力。因此,深化培养高职院校应届毕业生的劳动意识,是毕业生未来能够顺利

走向社会、贴近工作岗位、适应社会发展的不可缺少的一环。

（2）劳动实践锻炼

劳动实践是提高劳动教育实效性不可或缺的手段，也是检验劳动教育效果的重要标准。高职院校开展劳动教育活动应结合自身办学特点，最大限度地调动学生参与劳动实践的积极性，引导学生逐步从被动完成教育教学目标转变为主动参与实践。高职院校应努力在校内外搭建劳动实践平台和建设劳动实践基地，不断丰富学生实习实练、志愿奉献、公益劳动以及勤工助学等实践内容。借助于培训劳动知识课程，有效地组织实施劳动实践工作，积极落实相关制度建设，充分重视资金保障。各级不同教学单位和职能部门也需要加大对学生参与劳动实践教育的考核力度。相关部门需要建立科学的劳动实践监督管理机构和绩效考核标准，最大限度地提升劳动实践质量。

2. 强化高职院校大学生劳动素养的培养

（1）劳动价值观的培养

对劳动者进行的价值选择或劳动价值判断称为劳动价值，具体包括对劳动者进行劳动的目的和意义以及劳动者对劳动价值的态度和基本认识。马克思、恩格斯指出，社会发展和人类生存的基础始终是劳动。劳动是满足自身发展和生存的必要手段。它也是人类幸福生活的自然基础。劳动创造了全部的精神财富和物质财富。新时代坚决落实习近平总书记强调的：
"劳动最崇高、劳动最光荣、劳动最伟大、劳动最美丽"[1]的劳动现代化观念，有助于大学生树立正确的现代劳动价值观，从而有助于大学生树立正确的价值观、人生观和世界观，实现大学生身心健康成长和全面发展。社会上积极营造劳动幸福、劳动光荣的社会风尚，引导大学生养成尊重劳动者、尊重劳动的良好习惯，培养大学生的社会责任感，帮助他们树立正确的就业择业观，让他们在各自的人生道路上打上"创造性劳动、诚实劳动、辛勤劳动"的烙印，在创造幸福生活的过程中，逐渐成长为社会可用之才。

（2）劳动情感态度的培养

邓小平同志多次指出，体力劳动对青少年的健康成长和发展具有重要

---

[1] 习近平. 习近平谈治国理政（第一卷）[M]. 北京：外文出版社，2014：46.

的意义。他主张年轻人应积极参与多样化的体力劳动,建立积极热爱体力劳动的良好个人风格和良好生活习惯。当代大学生习惯于从事脑力劳动活动,能否长期接受正常的体力活动需要从他们自身的劳动情感态度来解决。因此,应培养高职院校大学生积极热爱体力劳动的习惯。积极参加各种体力劳动,实现德、智、体、美、劳等全面健康发展,是高职学生的必然选择。

(3) 劳动伦理责任

劳动伦理反映了人们的劳动道德意志、劳动道德情感和劳动道德认识,具体体现在人们在劳动过程中对社会的行为和心理特征。劳动道德建设和教育的目的是引导大学生积极树立,不论体力还是脑力劳动均要鼓励和尊重、劳动不分贵贱、依法劳动、诚实参与劳动等正确认知,让广大在校大学生持续强化"实干兴邦"的敬业情怀,以及尊重劳动者、尊重劳动的社会主义人文价值关怀,同时培养宝贵的劳动精神和高尚的劳动品德。此外,在大学生中,尤其是在高职院校大学生中,要坚持精益求精的工匠精神和忘我服务、吃苦耐劳、爱岗敬业的劳模精神,最大限度地培养学生良好的劳动品德,激发学生的劳动积极性,引导高职学生积极、热情地投入社会实践,使他们在劳动中增强能力,磨砺意志,促进他们养成尊重劳动、热爱劳动的真实情感。

(4) 劳动权益意识

新时代大学生,生逢其时,也重任在肩。高职院校在开展劳动教育的过程中,需要帮助学生认识到"为谁劳动"这个重要问题。面对就业、生活、学习等方面的压力,传统的劳动教育缺乏价值导向。在劳动过程中,仅仅过分追求劳动的生产价值,并不能有效解决大学生的精神和思想困惑。新时代,在大学生劳动教育的过程中,要帮助他们树立远大的理想信念,培养大学生报国爱党、报国兴邦、艰苦实干的理想情怀。激发大学生的奉献精神,努力为建设社会主义现代化事业和实现共产主义伟大理想做出贡献。

(二) 新时代高职院校劳动教育的特征

1. 新时代高职院校劳动教育具有职业性特征

高职院校的劳动教育应该发挥职业教育的本质优势,结合专业人才所从事的职业的特征,设计和开发劳动教育课程,构建独具特色的课程体系,推进劳动教育与专业课、实训课相结合，形成德育、智育、体育、美育与劳育协同发展格局。加快劳动教育产教融合的步伐，根据专业特点，开展与专业对口的劳动教育，激发学生潜在的劳动潜能，培养学生以职业劳动为荣、尊重职业劳动的情感。

高职院校更加注重学生职业劳动技能水平的提升。在我国经济社会发展过程中，大部分的一线生产管理及服务人员均来自职业院校，职业院校显然已经成为培养大国工匠、能工巧匠的主阵地。在新一轮科技革命与产业转型升级的背景下，新技术、新工艺、新业态频频涌现，这对劳动者的技能水平提出了更高的要求，也对职业教育提出了更高的人才培养目标。"对于职业院校的劳动教育，重在于通识性劳动教育基础之上的职业性劳动教育。"[1] 依据时代要求，这种职业性劳动教育不应是囿于学生自身所学的专业或者职业特点、以单一技能培养为主的离散化劳动教育，而应是体现综合技术教育内容与劳动实质的系统化劳动教育。高职院校必须充分利用技术技能教育的师资优势、专业优势和平台优势，在劳动教育中更加注重对学生进行"技能＋素质"的培养，促进学生的未来职业发展，从而推动经济社会的高质量发展。

2. 新时代高职院校劳动教育具有专业性和时代性特征

新时代高职院校劳动教育具有专业性特征。高职院校劳动教育应该重点结合产教融合的优势，让学生在专业的实习实训期间，走进与专业对口的一线工厂的生产车间，发挥个人在课堂学习中积累的理论才能，服务于一线生产实践，并接受社会生产实践的考验。通过实习实训，高职院校学生能够增强个人的职业技能素质，练就过硬的技术本领，培养自身吃苦耐劳的劳动品质与精益求精的劳动态度。

新时代高职院校劳动教育具有时代性特征。一方面，从时代使命上来看，新时代背景下的高校劳动教育被高职院校赋予了两个光荣的历史使命，即高职院校劳动教育既是落实立德树人根本任务的重要途径，又是促进职业教育改革、提升职业教育质量的必要环节。另一方面，从时代价值的角度来看，新时代背景下的高职院校劳动教育是实现优化高职院校人才培养

---

[1] 姜大源. 刍议新时代劳动教育的时空构建[J]. 国家教育行政学院学报，2020（06）：46.

目标、培养高素质劳动者和技术技能人才的重要保证。

3. 新时代高职院校劳动教育更加注重学生正确劳动价值观的确立

劳动价值观决定着高职院校学生对劳动的价值判断和选择。纵观人类发展的历史，自统治阶级出现以后，脑力劳动便从体力劳动中分化出来。统治阶级接受以非体力劳动为主的教育，而被统治阶级则接受以生产劳动为主的职业教育。"劳心""劳力"也成为阶级社会区分不同阶级的重要标识。因此，无论在东方还是西方的社会历史发展中，都出现了重视脑力劳动、轻视体力劳动的现象。对劳动者等级的划分直接造成了不同劳动职业之间的不平等。职业教育始于劳动实践，其职业性、技能性的特点使社会大众和广大青年对职业教育存在"身份情结"，觉得职业教育是为了培养简单、低下的体力劳动者，由此造成其对职业教育的轻视和部分职业的敷衍。社会大众对劳动价值的误判和对职业教育的认知偏差，要求职业教育必须更加注重劳动价值观教育，破除学生对脑力劳动和体力劳动的认知隔阂，确立正确的劳动心态和劳动品质，从而实现个人的全面发展。

4. 新时代高职院校劳动教育更加注重工匠精神的培育

从劳动的本质上看，它属于一种实践活动，劳动不仅创造了大量的物质财富，同时也创造了十分宝贵的精神财富。中国人民开拓创新、砥砺奋进的发展史，就是一部自强不息、敬业奉献的劳动史和精神史。从整体上看，劳动教育主要是为了培养学生尊重劳动的思想，让他们养成勤俭节约、开拓创新的良好习惯与品格。培育工匠精神旨在大力提升产品的质量，使技能人员在工作实践中坚持自身的职业操守、创新自身的技艺、精益求精。从本质上看，工匠精神是职业精神的一种升华，更是劳动精神的重要体现。高职院校是培养工匠型人才的主阵地，加强以工匠精神为核心驱动的大国工匠人才培养是重要的现实课题。《大中小学劳动教育指导纲要》要求："职业院校要通过实习实训，让学生真正参与生产劳动及服务性劳动过程，进一步培育学生不断探索、追求卓越的工匠精神，使其养成爱岗敬业的良好习惯。"[1]高职院校要充分利用人、职、技、能的综合优势，在劳动实践中培养学生严谨专注的工作态度以及精益求精、追求卓越的工作理念。

---

[1] 教育部关于印发《大中小学劳动教育指导纲要（试行）》的通知 [EB/OL]．（2020-07-07）[2020-12-31]．http://www.gov.cn/gongbao/content/2020/content_5535329.htm．

四、新时代高职院校加强劳动教育的重要意义

（一）新时代高职院校加强劳动教育的必要性

1. 新时代高职院校加强劳动教育是坚持和发展马克思主义唯物史观的客观需要

强调劳动价值和劳动教育，是马克思主义一以贯之的基本观点，是马克思主义唯物史观的核心内容。马克思主义劳动观反复强调，劳动创造世界、劳动创造历史、劳动创造了人本身。中国在社会主义革命、建设和改革开放的历史进程中，正是在中国共产党的坚强领导下，依靠广大人民群众的辛勤劳动，才使久经磨难的中华民族站起来、强起来，让底子薄、人口多的中国人民富起来。

党的十八大以来，习近平总书记多次在重要讲话中围绕劳动、劳动者和劳模精神等内容进行了非常深刻的阐述，党的十九大报告又对劳动和劳动者作了一系列重要论断。因此可以说，尊重劳动、倡导劳动、保护劳动，是社会主义社会先进性的显著标志；勤奋劳动、诚实劳动、创造性劳动，是社会主义国家劳动者的鲜明特征。高职院校加强劳动教育，是新时代中国特色社会主义的本质要求，是在新时代的历史背景下，旗帜鲜明地坚持和发展马克思主义，坚持和发展中国特色社会主义。

2. 高职院校学生劳动精神的缺失和社会对高素质的劳动者需求间的矛盾

为了全面地了解我国高职院校劳动教育发展的现状、存在的问题及其原因，笔者通过开展调查问卷的方式对我国高职院校学生和教师进行了调研。在对自身劳动技术能力的理解和认识上，54.5％的学生表示自身的劳动技术知识存在欠缺问题，并且希望学校的教师和相关员工能够给予帮助和提高；32.5％的学生对自己的专业劳动技能情况没有深刻的认识，他们认为学校怎么安排，他们就怎么做；13％的学生对自己的工作和劳动技巧感到满意，认为自己能够达到企业的工作要求。因为在求职过程中79％的企业选择了应届本科生和研究生，所以高职院校学生觉得自己的劳动技术素质水平比较低，对比企业的要求还有很多差距。

通过对多家高职专科院校进行的长期全方位市场调查和数据分析后，

笔者发现，高职专科院校的部分大学生对于脑力劳动的基本概念还存在基本认识上的错误，他们认为高级的体力劳动就是低级的脑力劳动；在政治思想和精神品格修养方面，他们缺少艰苦奋斗的创业精神，缺乏脚踏实地的、艰苦劳动的奉献精神，存在好高骛远的一种低级劳动精神情感。高职专科院校毕业生在进入企业后还普遍存在着动手操作能力差、技术操作不过硬等突出问题。这主要是由于目前我国经济社会发展普遍需要高素质的劳动者和高职专科院校大学生劳动精神缺失之间的矛盾。当前，部分高职院校学生在优越的工作条件和家庭环境中很难养成艰苦劳动的习惯，久而久之形成惰性思维，职业认同感也不高，这就给新时代高职专科院校加强劳动教育工作提出了一个新的挑战。

3. 人工智能时代正在呼唤更高层次的劳动素质

现代人工智能、纳米科学工程技术和现代基因科学工程被誉为 21 世纪三大顶级科学技术。在不同的历史时代，人类的劳动都会不断地呈现出各种不同的性质。随着人工智能技术的发展，移动信息网络技术正在不断地快速前进、变化，人与社会其他事物之间互相联系以及人和其他人、事的联系都出现了动态变化的特征。所以，处于人工智能时代下的职业劳动技能教育也将迎来新的挑战和发展契机。

人工智能技术有可能会让人"异化"。从现代的居家生活方式到教育和文化的传播，再到现代的工业和生产，人工智能都正在逐步取代人的传统手工劳动。智能家居的广泛应用，教学机器人在高校课堂上的运用，工业机器人遍布于各种大型企业，以上这些在有效地释放了人类双手的同时，也给人类带来了一丝担忧。早在 2015 年，美国的一项研究发现，公众对未来利用机器人替换人力劳务的惊恐远远超出了他们当前对死亡的恐惧。人类和科技的张力已经引发了诸多的社会问题，必须引起广大教育者的高度重视。在人工智能时代，各种智能化的机器在某种程度上可以替代人类烦琐的劳动，人类甚至不再需要独立进行身体劳动和思考，人类已经逐渐地丧失了进行体力劳动的各种机会，身体内部的生理机能也就因此发生了巨大的萎缩，由此将给未来人们的生活带来"人被科技奴役"的危险。在人工智能的新发展时代，"算法＋推荐"已经逐渐成为一种社会常态，人类在互联网上快速获取海量信息和知识的各种方式也正在变得越来越有效和个性化，这虽然能够帮助人们快速地获得更加集中的网络知识，但是在很大程度上也会促使人们逐渐地失去对获得海量数据和准确信息的感觉敏锐度，长此以往，就会严重降低人的价值判断力，严重影响人的基本价值取向并导致其实际行为的偏向，最终也会直接导致人的"异化"。

由于人工智能时代企业对普通劳动力的要求大幅度减少，而对高素质劳动力的要求逐步增加，这就使专门从事劳动和技术性人才培养的高职院校面临着严峻的挑战。与此同时，在人工智能时代，专业技能型人才的工作管理模式也在发生改变，其特点主要表现在：与专业技能型人才所从事的工作领域和组织规模扩大化、所从事的工作组织扁平化、所从事的工作内容创新化以及所从事的工作手段和方式的协作化相一致。面对新挑战，人工智能时代呼唤一种崭新的劳动素质，呼唤一种与时俱进的劳动教育，我国高职院校很有必要再次审视和挖掘劳动教育的意义和价值，实现对劳动教育的创造和新的超越。

4. 建设高素质劳动者大军、培养高素质产业工人队伍的重要举措

当前，我国同时面临"人口红利"逐渐消失、资源和环境约束不断强化、投资和出口增速放缓、传统的发展动力不断减弱等发展瓶颈。转变发展方式、优化经济结构、转换增长动力，必须拥有一支爱劳动、能劳动、会劳动的劳动者大军。新时代高职院校加强劳动教育，有利于培育一支高素质的产业工人队伍和大量的"能工巧匠""大国工匠"，为"中国速度"向"中国质量"转变、制造大国向制造强国转变、"中国制造"向"中国创造"乃至"中国智造"转变提供人力支撑、智力支撑和创新支撑。

而当前我国劳动者素质状况却不容乐观。目前，我国拥有产业工人数量为1.4亿人，仅占就业人员的20%，其中，技术工人数量为7 000万人。高级技术工人数量为245万人，仅占技术工人总数的3.5%，与发达国家高级技术工人40%的比例相比差距很大；工人技师100万人，仅占技术工人总数的1.4%，而发达国家的这一比例为20%；高级技师仅有7万多人，仅占技术工人的0.1%。由此可见，我国拥有掌握"高、精、尖"技术的工人比例严重偏低。高职院校承担着培养高素质技术人才的重要使命，在我国转变经济增长方式、实现"中国制造2025"目标、做强实体经济、建设知识型技能型创新型劳动者大军的今天，在高职院校扎实开展劳动教育，

培养一支有理想守信念、懂技术会创新、敢担当讲奉献的宏大的产业工人队伍，是富国强民的大事，具有更加迫切的现实意义和历史意义。

5. 我国劳动教育从根本上说就是对劳动价值观的培养

为了实现国家经济整体的发展和生产力的持续进步，劳动力就业可以说起着至关重要的作用。在深入开展人民劳动素质教育时，首先应该着重强调以下几个基本点：第一，必须坚持良好的现代劳动教育价值观——劳动是光荣的，好逸恶劳是可耻的；第二，我国社会经济体系必须实行公平、正义原则，反对并逐渐完全消除社会劳动等级差异，鼓励广大受教育者积极地追求和践行按劳分配的现代社会主义劳动分配原则，积极推进我国社会经济体系实行公平、正义；第三，按照现代的劳动教育观，学校要将劳动教育和社会生产者的劳动紧密地结合在一起，培育出具有自由劳动个性的、善于全方位发展的人才群体。

虽然我们国家的劳动教育具有非常大的内涵与外延，但是其中最基础的内涵是为了培养学生崇尚劳动精神的社会主义核心价值观。学校劳动课程的宗旨是使学生充分认识人类的劳动必须具备其本源性的价值，也就是说人类的劳动必须是他们所创造的物质世界与人类历史的基础性动力。劳动教育的价值取向在职业教育中为其人才培养定位发挥了直接的引领作用，也是推进职业教育改革和发展的关键。

6. 劳动专业技术素质的培养工作是高职院校加强劳动教育的应有之义

劳动教育从根本上说就是将社会主义劳动价值观渗透到高职院校学生群体之中，其中培养劳动技能这个关键性的职能是高职院校对劳动教育的应有之义，即在高职专业教育中，以劳动价值观的培养为基础，以劳动知识和技能的学习活动为根本。生产力的增长离不开劳动技能的改善与进步，在相同的劳动条件和强度下，劳动效率的增长或者生产力的大发展，需要依靠劳动者对操作技能的熟悉程度，也就是说需要依靠技术知识与技能水平的增长。其实，人类生产经营活动的发展历史本身就是一部劳动发展的历史，同时它又是一部职业教育发展的历史。从实践中的生产情况来看，高职院校的首要使命就是培养一批批能够顺利地适应现代社会分工的高素质劳动者。工业革命以来，机械化重工业生产的显著特点就是专业化、精细化、标准化及规模化。在由传统的学徒制向现代专科职业教育转变过程中，人们对于劳动技术培养的要求日益严格。当前，我国的职业教育已经迈向了培养具备工匠精神的优秀劳动者的时代，工匠精神正在成为优秀劳动者增加知识和技能的奋斗目标。目前，我国的工业装备制造业已经迈向4.0时代，这对于劳动者的核心价值观及其劳动知识与技能都提出了较高的要求，也为高职院校提出了一个全新的发展目标。人工智能时代，现代职业教育对于学生的劳动技术学习水平的要求并没有大幅度地降低，反而提高了。高职院校应该从专业配备、课程研究与开发、实训、公司实习等各个方面进行调整和更新，培养大学生熟练掌握在未来就业过程中迫切需要的关键性劳动知识和技能。

（二）新时代高职院校加强劳动教育的现实需求

新时代高职院校加强劳动教育既是客观环境的需要，如落实新时代党的教育方针与立德树人的根本任务，也是高职院校由规模扩张到内涵式发展转变、优化教育培养模式、提升职业教育质量和完成人才培养目标的内在需求。

1. 新时代高职院校加强劳动教育是落实立德树人根本任务的现实要求

高校肩负着培养社会主义事业建设者和接班人的重大使命，培养的专业人才应该具有正确的价值观、人生观、世界观，以及正确的事业观和劳动观等。因此，劳动教育是构建全面教育体系不可或缺的重要环节，劳动可以树德、增智、强体、育美。

德智体美劳，既密切联系，又有各自不同的功能。就劳动教育与其他教育的联系而言，劳动精神的培育是高校德育的重要内容，劳动科学和技能的教育是高校智育的重要内容，劳动能力的锻炼是高校体育的重要内容，劳动者对美的追求和创造是高校美育的重要内容。将劳动教育与德智体美并列，"五育并举"，既是对劳动教育本身的有效加强，也是对德智体美的有力支撑。可以说，新时代高职院校加强劳动教育，是构建德智体美劳全面发展的教育体系、形成更高水平的人才培养体系的必然要求。

2. 新时代高职院校加强劳动教育是优化人才培养模式、实现人才培养目标的必要内容

高职院校的人才培养目标是遵循高等职业教育规律，结合高职院校学

生的类型特点，培养适应经济社会发展和产业转型升级的新要求、具有创新精神和创业意识的高素质劳动者和技术技能人才。然而，目前部分高职院校在人才培养过程中过分强调技能本位，存在"重视职业技能轻综合素养""毕业生就业质量不高，技能不符合企业的实际需求"等现象。高职院校加强劳动教育是实现人才培养目标的重要内容，既关系学生的价值观、人生观和世界观的培养，又与学生的职业能力密不可分。高职院校应开展劳动专业理论课教学，帮助学生树立正确的劳动认知和劳动观念；重点结合产教融合、校企合作中的专业实习实训环节实施劳动教育，增强职业荣誉感和技术应用能力，培育精益求精的劳动态度和爱岗敬业的劳动精神；以日常校园生活活动、社会公益活动载体为补充实施劳动教育，培养学生良好的劳动习惯。

3. 新时代高职院校加强劳动教育促进职教改革、提升职业教育质量的内在需求

《国家职业教育改革实施方案》指出："职业教育是对受教育者进行思想政治教育和职业道德教育，传授职业知识，培养职业技能，进行职业指导，全面提高受教育者的素质。"[1] 职业教育的育人机制强调德技并修、工学结合，人才培养模式是学中做、做中学，强调知行合一。劳动教育具备树德、增智、健体、育美的综合育人价值，能够促进人的全面发展。高职院校应该遵循新时代职业教育新作为的要求，以劳动教育为契机，以实现学生的全面发展为核心，创新理念，推行改革，进一步深化产教融合、校企合作、实践育人，促进人才培养模式的改革，培养爱社会主义、爱劳动、爱奋斗的中国特色社会主义事业建设者和接班人。

---

[1] 国务院关于印发国家职业教育改革实施方案的通知[EB/OL].（2019-01-24）[2021-12-31]. http://www.gov.cn/zhengce/content/2019-02/13/content_5365341.htm.

第二章　新时代高职院校加强劳动教育的理论基础

新时代高职院校的劳动教育绝对不是凭空进行的，而是有着深厚的理论渊源的，这是对社会发展实际要求的回应。高职院校加强劳动教育的理论依据是高职院校加强劳动教育的可行性和合理性，而现实依据则是高职院校加强劳动教育的必要性和紧迫性，二者共同构成了新时代高职院校加强劳动教育的理论基础。

一、理论依据

（一）马克思主义经典作家的劳动教育思想

教育和生产劳动互相结合，从本质上来讲是社会化大生产的客观要求和必然的发展趋势，是社会和教育发展的一个客观的规律，是不以人的意志为转移的历史进程，这些从马克思主义创始人关于教育和生产劳动互相结合的科学论述以及教育发展的历史进程中就能够看出。因此，要彻底地阐明教育和生产劳动互相结合的客观规律性，就必须以发展的角度来认识和看待教育和生产劳动互相结合的本质特征及其发展的过程。马克思认为，劳动在人从自然分化为自然人进而成为社会人的过程中起着决定性的作用。马克思充分肯定了劳动对人类和人类历史的意义，进一步强调这一简单事实："任何一个民族，如果停止劳动，不用说一年，就是几个星期，也要灭亡，这是每一个小孩都知道的。"[①] "劳动解放人"可以进一步理解为劳

---

① 中共中央马克思恩格斯列宁斯大林著作编译局编译. 马克思恩格斯文集（第10卷）[M]. 北京：人民出版社，2009：289.

动解放了人的社会关系，促进了不合理的社会关系的转化，从而使人获得了社会关系的解放。社会主义制度下的劳动真正体现了劳动者的自主权，不再以异化的、外在的和脱离主体本性的形式而存在。劳动者通过自己的劳动来肯定自己，在自己的劳动中感到快乐，体现了劳动过程中人与人之间的平等关系。马克思主义劳动观深刻反映了中国工人阶级和广大人民群众在劳动创造价值方面的积极作用。马克思、恩格斯和列宁都认为教育生产劳动相结合是社会变革的强有力的手段之一。社会改造包括社会生产力的发展和社会关系的改造，而对人的改造又与社会改造密切相关。要从根本上对社会进行改造，就必须培养全面发展的人；而要实现人的全面发展，又必须从根本上改造社会。因此，对社会的改造和对人的改造是在同一个过程中实现的。

1. 劳动和教育相结合是社会发展的一种必然趋势

人类存在的第一个前提是：为了"创造历史"而首先必须能够生存。但是，为了生存，人们首先需要吃、喝、住、穿等。因此，人类的第一个历史活动就是生产满足这些生存需要的资料，也就是生产物质生活本身。时至今日，为了维持生命和生活，人们必须每天、每时从事历史活动，这是一切历史的基本条件。

在社会发展过程中，教育和生产劳动经历了一个"融合—分离—结合"的过程。在原始社会，由于受生存环境的制约以及当时社会生产力水平极低的原因，教育一直没有也不可能脱离社会生产过程。在很大程度上，教育活动以生存为首要目的，被纳入并整合到这一生产和劳动过程中。这种融合是混沌和原始的，并没有形成一个有机的整体。随着社会分工的出现和生产力的发展以及阶级和私有制的出现，脑力劳动和体力劳动产生分离，这也产生了专门从事教育活动的机构和人员，出现了学校和全职教师。这种分离实质上是剥削阶级的教育从生产劳动中分离出来，教育逐渐演变为统治和剥削生产劳动者的工具；早期资本主义社会机器工业出现后，导致了生产劳动者的教育与生产劳动的分离。这种分离的客观原因是现代生产将科学物化，将科技成果转化为生产产品。这一过程的实现必须由掌握生产技术并具有一定科学素质的生产工人来完成。这个掌握科学技术的过程在当时不是在生产过程中完成的，而是在生产过程之外的特殊教育场所完成的。因此，教育过程从生产过程中分离出来，成为一个独立的社会过程。随着现代生产规模、产业结构和技术的不断发展，生产者迫切需要尽可能适应社会生产的需要，明确提出教育和生产劳动相结合的要求。正如马克思所指出的："大工业的本性决定了劳动的变换、职能的更动和工人的全面流动性。"[1] 马克思深刻揭示了教育和生产劳动相结合的社会客观依据以及教育和生产劳动相结合产生与发展的基础，而且社会生产的发展、经济的改革和科技进步得越快，需求就越强烈，对教育和生产劳动相结合的层次、广度的要求也在不断提高和扩大。

在马克思和恩格斯当时所处的时代，资本家把工人视为创造剩余价值的简单工具，极大地损害了他们的身心。面对这一现实，马克思一方面呼吁"法律应当严格禁止雇用9~17岁（包括17岁在内）的人在夜间和在一切有害健康的行业里劳动"[2]，同时，他积极动员工人阶级起来与资本家斗争，迫使资产阶级政府颁布有利于工人子女受教育的法律法规，把接受初等教育宣布为参加劳动的强制性条件。

正是这种早期教育与生产劳动的结合，在一定程度上赢得了工人阶级接受教育的权利，保护了工人的子女，并抵制了资本家对工人的残酷剥削。因此，马克思将教育与生产劳动相结合视为资本主义制度下的"抗毒素"，是无产阶级反对资产阶级剥削和压迫的有效措施。马克思、恩格斯在《共产党宣言》中明确提出教育要与物质生产相结合。这种结合，就是在提高社会生产力的同时，提高无产阶级的政治思想意识和觉悟，引导无产阶级与资产阶级进行坚决的斗争，最终引起生产关系或社会制度的变革。因此，马克思主义创始人将教育与生产劳动相结合视为改造资本主义社会的强有力的手段。

纵观现代教育发展史，可以看出，社会生产力的发展、科技成果的应用和推广、劳动者素质的提高，都必须依靠现代教育的发展。同时，教育要在现代社会中得以生存和不断发展、充分发挥其功能和作用，必须从宏

---

[1] 中共中央马克思恩格斯列宁斯大林著作编译局编译. 马克思恩格斯文集（第5卷）[M]. 北京：人民出版社，2009：560.
[2] 中共中央马克思恩格斯列宁斯大林著作编译局编译. 马克思恩格斯全集（第21卷）[M]. 北京：人民出版社，2003：271.

观到微观建立教育与生产劳动相结合的有机整体，使教育与生产劳动在互动过程中不断完善和发展。"教育与生产劳动相结合"的教育方针，其思想理论来源于马克思的劳动教育观。马克思关于"教育与生产劳动相结合"的论述主要分为两类。第一，由于资本主义条件下的童工受到残酷剥削，他们不能享有受教育的权利。为了保护童工应有的权利，马克思提出应该限制童工的工作时间，强调童工应该享有受教育的权利，强调重点是让学龄儿童有机会接受教育，摆脱整天工作的折磨。第二，对未来教育（共产主义社会教育）的设想，即培养能将脑力劳动与体力劳动相结合的全面发展的人。马克思在《资本论》中指出："尽管工厂法的教育条款整个说来是不足道的，但还是把初等教育宣布为劳动的强制性条件。这一条款的成就第一次证明了智育和体育同体力劳动相结合的可能性，从而也证明了体力劳动同智育和体育相结合的可能性。"[1] 在此基础上，马克思将教育和生产劳动的结合上升为改造社会的手段。他说："因为在按照不同的年龄阶段严格调节劳动时间并采取其他保护儿童的预防措施的条件下，生产劳动和教育的早期结合是改造现代社会最强有力的手段之一。"[2] 对未来教育的设想，马克思在《资本论》中阐述道："毫无疑问，工人阶级在不可避免地夺取政权之后，将使理论的和实践的工艺教育在工人学校中占据应有的位置。"[3] 此外，马克思还提出了综合技术教育思想，使得教育与生产劳动相结合具有了实质性的内涵。恩格斯也指出："在社会主义社会中，劳动将和教育相结合，从而既使多方面的技术训练也使科学教育的实践基础得到保障。"[4] 马克思还提出："在再生产的行为本身中，……而且生产者也改变着，他炼出新的品质，通过生产而发展和改造着自身，造成新的力量

---

[1] 中共中央马克思恩格斯列宁斯大林著作编译局编译. 马克思恩格斯文集（第5卷）[M]. 北京：人民出版社，2009：555-556.
[2] 中共中央马克思恩格斯列宁斯大林著作编译局编译. 马克思恩格斯全集（第25卷）[M]. 北京：人民出版社，2001：32.
[3] 中共中央马克思恩格斯列宁斯大林著作编译局编译. 马克思恩格斯文集（第5卷）[M]. 北京：人民出版社，2009：561-562.
[4] 中共中央马克思恩格斯列宁斯大林著作编译局编译. 马克思恩格斯全集（第26卷）[M]. 北京：人民出版社，2014：340.

和新的观念，造成新的交往方式，新的需要和新的语言。"[1]这些论述共同表明，教育与生产劳动结合是未来社会的必然要求。

在社会主义条件下，教育与生产劳动相结合，主要体现在通过培养全面发展的人，以促进社会生产力的快速发展和社会主义制度的不断完善、巩固和发展。在现代社会，特别是在代表全体劳动者根本利益的社会主义先进制度下，教育更需要适应社会、经济、科技的进步和发展，以促进整个社会向前发展。这种适应必须通过教育与生产劳动的有机结合来建立和完善。教育与生产劳动相结合，既是社会主义条件下促进社会全面进步的重要举措，也是人们思想改造的重要内容。在教育与生产劳动相结合的实践中，人们揭露和批判了腐朽的封建主义和资产阶级思想，发动了思想领域的彻底革命。更重要的是，我们的学校教育应该与生产劳动相结合，以培养和形成受教育者的工作观念和习惯，树立实现共产主义的崇高理想。同时，企业增强了市场竞争意识、产品质量意识和主人翁意识。在生产劳动过程中，我们可以逐步消除脑力劳动与体力劳动的对立，消除工农、城乡之间的本质区别，从而大大加快社会主义现代化的发展进程。

2. 劳动与教育相结合是培养全面发展的人的主要途径

马克思认为，人要实现全面发展，需要从社会条件和社会制度等方面加以保障。因此，他在批判资本主义社会人的异化的基础上，提出了共产主义的目标。在《共产党宣言》中，马克思指出，共产主义社会"将是这样一个联合体，在那里，每个人的自由发展是一切人的自由发展的条件"[2]。在《资本论》中，马克思认为共产主义社会是"以每一个个人的全面而自由的发展为基本原则的社会形式"[3]。

马克思主要是从宏观层面阐述了人的全面发展的必要性，并没有系统地论述人的全面发展应包括哪些具体维度和标准，但他的相关论述从理论上为我们构建促进受教育者德智体美劳全面发展的教育体系奠定了基础。

---

[1] 中共中央马克思恩格斯列宁斯大林著作编译局编译. 马克思恩格斯全集（第30卷）[M]. 北京：人民出版社，1995：487.

[2] 中共中央马克思恩格斯列宁斯大林著作编译局编译. 马克思恩格斯文集（第2卷）[M]. 北京：人民出版社，2009：53.

[3] 中共中央马克思恩格斯列宁斯大林著作编译局编译. 马克思恩格斯文集（第5卷）[M]. 北京：人民出版社，2009：683.

理论家在实施促进人的全面发展的教育内容时，首先需要研究人的全面发展应该关注哪些维度的内容，以及需要将哪些内容纳入教育体系。例如，马克思指出："通过实践创造对象世界，改造无机界，人证明自己是有意识的类存在物，……正是在改造对象世界的过程中，人才真正地证明自己是类存在物。"[①]在这里，马克思强调了实践，特别是劳动创造在自我塑造中的重要意义。马克思在保护童工的教育权益时认为，未来教育的特点是生产劳动与智育、体育相结合，这不仅是提高社会生产的手段，也是培养人的全面发展的必由之路。虽然"生产劳动""智力教育"和"体育"的实际内涵不同于教育系统中的"劳""智""体"，但从理论整体性的角度来看，它们仍然是重要的思想来源。

马克思认为，在资本主义之前，体力劳动和脑力劳动的对立发生在物质生产过程之外。在生产过程中，单个工人的手和大脑并没有相互分离。当然，这种脑力劳动需要的知识和经验非常有限。总的来说，工人处于一种无知的状态。就整个社会而言，体力劳动和脑力劳动是分开的。在机器大工业中，随着机器取代手动操作，劳动功能进一步简化，迫使工人被动地跟随劳动资料运动，即被劳动资料所支配，进一步失去主动性。机器劳动严重损害工人的神经系统，抑制肌肉的各种运动，吞噬一切自由的体力和脑力活动。这种劳动使工人成为"机器的附属品"。同时，由于机器生产大大简化了劳动功能，儿童、青少年和妇女也可能走出狭窄的家庭圈子，参与社会生产。这样，整个工人家庭就成了资本剥削的对象。工人的后代从小就为了资本的贪婪而牺牲了体力和智力的正常发展。当童工制度盛行时，很难普及教育。这种情况越来越引起有觉悟意识的工人和社会有识之士的严重忧虑和强烈不满。因此，在资本主义的物质生产过程中体力劳动与脑力劳动的分离与对立逐渐形成。

在此种情况下，作为克服体力劳动与脑力劳动分离和对立以及工人畸形发展的社会弊病的解毒剂的生产劳动与教育相结合被提上了历史议事日程。资本主义社会极不合理的社会分工，将生产劳动的活动过程与工人学习知识、掌握技能的过程分离开来，使人的片面发展达到了非常严重的程度。

---

① 中共中央马克思恩格斯列宁斯大林著作编译局编译. 马克思恩格斯文集（第1卷）[M]. 北京：人民出版社，2009：162-163.

然而，正如劳动的发展一样，脑力劳动和体力劳动的分离在资本主义工业早期达到顶峰，然后又开始走向结合，教育与生产劳动由分离向逐步结合方向迈进。为了使劳动者能够根据社会需要和自身意愿从事能够充分发挥其才能的生产性劳动，我们必须把教育与生产性劳动结合起来。

如果说在资本主义制度下，教育与生产劳动相结合是为了克服人的片面发展，那么在社会主义和共产主义制度下，教育与生产劳动相结合被马克思视为培养人的全面发展的必由之路。因此，马克思主张，每个有劳动能力的人都应该在合理的社会制度下成为生产者，同时进行脑力劳动和体力劳动。他相信："把有报酬的生产劳动、智育、体育和综合技术培训结合起来，就会把工人阶级提高到比贵族和资产阶级高得多的水平。"[1] 马克思主义认为，人的全面发展的本质是劳动者在智力和体力得到充分广泛的发展的基础上，实现脑力劳动和体力劳动的结合，实现这一目标的根本途径是实现教育与生产劳动相结合。历史发展的事实证明，在社会主义社会，教育的根本方针是培养德智体美劳全面发展的新型劳动者。社会主义社会制度为实现教育与生产劳动相结合，最大程度地满足人们身心健康发展的要求，提供了最基本的社会条件。通过马克思的人的全面发展理论，我们必须认识到劳动教育在促进人的全面发展中不可或缺的地位。德智体美劳的教育是一个相互作用、相互融合的整体，劳动教育在其中发挥着独特的作用。

3. 劳动精神是社会主义社会和个人发展的需要

马克思在《临时中央委员会就若干问题给代表的指示》中谈到教育与生产劳动的结合时，没有直接提到工人应该有劳动精神，也没有提到工人应该有道德教育。在这方面，人们普遍认为，这里的"教育"是指资本主义条件下的教育。马克思曾指出"资产者认为道德教育就是灌输资产阶级原则"[2]，无产阶级当然不会追求与自身相反的思想。这种观点似乎也是合理的。马克思在《资本论》中说："未来教育对所有已满一定年龄的儿童

---

[1] 中共中央马克思恩格斯列宁斯大林著作编译局编译. 马克思恩格斯全集（第21卷）[M]. 北京：人民出版社，2003：271.

[2] 中共中央马克思恩格斯列宁斯大林著作编译局编译. 马克思恩格斯全集（第6卷）[M]. 北京：人民出版社，1961：648.

来说,就是生产劳动同智育和体育相结合,……"①这里所说的"未来教育",无疑包括社会主义教育和共产主义教育,因此,说马克思没有把劳动精神作为教育与生产劳动相结合的组成部分,只是因为处在资本主义条件下,是没有道理的。

马克思肯定赞成在社会主义和共产主义社会弘扬劳动精神,但问题的关键在于,马克思从生产劳动与教育相结合的角度,将这一问题视为"改善社会生产的一种方法"和"培养人的全面发展的唯一方法"。他把全面发展的个人理解为把不同社会职能当作互相交替的活动方式的个人,这表明他所谓的个人全面发展是指个人能力的充分发展,即体力和智力的充分发展,也包括个人技术水平的全面提高。因此,《资本论》中他提到了智育和体育以及理论和实践技术教育,即综合技术教育。这属于发展个人总体生产能力的范围。马克思在《临时中央委员会就若干问题给代表的指示》中提到的智力教育、体育教育和综合技术教育,都属于保护未成年人劳动能力的范围。道德属于人与人之间的社会关系范畴,不属于个人生产能力范畴。马克思在谈到个人的全面发展时,没有包括劳动精神的培养,即道德教育的一部分;在谈到生产劳动与教育的结合时,没有包括道德教育。因此,这里不存在对德育是否重视的问题。

马克思、恩格斯和列宁非常重视道德教育,包括劳动精神。他们把道德理解为"人们用来调节人对人的关系的简单原则"②。这种道德对于人类的共同生活是不可或缺的。虽然马克思、恩格斯揭示了道德的阶级性,以及资产阶级道德和资产阶级道德教育的阶级性。然而,他们并不认为资本主义社会所有的道德规范和道德准则都具有阶级性。恩格斯指出,封建道德、资产阶级道德和无产阶级道德不仅有根本对立的一面,而且有共同的一面。"这三种道德论代表同一历史发展的三个不同阶段,所以有共同的历史背景,正因为这样,就必然具有许多共同之处。"③对于这种"共同之处",马克

---

① 中共中央马克思恩格斯列宁斯大林著作编译局编译. 马克思恩格斯文集(第5卷)[M]. 北京:人民出版社,2009:556-557.

② 中共中央马克思恩格斯列宁斯大林著作编译局编译. 马克思恩格斯全集(第2卷)[M]. 北京:人民出版社,1957:399.

③ 中共中央马克思恩格斯列宁斯大林著作编译局编译. 马克思恩格斯全集(第26卷)[M]. 北京:人民出版社,2014:99.

思主义者无须反对。恩格斯在《英国工人阶级状况》一书中，在批判资产阶级道德教育时指出："在所有的英国学校里，道德教育总是和宗教教育连在一起。这种道德教育所产生的结果显而易见地丝毫不会比宗教教育好些。"①他批判的是同"宗教教条掺杂在一起"的道德教育，并没有绝对排斥道德教育。此外，他还指责资产阶级忽视了对工人及其子女的道德教育。他目睹了工业革命后工人道德的堕落，深感悲痛。他指出，自孩提时代起，宗教学校就可耻地忽视了工人智力、精神和道德的发展。

各国无产阶级的共同斗争也需要遵循共同的道德规范。马克思在起草的《国际工人协会成立宣言》中提出，既然工人阶级的解放需要工人如兄弟般地进行合作，那么，如果有一种以民族偏见为犯罪目的、在掠夺战争中流淌人民鲜血和浪费人民财富的外交政策，他们怎么能完成这项伟大的任务？因此，要"努力做到使私人关系间应该遵循的那种简单的道德和正义的准则，成为各民族之间的关系中的至高无上的准则"②。

无产阶级执政后，共产主义道德教育达到了一个新的高度。十月革命胜利后，列宁十分重视共产主义道德教育，这体现在他的著名理论中，即"应该使培养、教育和训练现代青年的全部事业，成为培养青年的共产主义道德的事业。③"因此，尽管马克思、恩格斯、列宁在讨论社会和人的发展时，在某些场合没有将道德纳入全面发展的范畴，但是，如果突破生产劳动的视角，他们都仍然高度肯定劳动教育的精神培育作用。

（二）中国共产党人关于劳动教育的重要论述

十月革命为中国送来了马克思主义，中国共产党人将马克思主义作为理论指导，带领全国人民实现了中华民族从站起来到富起来再到强起来的历史性飞跃。在这一伟大进程中，中国共产党人继承和发展了马克思主义劳动教育思想，并实现了马克思主义劳动教育思想的中国化。中国共产党

---

① 中共中央马克思恩格斯列宁斯大林著作编译局编译. 马克思恩格斯全集（第2卷）[M]. 北京：人民出版社，1957：399.
② 中共中央马克思恩格斯列宁斯大林著作编译局编译. 马克思恩格斯全集（第21卷）[M]. 北京：人民出版社，2003：15.
③ 中共中央马克思恩格斯列宁斯大林著作编译局编译. 列宁全集（第39卷）[M]. 北京：人民出版社，2017：338.

人运用马克思主义劳动教育思想，培养了一代又一代的社会主义建设者和接班人。回顾和梳理马克思主义劳动教育思想在中国的发展，有助于为新时代高职院校加强劳动教育奠定坚实的理论基础。

1. 毛泽东关于劳动教育的论述

毛泽东同志从我国的实际情况出发，把马克思主义思想中国化，经过多年的努力，使中国从一个半殖民地半封建国家转变为一个独立自主的国家。毛泽东同志的劳动思想和劳动教育思想主要体现在重视劳动的历史作用，使受教育者"成为有社会主义觉悟的有文化的劳动者"[1]的思想上。

第一，重视劳动生产在革命和经济建设中的历史作用。在新民主主义革命时期，毛泽东同志始终把劳动人民的利益放在首位，通过劳动创造物质财富，克服物质短缺的困难，并结合中国革命的实际情况进行革命，争取劳动人民的政治解放。毛泽东同志发展了马克思主义劳动思想来处理革命的实际问题，创造性地提出了革命军队既是战斗队又是生产队的观点。面对敌人的封锁，毛泽东同志号召延安军民"自己动手"发展生产，发动了大规模的大生产运动，解放区基本实现了"自己动手，丰衣足食"的目标。在党的革命过程中，为了更好地团结人民，实现人民对劳动资料的渴望，党进行了多次土地革命，逐步废除了封建和半封建的土地制度，实现了解放区广大农民获得土地的愿望，极大地激发了人民的革命热情。随着中华人民共和国的成立，中国共产党在劳动解放方面进行了不懈的探索和实践，通过一系列措施提高了劳动人民的生活水平。毛泽东同志更加关心人民群众的物质和精神生活需要，把劳动与国家和民族的未来联系起来。毛泽东同志指出："如果我们在生产工作上无知，不能很快地学会生产工作，不能使生产事业尽可能迅速地恢复和发展，获得确实的成绩，首先使工人生活有所改善，并使一般人民的生活有所改善，那我们就不能维持政权，我们就会站不住脚，我们就会要失败。"[2]1956年，社会主义改造基本完成，围绕主要矛盾的变化，毛泽东同志发动了社会主义大生产运动，提高了工人的生产力，把生产劳动与实现工业化国家的目标联系起来。在实践中，

---

[1] 中共中央文献研究室编. 毛泽东文集（第七卷）（一九五六年一月——一九五八年十二月）[M]. 北京：人民出版社，1999：226.

[2] 毛泽东选集（第四卷）[M]. 北京：人民出版社，1991：1428.

大生产运动促进了生产力的发展，改善了人民的生活。

第二，重视体力劳动对革命意志品质的锻炼作用。毛泽东同志十分重视劳动对人的精神的塑造，特别强调劳动在去除干部官僚主义作风中的作用。他认为党员干部参加劳动，不仅能够密切联系群众，而且能够增强他们为人民服务的意识。毛泽东同志指出："干部通过参加集体生产劳动，同劳动人民保持最广泛的、经常的、密切的联系。这是社会主义制度下一件带根本性的大事，……"[1]除此之外，毛泽东同志还充分认识到知识分子是革命的重要力量，必须把知识分子吸收到革命的队伍中来，"没有知识分子的参加，革命的胜利是不可能的"[2]。毛泽东同志认为，对于知识分子来说，参加劳动、接受贫下中农再教育是帮助他们树立为无产阶级服务意识的必要途径，在革命胜利和社会转型时期，原有的阶级结构和社会阶层发生了巨大变化。知识分子的思想需要进一步转变，为国家和人民服务。毛泽东同志对待知识分子的态度是"团结、教育、改造"。他通过两种方式改造知识分子：第一是学习马克思列宁主义理论，第二就是通过体力劳动改造知识分子。毛泽东同志倡导知识分子要到农村去，到农民中间去，到工厂中去，要与工农群众紧密结合。

第三，重视教育与生产劳动相结合。毛泽东同志继承并发扬了马列主义关于劳动教育的思想，他根据中国的实际情况，进行了中国化的马列主义劳动教育实践，指出："教育必须为无产阶级政治服务，必须同生产劳动相结合，劳动人民要知识化，知识分子要劳动化。"[3]他曾设想："如果是学校办工厂，工厂办学校，学校有农场，人民公社办学校，勤工俭学，或者半工半读，学习和劳动就结合起来了。"[4]对于新中国应该遵循的教育方针，他指出："我们的教育方针，应该使受教育者在德育、智育、体育

---

[1] 中共中央文献研究室编. 建国以来重要文献选编（第十九册）[M]. 北京：中央文献出版社，1998：68.
[2] 毛泽东选集（第二卷）[M]. 北京：人民出版社，1991：618.
[3] 中共中央文献研究室编. 建国以来重要文献选编（第十九册）[M]. 北京：中央文献出版社，1998：68.
[4] 中共中央文献研究室编. 毛泽东年谱（一九四九——一九七六）（第3卷）[M]. 北京：中央文献出版社，2013：442-443.

几方面都得到发展,成为有社会主义觉悟的有文化的劳动者。"①根据毛泽东同志的判断,1958年,党中央进一步确定了"教育为无产阶级的政治服务,教育与生产劳动相结合的方针"②。在学校教育中,"爱劳动"是国民德育教育的内容之一,学校把学生的生产劳动作为一门重要课程加以严格考核,组织学生入工厂、下农村亲自参加劳动锻炼。

2. 邓小平关于劳动教育的论述

作为中国改革开放的总设计师,邓小平同志发展了马克思主义劳动思想。他从提高劳动生产率、发展现代科学技术、提高人民劳动积极性等方面做出了符合中国国情的判断。邓小平同志的劳动思想和劳动教育思想主要体现在"科学技术是第一生产力"③的论断上。

马克思曾预言科技对于劳动生产的潜在作用,他指出"在这些生产力中也包括科学"④"生产过程成了科学的应用,而科学反过来成了生产过程的因素即所谓职能"⑤。正是基于对马克思劳动思想的深刻理解,邓小平同志提出了"科学技术是第一生产力"的思想,他认为:"科学技术作为生产力,越来越显示出巨大的作用。"⑥现代社会的飞速发展也证明科学与生产有着密切的关系。新兴工业生产的各个环节不仅以新兴科学技术为基础,而且许多传统的农业和工业在科学技术的支持下也大大提高了生产效率。现代科学技术已广泛应用于生产的各个领域。因此,在生产过程中,脑力劳动者的比例将持续增加,而体力劳动者的数量将逐渐减少。基于当时中国的科学技术远远落后于发达国家的事实,邓小平同志认为,建设宏大的又红又专的科学技术队伍"是摆在我们面前的一个严重任务"⑦。中国不仅

---

① 中共中央文献研究室编. 毛泽东文集(第七卷)[M]. 北京:人民出版社,1999:226.
② 中央档案馆,中共中央文献研究室编. 中共中央文件选集(1949年10月—1966年5月)(第42册)[M]. 北京:人民出版社,2013:372.
③ 邓小平. 邓小平文选(第三卷)[M]. 北京:人民出版社,1993:274.
④ 中共中央马克思恩格斯列宁斯大林著作编译局编译. 马克思恩格斯文集(第8卷)[M]. 北京:人民出版社,2009:188.
⑤ 中共中央马克思恩格斯列宁斯大林著作编译局编译. 马克思恩格斯文集(第8卷)[M]. 北京:人民出版社,2009:356.
⑥ 邓小平. 邓小平文选(第二卷)[M]. 北京:人民出版社,1994:87.
⑦ 邓小平. 邓小平文选(第二卷)[M]. 北京:人民出版社,1994:91.

需要对外开放，引进先进技术和设备，还需要大力培养高科技人才，包括为科技人才创造良好的工作环境，培养和选拔大批优秀大学生，提高知识分子待遇等措施。

邓小平同志认为教育与生产劳动相结合"是培养理论与实际结合、学用一致、全面发展的新人的根本途径，是逐步消灭脑力劳动和体力劳动差别的重要措施"①。邓小平同志结合时代发展的要求，提出了教育与生产劳动相结合的两个要求。一是教育必须适应国民经济发展的要求。教育只有面向现代化，服务于现代社会发展的要求，才能符合教育的要求。他强调，中国国民经济正在有计划、有比例地发展，中国的教育也应该结合短期和长期发展来规划。它不仅要按照生产建设的要求发展，还要按照现代科学技术发展的要求发展。二是教育与生产劳动的结合应与职业发展相适应。邓小平同志强调劳动教育的实践性，强调教育与生产劳动相结合对提高人的职业能力的作用。1977年，邓小平同志在《教育战线的拨乱反正问题》一文中指出："从青少年起教育他们热爱劳动有好处。到大学后，重点是结合学习搞对口劳动。到农村劳动也可以搞一点，但不能太多。"②之后，邓小平同志在1978年《在全国教育工作会议上的讲话》中指出："更重要的是整个教育事业必须同国民经济发展的要求相适应。"③可以看出，他强调了中小学教育的连贯性。高校劳动教育应与专业相联系，强调理论知识的重要性，劳动教育的专业发展要求不容忽视。邓小平同志提出，社会和政府应尽一切可能培养学生热爱劳动、热爱学习的良好习惯。各级各类学校要统筹安排学生参加劳动的类型、方式和时间，注意劳动教育与课堂教学相结合的具体方式。

邓小平同志重视科学技术在社会发展进程中的巨大作用，重视劳动教育的时代发展趋势，重视对知识分子的培养，强调无论脑力劳动还是体力劳动都是劳动。邓小平同志指出："从事脑力劳动的人也是劳动者。将来，脑力劳动和体力劳动更分不开来。"④由此可以看出，邓小平对劳动教育的

---

① 邓小平. 邓小平文选（第二卷）[M]. 北京：人民出版社，1994：107.
② 邓小平. 邓小平文选（第二卷）[M]. 北京：人民出版社，1994：68.
③ 邓小平. 邓小平文选（第二卷）[M]. 北京：人民出版社，1994：107.
④ 邓小平. 邓小平文选（第二卷）[M]. 北京：人民出版社，1994：41.

认识是符合时代发展的要求的。他没有僵化地学习马克思的教育与生产劳动相结合的思想，而是根据时代和中国特色实现了劳动教育在中国的本土化，为新时代高职院校加强劳动教育提供了理论指导。

3. 江泽民关于劳动教育的论述

世纪之交，第三次工业革命席卷了全球，并深刻影响了世界政治、经济和文化格局。江泽民同志紧紧跟随时代发展方向，进一步深化了对马克思主义劳动思想和劳动教育思想的理解，提出了"四个尊重"的方针。

在马克思所处的时代，劳动主要是指大工业时代的物质生产劳动。随着我国社会主义市场经济体制的发展和各领域改革的不断推进，劳动和劳动相关问题发生了新的变化。从劳动的形式上看，由于第三产业的发展，服务型劳动所占比例逐渐增加；随着科学技术对经济的拉动作用越来越明显，科技劳动日益渗透到劳动的各个领域；由于经济运行体制的变化，对管理型劳动的需求不断增加；从劳动者所从事的劳动来看，传统体力劳动与脑力劳动的界限越来越模糊，劳动者的身份不再长期固定。江泽民同志及时认识到了劳动的新发展。他认为，改革开放以来，劳动阶层发生了新的变化，出现了许多新型劳动者，但他们都是中国特色社会主义的建设者，是人类社会进步的推动力，应该得到承认和保护。

在不断拓展劳动内涵和外延的背景下，江泽民同志提出了"尊重劳动、尊重知识、尊重人才、尊重创造"[1]的方针，这也充分体现了党在新时期、新形势下对劳动、知识、人才、创造力的高度重视。"四个尊重"是以尊重劳动为核心的有机整体。江泽民同志指出："人是生产力中最活跃的因素，人力资源是第一资源。"[2] 对于社会主义劳动者来说，无论他们从事什么样的劳动，都应该得到尊重和承认。普通工人和农民的劳动很简单，在创造社会财富方面发挥着基础性作用。知识分子的劳动是复杂的、创造性的，代表着社会发展的方向，也应该受到尊重和认可。

江泽民同志提出的"尊重知识、尊重人才、尊重创造"，内在包含着尊重劳动的内容。尊重知识强调的是知识就是财富，知识为劳动提供了强

---

[1] 江泽民. 江泽民文选（第三卷）[M]. 北京：人民出版社，2006：593.
[2] 中共中央文献研究室编. 江泽民论有中国特色社会主义（专题摘编）[M]. 北京：中央文献出版社，2002：260.

大的动力；尊重劳动、尊重人才，强调优秀人才在推动社会进步中的重要作用；尊重创造力强调的是科学技术促进社会变革的力量。总之，"四个尊重"的实质是尊重劳动，这是马克思主义劳动思想在中国的进一步深化和发展。

劳动收入分配关系到劳动者的积极性和国计民生。改革开放以来实行的分配制度改革，极大地提高了社会生产力，符合社会主义初级阶段的发展要求。党的十四大确立的分配模式是"按劳分配为主体，多种分配方式为补充"，党的十五大调整为"按劳分配和按生产要素分配结合起来"。随着社会主义市场经济的不断推进，劳动的外延也在不断扩大。中国共产党的十六大提出"放手让一切劳动、知识、技术、管理和资本的活力竞相迸发"[1]。江泽民同志强调保护合法的劳动收入以及保护合法的非劳动收入。生产要素参与收入分配的理论是基于马克思的按劳分配原则，因为资本是劳动者先前工作的物化，知识和技术是脑力劳动者的创造，管理的任务是使人们相互协调，发挥优势，避免劣势，实现集体利益最大化。因此，保护非劳动收入也是对劳动的尊重和肯定。收入分配的新发展激发了生产活力，适应了社会主义市场经济发展的需要，满足了社会主义初级阶段收入分配的要求。

江泽民同志提出了科教兴国的教育发展战略。他认为，"象牙塔"式的教育模式已经不能适应我国现代教育发展的要求。学生不走出校门、参与社会实践和劳动，难以了解社会发展的现状，难以理解劳动的真谛，难以形成对劳动人民的感情。为此，江泽民同志提出了"坚持教育与社会实践相结合"[2]的教育方针，并在党的十六大上进一步明确了这一教育方针。从"教育与生产劳动相结合"到"教育与社会实践相结合"的表述，反映了劳动教育范围的扩大，既符合时代发展对劳动内涵和外延的要求，也是对应试教育的一种修正。然而，在实际操作过程中，很容易泛化劳动教育。江泽民同志特别强调，学校要根据实际情况统筹安排劳动教学，各部门要积极配合，为学生参与劳动实践提供帮助。江泽民关于劳动教育的论述是

---

[1] 中共中央文献研究室编.十八大以来重要文献选编（上）[M].北京：中央文献出版社，2014：137.
[2] 江泽民.江泽民文选（第二卷）[M].北京：人民出版社，2006：332.

在继承和总结建党 80 多年历史经验的基础上发展起来的，也是正确反映现实世界、解决中国实际问题的科学的思想体系，为新时代高职院校加强劳动教育提供了理论基础。

4. 胡锦涛关于劳动教育的论述

进入 21 世纪，随着中国改革开放的不断推进和经济的高速发展，拜金主义、享乐主义、极端个人主义等不利于社会主义和谐发展的思潮也在逐步兴起，严重影响了社会风气。为了营造和谐文明的社会环境，胡锦涛同志结合我们国家具体的国情提出了"八荣八耻"的社会主义荣辱观，其中，针对劳动提出了"以辛勤劳动为荣，以好逸恶劳为耻"[①]的劳动荣辱观。

在第十届中国人民政治协商会议第四次会议上，胡锦涛同志发表了关于树立社会主义荣辱观的讲话，确立了"以辛勤劳动为荣，以好逸恶劳为耻"的劳动荣辱观。这种劳动荣辱观不仅体现了对中国传统美德的继承，也体现了社会主义道德与剥削阶级道德的根本区别。在社会主义国家，劳动不分高低贵贱，每个人的劳动都应该受到尊重。人们应该通过努力工作、辛勤劳动来获得财富和幸福。然而，在全面建设小康社会的道路上，随着人民物质生活水平的不断提高，受劳动收入多元化、地区城乡发展水平不平衡、贫富差距拉大等因素的影响，一些人产生了不劳而获、好吃懒做、厌恶劳动的心态，甚至不惜使用非法手段获取财富。在社会主义荣辱观中纳入"以辛勤劳动为荣，以好逸恶劳为耻"，是对社会上享乐主义、拜金主义、好逸恶劳等不良风气的及时回应，有助于形成劳动光荣和劳动神圣的社会共识。胡锦涛同志关于劳动荣辱观的论述，对于促进良好劳动习惯和良好劳动风尚的形成，以及构建和谐社会具有重要意义。

树立"以辛勤劳动为荣，以好逸恶劳为耻"的劳动荣辱观，不仅需要加强广大人民群众的思想认识，而且要从"以人为本"的角度，保证人民群众的体面劳动。在 2008 年"经济全球化与工会"国际论坛上，胡锦涛同志提出以人为本，让劳动者实现体面劳动。在 2010 年全国劳动模范和先进工作者表彰大会上，胡锦涛同志强调："让广大劳动群众实现体面劳动。"[②]在就业方面，要确保人人享有劳动权益。他指出，政府应实施积极的就业

---

① 胡锦涛. 胡锦涛文选（第二卷）[M]. 北京：人民出版社，2016：430.
② 胡锦涛. 胡锦涛文选（第三卷）[M]. 北京：人民出版社，2016：370.

政策，创造更多就业机会，满足求职者的就业需求，使劳动者获得平等的就业机会；在工作环境和工作条件方面，政府和工会应发挥监督作用，使企业能够为工人创造一个舒适、安全、健康的工作环境；在劳动报酬方面，政府和工会应根据《中华人民共和国劳动法》的规定，严格禁止企业扣发或拖欠职工工资。实现体面劳动是以人为本发展理念的体现。只有保证劳动者有体面的工作和体面的生活，才能激发劳动者的工作积极性，真正使广大人民群众特别是青少年树立"以辛勤劳动为荣，以好逸恶劳为耻"的劳动荣辱观。

"劳动者素质对一个国家、一个民族发展至关重要。当今世界，综合国力的竞争归根到底是人才的竞争、劳动者素质的竞争。"[①] 我们国家是一个劳动力大国，但还不是一个劳动力强国，提高劳动者素质是提升一个国家综合国力的重要手段。因此，胡锦涛同志特别重视对青少年学生进行劳动价值观的教育，他指出："在我们社会主义国家，一定要在全社会大力培育和弘扬劳动光荣、知识崇高、人才宝贵、创造伟大的时代新风，让全体人民特别是广大青少年都懂得并践行劳动最光荣、劳动者最伟大的真理。"[②] 在2010年全国教育大会上，胡锦涛同志指出要以人为本，加强劳动教育，促进学生的全面发展，要注重对学生实践能力和创新能力的培养，这不仅集中反映了他的劳动教育思想，同时也为新时代高职院校加强劳动教育提供了理论参考。

5. 习近平关于劳动教育的论述

习近平同志以马克思主义劳动思想为指导，在汲取中华优秀传统文化的基础上，针对我国进入新时代所面临的机遇与挑战，从劳动的社会历史作用、应该树立怎样的劳动观以及如何弘扬劳动精神等不同的视角对劳动进行了重要论述。习近平同志倡导"必须牢固树立劳动最光荣、劳动最崇高、劳动最伟大、劳动最美丽的观念"[③]（即"四个最"的劳动价值观），同时创新发展了劳动教育思想，为开展劳动教育指明了方向。

---

① 习近平. 在全国劳动模范和先进工作者表彰大会上的讲话[M]. 北京：人民出版社，2020：7.
② 胡锦涛. 在2010年全国劳动模范和先进工作者表彰大会上的讲话[N]. 光明日报，2010-04-28.
③ 习近平. 习近平谈治国理政[M]. 北京：外文出版社，2014：46.

习近平同志坚持马克思主义唯物史观，充分地认识到劳动推动社会进步的历史作用，指出"人类是劳动创造的，社会是劳动创造的"①。中华民族灿烂的物质文明和精神文明是一代代中华儿女通过劳动创造的。新中国成立以来，特别是改革开放以来，中国人民取得的成绩也是通过辛勤劳动创造的。习近平同志坚信依靠全国各族人民的辛勤、诚实和创新劳动必将实现中华民族的伟大复兴，从而开创美好的未来。基于对中国人民伟大力量的历史判断，习近平提出"以人民为中心"的发展理念。实现以人民为中心，需要构建和谐的劳动关系，通过"共建共治共享"的劳动理念促进人的全面发展和社会的全面进步。习近平从唯物史观的角度指出："发展中的各种难题，只有通过诚实劳动才能破解。"②劳动可以解决社会主义建设事业所遇到的各种困难和挑战，如发展的不平衡不充分的问题、创新能力不强的问题、一夜暴富和好逸恶劳的社会现象等。同时，劳动也是实现个人成功和获取幸福的保证，只有通过辛勤劳动、诚实劳动、科学劳动才能实现人生的价值，也才能赢得事业和家庭的成功。同样，劳动对于国家的发展也起着至关重要的作用。新时代，实现中华民族伟大复兴是全国人民的共识，中国梦的实现需要每一个中华儿女脚踏实地的辛勤劳动。梦想不会自动成真，也不可能一蹴而就，只有通过劳动才能托起中国梦，这一伟大目标的实现"根本上靠劳动、靠劳动者的创造"③。劳动无论对于个人，还是对于社会，乃至于国家，其作用都是巨大的，因此全社会必须树立正确的劳动观，只有在价值观上认同劳动，才能更好地引导劳动实践。习近平指出："必须牢固树立劳动最光荣、劳动最崇高、劳动最伟大、劳动最美丽的观念，让全体人民进一步焕发劳动热情、释放创造潜能，通过劳动创造更加美好的生活。"④树立"四个最"的劳动价值观，可以更好地引导全体人民形成"劳动光荣，创造伟大"的价值共识，使全社会形成尊重劳动、尊重创造的良好的劳动环境，从而摒弃看不起劳动、看不起普通劳动人民和不劳而

---

① 习近平. 在知识分子、劳动模范、青年代表座谈会上的讲话[N]. 人民日报，2016-04-30.
② 习近平. 习近平谈治国理政（第1卷）[M]. 北京：外文出版社，2018：46.
③ 习近平. 在庆祝"五一"国际劳动节暨表彰全国劳动模范和先进工作者大会上的讲话[N]. 人民日报，2015-04-29.
④ 习近平. 习近平谈治国理政（第一卷）[M]. 北京：外文出版社，2018：46.

获的想法。

倡导"四个最"的劳动价值观需要在全社会弘扬劳模精神、工匠精神和劳动精神，同时要培养创新劳动的能力。在全面建成小康社会的历史进程中，千千万万的劳动者在自己平凡的岗位上创造了不平凡的成绩，劳动模范和工匠精神正是在各自平凡的岗位上成长成才的杰出代表，正是劳模精神和工匠精神激励着一代代中国人奋发努力劳动，才使中国人民从站起来到富起来，也必将使中国人民强起来。习近平称赞"劳动模范是民族的精英、人民的楷模"[1]。他号召全国人民学习劳模精神和工匠精神，形成争做劳模的社会氛围。随着社会的发展，技术、知识、管理等生产要素在社会发展中的作用日益凸显，创造性劳动将成为劳动的主流形式，是劳动的必然发展趋势。弘扬新时代劳动精神，不仅要弘扬劳模的敬业精神，也要弘扬劳模的创造性劳动精神。此外，习近平还高度重视科学技术的力量，重视创造性劳动，并适时地提出了创新发展战略，强调指出："当代工人不仅要有力量，还要有智慧、有技术、能发明、会创新，……"[2]

习近平同志对劳动教育高度重视，在2018年全国教育大会上，他将劳动教育与德智体美"四育"并举，从而确立了"五育并举"的育人格局。这一论断是习近平同志站在国家事业发展的全局，为教育指明的方向。习近平关于劳动教育的重要论述旨在培养社会主义时代新人，不仅重视劳动教育的社会作用，也强调劳动教育对学生个人全面发展的重要价值；强调劳动教育所特有的综合育人价值，通过劳动教育，可以实现"树德、增智、强体、育美"的教育效果。习近平要求学校、家庭、社会利用多种途径培养青少年的马克思主义劳动观，培养学生的劳动精神，使学生具备良好的劳动习惯和基本的劳动能力。

（三）中华优秀传统文化与近现代教育学者的劳动教育理念

1. 中华优秀传统文化中的劳动观念

中华民族自古以来就是一个尊重劳动和热爱劳动的民族，在其优秀传统文化中也蕴含着许多尊重劳动和热爱劳动的思想，这在大量有关劳动的

---

[1] 习近平. 习近平谈治国理政（第一卷）[M]. 北京：外文出版社，2018：46.
[2] 习近平. 习近平谈治国理政（第一卷）[M]. 北京：外文出版社，2018：47.

诗歌、谚语、典故中皆有体现。远在三皇五帝时期，人们为了解决基本的温饱问题，十分推崇能够切实改善生活水平的生产劳动，如嫘祖的制衣、养蚕和丝织技术，神农氏的农耕技术，后稷的稼穑之术等。部落首领以身作则，以实际行动和劳动成果指明了生产劳动对于农业发展和自身生存的重要性。虽然当时的生产工具很简单，教育水平也不发达，但人们仍然尽最大努力进行生产和劳动，以发展农业，壮大实力。

到了春秋时期，"百家争鸣"的局面逐渐形成。社会生活的不断变化和发展，使各种思想文化发生了激烈的碰撞，私学之间展开了持久的意识形态斗争。这一时期，尊重劳动的思想主要集中在墨家学说上。墨家教育思想反映了小生产者的利益。墨子本人出生于一个底层家庭，可以说出身卑微，他的学生大多来自社会底层的劳动群体，包括精通机械制造的普通农民和工匠。因此，作为"农与工肆之人"的代表，墨家历来强调尊重劳动和劳动者的观念。墨子重视劳动在经济发展中的作用，希望通过传授劳动生产知识，使底层劳动者获得从事生产的实际劳动能力，从而改善小生产者的地位。自商鞅变法起，秦国的基本国策是奖励耕织、重本抑末，采取保护和扶持个体小农的政策，也造就了庞大的个体小农阶层和个体小农经济，成为秦国吞并诸侯的基本力量。秦朝鼓励农业劳动者集中精力从事农业生产，并采取了一系列具体措施减少政府对劳动者的侵扰。为了歌颂这种盛况，在当时社会中流传着"地势既定，黎庶无徭，天下咸抚。男乐其畴，女修其业，事各有序。惠彼诸产，久并来田，莫不安所"[①]这样的说法。两汉时期，统治者汲取秦朝灭亡的教训，为了发展国力，采取了"休养生息、无为而治"的政策。为了减轻劳动者的负担，两汉的统治者重视劳动者的利益，减轻劳动者负担，提倡勤俭节约，实行重农抑商政策，恢复农业发展。在此期间，有书籍和机构记录和传播生产经验和技术，铁质农具得到进一步推广，牛耕技术得到广泛普及。所有这些都极大地改善了劳动者的生活，使国家统治更加稳定。汉代民间谚语有云："一夫不耕，或为之饥；一妇不织，或为之寒"[②]，由此可见当时社会对劳动的重视程度。

唐朝时期，劳动工具出现了新的进步，劳动人民通过使用曲辕犁、水车、

---

① 姚鼐. 古文词类纂[M]. 胡士明，李祚唐，标校. 上海：上海古籍出版社，2016：472.
② 吴明，等. 中国古代名句精选[M]. 成都：巴蜀书社，2001：2.

筒车等劳动工具，为国家创造了大量的财富。同时为了刺激农业生产，一些地区设立传授专业劳动生产知识的相关机构，用以培养劳动者的劳动技能，并采用因材施教的办法，进行专门管理和专业化培养，使劳动者的技能培养更具针对性。唐代诗歌盛行，其中也不乏尊重劳动、同情劳动者的诗歌，如李绅在《悯农》中写到："锄禾日当午，汗滴禾下土。谁知盘中餐，粒粒皆辛苦。"[1]大量的诗歌充满了诗人对劳动者的尊重和对珍惜劳动成果的规劝。

到了宋代，农业高度繁荣。为了提高农民的劳动生产积极性，政府采取了奖励农业的政策，从其他国家引进了高产、早熟、耐旱的新作物，并推广了棉花种植。此外，人口迁移在更大程度上传播了先进的生产技术，也大大提高了劳动生产率。这些劳工不再是贵族地主的私人财产，而是直接纳入国家户口。各族人民的辛勤劳动，直接促进了国民经济的发展。宋代诗人范成大在《四时田园杂兴》中写到："昼出耘田夜绩麻，村庄儿女各当家。童孙未解供耕织，也傍桑阴学种瓜。"[2]这首诗描述了当时社会上男女老少日夜辛勤劳动的盛况。可以说，两宋时期是中国历史上农业发展最为显著的时期。

明清时期的商品经济已经十分繁荣，极大地刺激了农业和手工业的发展，促进了劳动者与市场的联系。劳动人民在长期的生产实践中总结经验，不断创新和改进生产工具，基本上达到了中国封建社会生产力发展水平下经济技术条件所能达到的最高高度。整个社会呈现出一片宏大广阔的劳动场面。明代的赵弼在《青城隐者记》中用"女织男耕，桑麻满圃"[3]来描述当时的劳动场景。可以这样说，在明清时期，劳动者的生活水平在全社会对劳动的推崇中得到了一定程度的提高，大量劳动者不断涌入城市，逐渐弱化了对地主的人身依附关系。

从中国历史的角度来看，中国有热爱劳动、重视劳动的民族传统。中华民族的传统文化中蕴含着丰富的尊重劳动、热爱劳动的思想。关于劳动的诗歌、谚语、典故和具体措施也层出不穷。这让我们不仅能感受到劳动

---

[1] 吴明，等. 中国古代名句精选 [M]. 成都：巴蜀书社，2001：717.
[2] 汤华泉，刘学忠. 古代田园诗选 [M]. 合肥：黄山书社，1989：126.
[3] 赵弼. 效颦集 [M]. 上海：古典文学出版社，1957：80.

者的艰辛，也能感受到劳动带来的幸福和快乐。同时，我们应该从辩证的角度看待问题。在中国传统文化中，既有尊重劳动、热爱劳动的思想，也有重智轻劳的思想。自从人类社会诞生以来，权力就随之出现了。"劳心者治人，劳力者治于人"等传统观念反映了基于脑力劳动和体力劳动分工的统治者和被统治者的社会阶级的出现，即剥削者和被剥削者的社会阶级的出现，从阶级对立的角度导致了"知识即权力"的社会现象。脑力劳动者统治社会，体力劳动者只能被统治。这种阶级对立使体力劳动者长期遭受不平等待遇。可以说，对当时情况的最好解释是"万般皆下品，唯有读书高"。当教育从本质上开始与劳动生产分离时，劳动者成为受教育者歧视和排斥的对象。随着时间的推移，劳动者在社会发展过程中也就失去了原本应有的地位。

2. 符合农业社会发展需要的"耕读"劳动教育理念

中国是世界上最早从事农业生产的国家之一。农业是我们祖先生存和发展的第一要务。随着农业的推广，农业文明逐步发展。几千年来，农业文明推动了人类社会的转型和进化，对中国一代又一代人产生了巨大影响。耕读文化是中国几千年农耕文明在特定历史时期形成的乡村文化。古人说"耕"与"读"应该结合，希望有一种耕与读相结合的生活方式。因此，白天从事农业劳动和晚上挑灯读书共同构成了中国独特的农耕文化，这与我们强调实践与学习相统一的劳动教育不谋而合。

耕读不仅是指一种半耕半读的教育和学习的方式，更是一种高尚的情怀、价值追求与文化修养。中国的耕读文化起源可以追溯至春秋战国时期，到汉魏时期已经发展得非常成熟了，在唐宋时期达到鼎盛。时至今日，耕读文化的精髓依然发挥着积极的社会影响和潜移默化的教育作用，其中最典型的就是耕读传家。颜之推在《颜氏家训》中指出，士大夫如果不了解农业，不参加农业劳动，"治官则不了，营家则不办"[①]，他认为只有通过农业劳动来体会人生，才能做好官、当好家。到了明末清初，实学思潮开始兴起。一些思想家躬身于实践，直接从事农业生产，以此影响和带动一大批追随者。清初理学家张履祥则在《训子语》中阐述了"读而废耕，饥寒交至；耕而

---

① 颜之推. 颜氏家训集解[M]. 王利器，集解. 上海：上海古籍出版社，1980：297.

废读，礼仪遂亡"[1]的"耕"与"读"的关系。张履祥于读书穷理之外，还不废耕耘，他认为，在子孙健康成长的过程中必须将耕和读同时重视起来。他还列举了前朝耕读的实例，如"吴康斋先生率其弟子以躬耕"[2]，"刘忠宣公教子，读书兼力农"[3]等，他还认为自唐朝、宋朝起，读书人更推崇著书立说，而把体力劳动为主的耕作视为仅是农民的工作，与己无关。对于士人以耕为耻的成因，张履祥认为是科举制度固有的弊病所导致的。清末名臣曾国藩也始终将"耕读"作为治家的根本，他将耕读认作安身立命与传家的根本之道。《曾国藩全集·家书》中指出，"以'耕读'二字为本，乃是长久之计"[4]。此时的耕读中的"耕"，已经不仅仅局限于传统意义上的农业劳动，而有了更为深远的实践意义，在今天看来，这已经是先人对劳动教育的推广了。

3. 中国近现代教育学者对传统劳动教育的反思

近代以来，中国经受了多次列强侵略，国家主权日益丧失，整个国家也遭受了更大的精神损害。在西方列强强大的军舰和炮火以及先进的科学技术的冲击下，国人的优越性和儒家文化的文化自信几乎被粉碎。在这场混乱和剧变中，现代中国教育学者都在寻求中国教育的出路，同时也一致认为未来的教育应该关注社会经济的发展。当时，许多人主张职业教育、农村教育，还有一些人主张生产教育，所有这些都是为了发展社会经济。当然，如果仅仅一厢情愿地认为教育能够满足社会、解决社会问题的需要，就会陷入"教育万能"的误解中。因此，尽管当时的教育家试图提出教育思想来解决当时的社会问题，但他们只是对社会的改善做出了一些有益的尝试。

1840年后，清朝开始有目的、有系统地从科技、军事、文字、经济、文化乃至政权等方面向西方学习，个人也在主动或被动、自觉或不自觉地向西方学习。民国时期，在"中学为体，西学为用"的浪潮下，越来越多的学者开始关注对思想、文化、政治、经济制度的研究和完善。此时，教

---

[1] 张天杰，徐金松，等. 张履祥诗文选注[M]. 杭州：浙江古籍出版社，2014：227.
[2] 张天杰，徐金松，等. 张履祥诗文选注[M]. 杭州：浙江古籍出版社，2014：157.
[3] 张天杰，徐金松，等. 张履祥诗文选注[M]. 杭州：浙江古籍出版社，2014：426.
[4] 曾国藩. 曾国藩全集·家书（二）[M]. 邓云生，编校标点. 长沙：岳麓书社，1985：1337.

育救国已成为近代以来知识分子的共识。在此背景下，黄炎培、陶行知、晏阳初、梁漱溟等学者深刻认识到劳动教育对教育人民和国家的深远意义，并以不同的方式进行思考和实践。

  黄炎培是近代著名的教育家，他经历了晚清、民国和新中国多个历史阶段。像许多现代教育家一样，黄炎培不仅是一位改革家，也是一位爱国者。他对国内外教育体系进行了深入研究和实地考察。他不仅参与了老式私立学校的教育实践，还创办和管理了各级新学校。他投入最多、赞誉最多的是中国最早的职业教育思想体系的创造和发展。黄炎培作为其职业教育思想的重要组成部分，对劳动教育思想进行了深入的思考，并在各职业教育机构的帮助下积极实践和探索劳动教育思想。经过多年的研究和思考，他选择了教育救国之路，提出用实用主义来摆脱传统教育的弊端，以职业教育为突破口，强国富民。在他的职业教育思想中，劳动教育占有重要地位，并提出了一系列颇具开拓性和前瞻性的教育观。首先，中国几千年的君主专制和儒家伦理文化造成了社会价值观上对体力劳动和体力劳动者的歧视。黄炎培不遗余力地倡导劳动价值和能力决定个人价值、劳动衡量人的新价值观。他在《"五四"纪念日敬告青年》提出"劳工神圣，是吾人良心的主张""关于社会服务的种种事业，吾人应认为神圣高尚的天职"[1]。正是在黄炎培等人的大力推动下，职业道德观和劳动精神逐渐得到公众的理解和认可，社会风气也逐渐发生变化。其次，黄炎培在1913年8月发表的《学校教育采用实用主义之商榷》中，首次将实用主义引入中国。实用主义是职业教育和劳动教育的重要理论基础。在黄炎培的教育实践中，实用主义起到了重要的指导作用。"办职业教育，万不可专靠想，专靠说，专靠写，必须切切实实'做'。"[2] 在课程设置、学科配置标准、训育标准、实践方法等方面，黄炎培主张以实际操作和实际应用为衡量标准，特别强调学生必须积极参与劳动，把实践劳动作为掌握技能的首要途径。最后，当时教育界存在一些误解，如手脑分离、轻视科学、工程和实验科学等。针对这些不足，黄炎培从劳动教育的角度切入，深入探讨了劳动教育在教书育人中更广泛、

---

[1] 田正平，李笑贤. 黄炎培教育论著选 [M]. 北京：人民教育出版社，2018：243.
[2] 周汉民. 敬业乐群·黄炎培职业教育思想读本（教育篇）[M]. 上海：上海科学技术文献出版社，2014：63.

更深刻的内涵，提出"要使读书的动手，动手的读书，把读书和做工两下并其家来"[①]。他非常重视学生动手能力的培养和训练，倡导特色手工课程。他认为，积极劳动和加强动手能力训练有利于大脑发育，有利于手脑结合，有利于祛除虚骄之气，还能够培养学生的专注力和钻研精神，这与如今所倡导的"工匠精神"类似。

中国著名教育家、思想家陶行知以西方现代教育为主要参照对象，认真审视中国教育的不足和社会发展的缺陷，采取一系列措施促进中国教育的现代化，突出了对劳动教育和劳动精神的尊重。他的生命教育思想使教育走进生活，丰富了劳动教育的载体。他以国民素质重建和农村平民教育为主要出发点，为提高劳动者的综合素质做出了积极贡献。首先，陶行知从美国回国后，积极探索中国近代教育改革，大力倡导"手脑相长"[②]。他认为"中国有两种病，一种是软手软脚病，一种是笨头笨脑病"[③]，解决这一疾病的办法在于教育。他主张通过教育培养实践能力和劳动意识，尊重劳动者，摆脱传统教育形成的错误观念。他把"教学做合一"作为校训，强调"做"是核心。1927年11月，陶行知在晓庄乡村师范学校寅会演讲中，通过讨论劳力与劳心的关系，引导学生努力劳动，树立正确的劳动价值观。其次，在《生活即教育》一书中，陶行知强调生活中的一切体验都可以成为教育的内容。在《生活教育之物质》中，他设想建立一种"工场、学堂、社会"一体的全新办学形式，"马路、弄堂、乡村、工厂、店铺、监牢、战场，凡是生活的场所，都是我们教育自己的场所"[④]，进一步说明教育蕴含于平凡生活中的所有劳动过程，劳动教育和生活教育的内涵具有高度的一致性。再次，陶行知的平民教育思想渗透着对劳动教育大众化的推动。陶行知的《全民教育》贯穿了平民教育思想，指出"不论宗教信仰、种族、财富及所属阶级有何不同，男孩与女孩机会均等，男子与女子机会均等，成人与儿童

---

① 周汉民. 敬业乐群·黄炎培职业教育思想读本（教育篇）[M]. 上海：上海科学技术文献出版社，2014：72.
② 陶行知. 陶行知自述[M]. 合肥：安徽文艺出版社，2013：176-182.
③ 陶行知. 行是知之始[M]. 苏州：古吴轩出版社，2016：63.
④ 华中师范学院教育科学研究所编. 陶行知全集（第3卷）[M]. 长沙：湖南教育出版社，1985：27.

机会均等"[①]，打破了封建社会教育不平等的桎梏。通过编写平民教育教科书，开展平民教育运动，促进各领域的劳动者学习文化知识，在实践中积极运用，指导生产活动，大大提高了人民的综合素质。最后陶行知改名为"知行"，后又改为"行知"，强调"行是知之始"，并初步具备了通过实践活动进行劳动教育获得真知，从而反馈课堂文化教育的能力。他充分认识到，实践教育是获得真知的重要途径。通过实践获得的真知更经济、更有效。这也表明，在生产劳动中开展劳动教育会取得事半功倍的效果，劳动教育只有植根于生产实践，才能有生命力。

被誉为世界平民教育之父的晏阳初，从小接受西式教育。为了实现"除文盲，做新民"的平民教育目标，他坚持以劳动为己任，毕生艰苦奋斗，毕生致力于中国乃至世界的平民教育和农村建设事业。晏阳初的农村重建实验是民国时期历时最长、成效最明显的一次。虽然存在一些不完善、不完整、回避现实原因的成分，但是在一定程度上把握了当时中国的实际问题。在整个国家极为不利的政治经济环境下，他以坚韧不拔的毅力、全面准确的研究能力和出色的资源分析与整合能力，开展了为期11年的县级教育改革实验。与陶行知相比，晏阳初的实验由于时间和空间的优势，取得了更大的成就。晏阳初的平民教育和农村建设思想虽然回避了宏观历史背景，有意无意地将问题做小、将焦点集中，只解决他所看到的"病症"，但是他对于乡村的改造具有再造民族的功效。在试验区，农民文化水平的提高、农村建设人才的培养、农业科技知识的传授和推广，农村合作经济和其他公益事业的发展取得了显著成绩。他的"四大教育""三大方式"理论打破了狭隘的教育观念，将农村教育视为与农村经济、文化、卫生、道德共同进行的系统工程，是中国教育史上的一次创新。他带领大批知识分子将平民教育的学术探索与农村改造的实践紧密结合，这表明劳动教育的真正价值在于服务于国家发展的需要。

梁漱溟是现代新儒学的早期代表人物之一，作为一位肩负着文化复兴使命的学者，他把劳动教育的立足点放在对学生、对个人价值的养成、重塑与改良上，他的思想主要源于传统儒家文化中积极进取的入世之学、中

---

① 华中师范学院教育科学研究所编. 陶行知全集（第3卷）[M]. 长沙：湖南教育出版社，1985：554.

华民族自古以来的勤劳美德和西方教育体系中的实用之学。梁漱溟的教育哲学是务实而朴素的。他关于教育问题的演讲、文章和实践都直接涉及具体问题和实际操作层面。在中学教育中，他认为劳动有利于学生的全面发展和人格培养，防止学生成为不从事生产的贵族。梁漱溟作为儒家文化的继承者，也深受佛教平等思想的影响，坚决反对学生成为贵族和食利者。他鼓励学生参与劳动，热爱劳动，"是要学生拿出他们的心思、耳、目、手、足的力量，来实做他们自己的生活"[①]。他的目标之一是让学生首先发展成为更加独立和完善的人，然后逐步实践，接近儒家所要求的士的境界。在这一点上，近代许多教育家都对此进行了讨论，大多是为了反击传统社会扭曲的价值观，而梁漱溟的初衷是矫正传统儒家文化的源头。传统儒家思想传统儒学讲入世、讲实践、讲事功，具体来说，在社会实践中，即使是体力劳动也没有被排除在外，因为科举择士、社会分层以及传统社会的文化桎梏等原因，劳动尤其是体力劳动才成为下层阶级的标签，对社会风气和民族性格造成了一定程度的危害。梁漱溟还认为，劳动有利于社会稳定和经济发展。在山东的教育实验中，课程设计既包括农业和手工艺的培训和实践，最重要的道德课程也有对辛勤劳作的褒扬与激励，这既是西方实用主义教育的影响，也是中国传统社会对勤劳认识的自然延伸。

（四）国外学者对劳动教育的认识与探索

与任何新的理论一样，马克思主义的教育与生产劳动相结合的理论是从马克思主义诞生之前与这方面有关的思想资料开始的。尽管其根源在于经验事实，但研究马克思主义教育与生产劳动相结合理论的形成，把握这一原则的真正含义，是十分必要的。

人类历史长期处于教育与生产劳动脱节的状态。到目前为止，仍有大量学者在继续研究二者结合的方式和方法。近代以来，教育与生产劳动的关系越来越受到人们的重视。从文艺复兴到19世纪中叶马克思主义诞生，现代思想界的先驱们从两个方向考察了教育与生产劳动的关系，一是生产劳动进入了教育者的视野，二是教育进入了经济学家的视野。前者主要发

[①] 中国文化书院学术委员会编. 梁漱溟全集（第4卷）[M]. 济南：山东人民出版社，1991：861-862.

现生产劳动的教育意义,后者主要发现教育的生产意义。这些学者的研究成果往往在一定程度上与一些思想家、哲学家和改革活动家的研究相结合。因此,无论是消除现实社会弊端的各种建议,还是未来社会的乌托邦蓝图,都包含着教育与生产劳动相结合的内容。

1. 近代欧洲学者对劳动教育的认识和探索

卢梭生活在法国资产阶级革命前夕,是现代教育思想的奠基人之一。他主张激进民主,强烈反对世袭贵族缴纳衣食税,认为闲散的人,无论贫富强弱,都是骗子。他认为劳动是每个人的义务,鼓励儿童参加农业劳动,尊重手工劳动。在他看来,体力劳动是所有谋生职业中最接近自然状态的职业;工匠是最独立、最不受影响的身份。"手工业者所依靠的是他的手艺;他是自由的,他所享受的自由恰好同农民遭受的奴役形成对照。"[1] 他把手工劳动看作是发展儿童智力的一种手段。在谈到手工劳动的教育意义时,他认为,它不仅可以看作是对学生身体锻炼和双手灵巧性的发展,还可以培养学生的灵活性、创造力和预见性。应该培养学生的智慧,使学生对于他们所观察到的、准备要做的一切事情都能够刨根问底,在从一种工具到另一种工具的使用过程中,要让学生知道制作这种工具的原料是什么。此外,卢梭还将手工劳动视为使儿童正确理解社会关系的一种手段。他认为,由于儿童的知识还不发达,如果你从道德问题开始,展示人与人之间的相互依存关系,往往很难取得成果。因此,我们应该从儿童能够直观感受到的工业和机械技术入手,直接展示人与人之间在这些生产活动中的互助和互利关系。教育者在引导儿童进入车间时,应该让儿童对自己看到的东西有一定的了解,这就要求成年人在每一项工作中展示具体的操作过程,让儿童能够更直观地学习所包含的知识。卢梭从儿童自由发展的目的出发,主张儿童应参与"各种"手工业劳动,通过亲身体验学会了解各种手工工具的使用方法,学会使用各种手工工具。学习手工业劳动的过程不是邀请手工业工人来上课,而是让儿童直接到工作场所学习技能。每周定期在车间工作,与师傅一起生活和工作,工作时不要忽视学习其他东西。

长期以来,劳动一直被视为低贱的事情,卢梭认为劳动是人们获得自

---

[1] 卢梭. 爱弥儿:论教育(上)[M]. 李平沤,译. 北京:人民教育出版社,1985:249-250.

由发展的手段,是人类智力和社会意识发展的源泉。但在现实生活中,人们能否像卢梭所期望的那样,在手工业劳动中得到自由、全面的发展?手工业操作技艺十分繁复,一个人有可能在一定的时间内学习各种各样的手工技艺吗?更重要的是,法国大革命前夕,社会动荡,农民破产甚至流离失所,即使贵族也难以控制自己的命运。只有个体手工业者似乎是"自由的"。然而,当时的个体手工业正面临着与实力更强的资本主义作坊手工业的激烈竞争,并逐渐走向破产,这是一个现实的、不可逆转的客观现实。卢梭在当时对这些矛盾没有足够的感触。他通过小说《爱弥儿》避免了想象中的这些矛盾。卢梭不赞成让儿童来进行假设,而他的《爱弥儿》正是一部大胆假设的杰作。

亚当·斯密和卢梭基本上是同时代人,只是生活在不同的国家。卢梭活跃于法国政治大革命前夕,而亚当·斯密活跃于英国工业大革命前夕。卢梭生活在封建统治即将崩溃的时代。他通过一部半政论体、半小说体的《爱弥儿》表达了他对合理教育的渴望。在斯密生活的时代,英国已成为一个工业国家,处于资本主义工场手工业阶段。然而,在斯密晚年,用大型机械工业取代工场手工业的进程已经开始。斯密也非常关心教育。他以政治经济学家的冷静头脑思考教育,思考教育中的经济问题或经济中的教育问题。在他的代表作《国民财富的性质和原因的研究》一书中,有《论青年教育设施的费用》《论各种年龄人民的教育经费》等专题论述。他在教育与生产劳动相结合方面的主要成就在于他研究了手工业分工对工人发展的影响,从而表明普及教育的紧迫性。

斯密的经济理论始于对分工的研究。他认为,劳动生产率的提高是国民财富增加的关键因素,劳动生产率的提高是分工的结果。卢梭所谈到的个体手工业毕竟代表了生产发展的过去阶段。他的教育思想不可避免地夹杂着许多不切实际的幻想;斯密称赞工场手工业,他比卢梭更为务实,主要是为了证明工场手工业在生产分工中的积极意义,同时也敏锐地意识到这种分工下工人发展的消极局面。马克思在《哲学的贫困》《资本论》等著作中引用了斯密在这方面的论述。斯密指出,工场手工业的分工使大多数人的职业"局限于少数极单纯的操作,往往单纯到只有一两种操作",这就使人变成"最愚钝最无知的人",政府如不费点力量加以防止,"劳动贫民，即大多数人民，就必然会陷入这种状态"[①]。他认为，"在文明的商业社会，普通人民的教育，恐怕比有身份、有财产者的教育，更需要国家的注意"[②]，这是因为有产者的子女在就业前可以接受全面教育，而普通人很难获得业主的高水平教育，因为他们的父母几乎无力抚养他们。然而，他们仍然可以从小学习阅读、写作和算术的基本技能，这是最重要的教育内容。因此，国家可以以很小的成本使几乎所有人都能获得最基本的教育。同时，国家也可以从人民的教育中受益。因为无知、妄想和迷信往往会引起最可怕的骚乱。一般下层民众受教育程度越高，就越不会被狂热和迷信所迷惑。他建议国家通过统一安排，在整个行政区建立小学，让普通工人能够负担得起教育儿童的费用。这样，人们将能够在负担得起的经济压力下获得基础教育。同时，他建议对表现优异的孩子给予奖励，他认为，在他们获得加入某个行业集团的权利或在自治村或自治市取得专业经营资格之前，所有人都应该通过国家评估或考试。

卢梭的"爱弥儿"式教育是对富裕家庭儿童的教育，这自然是根据新兴的资产阶级教育理念设计的。斯密的教育目标是劳动人民的孩子，他对普及教育理由的陈述比他提出的普及教育更重要。然而，他称赞的工场手工业也只具有暂时的现实性。当他进入晚年时，以大型机械工业取代工场手工业的进程已初具规模，他并不知道在工场手工业阶段普遍实施义务教育只是一种善良而美好的愿望。

傅立叶是一位空想社会主义者，他生活在法国资产阶级大革命之后。资本主义制度的内在矛盾在他那个时代已经暴露出来。启蒙思想家所追求的理性社会，即资本主义社会，在现实生活中是极其令人失望的。傅立叶猛烈抨击资本主义的"文明制度"，这也涉及资本主义的教育制度。他指出：在教育方面，我们看到，我们现在的制度在一切问题上都是有罪过的，人们甚至不晓得应该达到的目的，不晓得教育儿童去实现其劳动的使命。[③] 与

---

① 亚当·斯密. 国民财富的性质和原因的研究（下）[M]. 郭大力，王亚南，译. 北京：商务印书馆，1974：348.
② 亚当·斯密. 国民财富的性质和原因的研究（下）[M]. 郭大力，王亚南，译. 北京：商务印书馆，1974：349.
③ 傅立叶. 傅立叶选集（第3卷）[M]. 汪耀三，庞龙，冀甫，译. 郭一民，校. 2版. 北京：商务印书馆，1982：347.

卢梭和斯密不同，他更喜欢合作劳动的形式，主张以"和谐制度"（复杂的协作制度）代替"文明制度"，而把半协作的"保障制度"和简单协作的"协作制度"作为向"和谐制度"过渡的两个阶段。"和谐制度"是"法朗吉"（有组织的生产与消费协作社）的总和。每个"法朗吉"（和谐社会的基层组织）按劳动专业划分为若干专业劳动单位，称为"谢利叶"。傅立叶还充分肯定了生产劳动的教育意义，并将生产劳动视为人的全面发展的一种手段。他说："协作教育的目的在于实现体力和智力的全面发展，把他们全部精力，甚至把娱乐都用在生产劳动上。"[1]他和卢梭也持同样的观点，主张儿童应该参与农业劳动和手工劳动，但他认为农业劳动与"人性"的关系更为密切。在合作社制度下，工业生产只被视为"农业体系的一种附带业务和补充"，是"服从农业需要的业务"[2]。他创造性地提出，每个人都应该自由选择工作类型，即"法朗吉"的每个成员都应该根据自己的喜好自由选择"谢利叶"，也可以同时成为几个"谢利叶"的成员。在一个工作日中，每个成员可以轮流在"谢利叶"中执行不同的工作，"每个人干一次活的时间非常短，最多一小时半到两小时，以后便能够在一天之内从事七八种诱人的工作，第二天则有所变化"[3]。在合作制下，人们边工作边学习。"科学与劳动永远是结合在一起的""儿童将同时从事农业和工业生产，以及科学和艺术的活动"[4]。在这种体制下，生产劳动已经从一种艰苦的劳动变成了"一种娱乐"。

欧文是与傅立叶同时代的英国空想社会主义者，他对教育与生产劳动的结合做出了更为实际和有影响力的贡献。虽然他们生活在同一个时代，但英国当时的国情与法国截然不同。当傅立叶最初的著作《全世界和谐》（1803年）、《关于四种运动和普遍命运的理论》（1808年）发表时，法

---

[1] 傅立叶. 傅立叶选集（第3卷）[M]. 汪耀三，庞龙，冀甫，译. 郭一民，校. 2版. 北京：商务印书馆，1982：217.
[2] 傅立叶. 傅立叶选集（第3卷）[M]. 汪耀三，庞龙，冀甫，译. 郭一民，校. 2版. 北京：商务印书馆，1982：84.
[3] 傅立叶. 傅立叶选集（第3卷）[M]. 汪耀三，庞龙，冀甫，译. 郭一民，校. 2版. 北京：商务印书馆，1982：98.
[4] 傅立叶. 傅立叶选集（第3卷）[M]. 汪耀三，庞龙，冀甫，译. 郭一民，校. 2版. 北京：商务印书馆，1982：259.

国使用机器的工厂寥寥无几。1827年，当他出版《工业和协作的新世界》时，法国只有大约600家使用蒸汽机和现代机器的工厂（1830年为625家）；然而，欧文经历了英国工业革命的整个过程（从19世纪60年代到19世纪30年代）。欧文的空想社会主义思想形成于1820年左右，《拉纳克郡的报告》是他思想成熟的标志。

  欧文目睹了英国工业革命带来的严重社会后果：大批破产的手工业者成为无产阶级，工厂持续不断地加强对工人的剥削，廉价女工和童工被广泛雇佣，每日工作时长一般达12~14小时，工作条件极为恶劣，工人的预期寿命不断缩短，工人不断发动摧毁机器的斗争，等等。1800年，欧文在苏格兰购买并经营了纽拉纳克（newlanark）纺织厂。作为一名慈善家，他进行了改革，以逐步改善工人的生活和工作条件。这一改革也有利于企业主。欧文总结了他的改革措施和效果，并指出所有居民在品格的各个方面都有了显著的提升。根据新的原则，成立的学前幼儿学校和性格培养机构收费较低，对工人负担较轻，而工人子女接受这些教育机构培训的效果要比过去其他学校好得多。这些学校根据孩子的年龄和表现进行划分。工人的孩子在学校感觉很好，对学校的认可度很高。与其他工厂相比，工人的工作时间缩短了近四分之一，但工资没有减少。工厂还为居民提供日常生活必需品和一些物品，以提高他们的生活舒适度。厂区的生活区由工厂维护，为工人家属提供独立的休闲场所。在美国禁运棉花的几个月里，所有工人的工资都全额支付。然而，在扣除一些特殊费用和资本5%的年利息后，欧文的这个企业的现金利润在30年内达到了30多万英镑，并分配给了每个股东。欧文对教育与生产劳动的结合有很多的论述，但他的实践成就比他的理论更重要。

  我们可以看到，卢梭、斯密和欧文研究了教育与生产劳动相结合的客观基础，代表了生产发展的不同阶段：个体农业和手工业、工场手工业和机械工业。傅立叶提出的自由调换工种的想法，打破了一辈子单一工种造成的旧分工的束缚，这一想法更为先进，但他很难意识到，在体力劳动的基础上消除旧的分工是不现实的。与其他三人不同，欧文在机器工业的物质基础上建立了教育与生产劳动的结合，并根据空想理论在当地进行了初步实验，取得了初步成效。然而，他仍然缺乏对机械行业的科学和系统分析。

也就是说，在马克思主义诞生之前，还没有人对教育与生产劳动相结合进行过全面的科学考察。直到马克思主义形成，教育与生产劳动相结合的理论基础才最终奠定。

从16世纪初的空想社会主义者托马斯·莫尔到19世纪的罗伯特·欧文，许多杰出的思想家和教育家都对教育与生产劳动的结合提出了自己的观点，甚至进行了实验。例如，欧文认为，人类的劳动或人类使用的体力和脑力的结合是自然的价值标准。与此同时，他建立了纽拉纳克工厂和"新和谐村"进行实验，并创建了世界上第一所工人幼儿园和第一所工人医院。然而，由于历史的局限性和世界观方法论等所决定，这些人关于教育与生产劳动相结合的理论和思想大多是狭隘的、理想化的、充满幻想的，或者过分强调传统的生产技术模式，排斥大工业革命的因素。他们没有看到无产阶级的革命力量，把这些思想的"实现"放在资产阶级统治者身上，它从根本上反映了小生产者的意识形态。马克思主义创始人一方面批判地吸收了这些人思想中的一些合理因素，深刻揭露了他们的片面性、狭隘性和局限性。另一方面，通过对社会生产和分工理论以及社会与教育关系的深刻分析，首次将劳动、生产、人的发展与社会变革联系起来，科学地证明，教育与生产劳动相结合是大工业生产发展的必然趋势，是社会生产力发展的客观要求。

2. 苏联教育学者在劳动教育方面的理论与实践

马卡连科和苏霍姆林斯基都是苏联著名的教育思想家。他们二人在劳动教育方面的理论探索和实践活动都取得了巨大的成就。可以说，他们的劳动教育理论在一定的历史时期对中华人民共和国的基础教育产生了较为深远的影响。教育家在创作的过程中普遍持有个人的思想立场和原则，这也是教育家思想最清晰、最具特色的标志。通过对马卡连科和苏霍姆林斯基劳动教育思想的考察和比较，发现二者都可以被看作是发展了的、具体化了的共产主义劳动教育思想。两位学者都承认，劳动教育在培养学生的共产主义信仰方面起着关键作用，并指出劳动教育的目的是培养共产主义社会的合格劳动者。

在高尔基工学团和捷尔任斯基公社，马卡连科探索了社会主义条件下青年一代共产主义教育的理论、原则、方法和组织形式。马卡连科逐渐形成一种教育信念，他认为积极的劳动教育作为一个高道德范畴，是"人的劳动品质的培养，不仅是未来好的公民或不好的公民的教育，而且是公民将来生活水平及其幸福的教育"①，是共产主义社会教育体系的重要组成部分，它在塑造学生的共产主义信仰方面起着基础性的作用。因此，在劳动教育工作中，对学生进行共产主义道德意识的武装是极其重要的。共产主义劳动教育不仅要帮助学生形成共产主义劳动意识和道德情感，而且要确保学生能够在自己的生活和实际行动中反映这些思想、信仰和情感，从而形成固定的行为和习惯。

在帕夫雷会中学，苏霍姆林斯基十分重视通过劳动教育来培养学生的共产主义信仰。在《年轻一代共产主义信念的形成》一文的开头，他明确指出，共产主义信仰的形成应被视为整个教育过程和学生全面发展的根本方向。在共产主义建设时期，一个人实现高尚道德的最重要标志之一就是深刻理解自己劳动的社会意义。因此，苏霍姆林斯基一再强调，帮助学生在日常生产和劳动过程中形成共产主义信仰的劳动价值观，而劳动价值观决定着劳动教育观。共产主义劳动教育的核心目标是在各教育学科的协调推动下，促进学生形成正确的劳动价值观，这将是全校劳动教育的核心任务。

马卡连科在《共产主义的教育和行为》一文中指出，在社会上，"没有违法的儿童，而有的只是那些和我一样充分享有幸福生活权利的人，有的只是那些和我一样有才干、有能力生活和工作、有能力成为幸福的和有能力成为创造者的人"②，而在《儿童工学团工作方法的经验》的序言中他又再次强调："我们的教育应当是共产主义的，并且每一个被我们教育过的人都应当是对工人阶级的事业有益的。"③在马卡连科看来，在苏联社会把成千上万的青少年罪犯转变成有用的"新人"，不仅是一项艰巨的教育任务，也是一项尖锐的政治任务。学校教育与生产劳动相结合，不仅是重塑人格、培养能力的重要手段，也是整个共产主义社会培养合格劳动者的

---

① 马卡连柯. 马卡连柯全集（第4卷）[M]. 耿济安，高天浪，王云和，译. 北京：人民教育出版社，1957：446.

② 马卡连柯. 马卡连柯全集（第5卷）[M]. 刘长松，杨慕之，李子卓，等，译. 北京：人民教育出版社，1956：425.

③ 马卡连柯. 马卡连柯全集（第5卷）[M]. 刘长松，杨慕之，李子卓，等，译. 北京：人民教育出版社，1956：454.

规范标准和发展途径。

受马卡连科的影响,苏霍姆林斯基也非常关心共产主义社会的劳动教育应该设定什么样的培养目标。他认为,劳动本身就是生活,而当时的许多学校在教育教学实施过程中往往只是让年青一代掌握一些实际技能,"在对劳动的心理、道德培养上,学生的基本注意力被引向成为干哪一行的人,而不是被引向成为怎样的人的问题"[①]。共产主义社会劳动教育的真正意义在于帮助学生理解不同类型劳动的一般道德内涵和道德意义,也就是说,一个人一生中最重要的不是他从事什么行业,而是他想成为什么样的人。因此,学校劳动教育的成功与否,主要取决于受教育者争当共产主义社会劳动者和建设者的自觉程度。

除此之外,还有大批劳动教育专家,如克鲁普斯卡娅、阿莫纳什准利等。克鲁斯卡亚认为,需要从小培养自觉的劳动态度,这需要家庭和学校在教育过程中相互合作,让学生理解"不劳动者不得食"的道理。阿莫纳什维利认为,劳动教育就是"要使学生热烈地爱上一种劳动,使他的心由于激动和自豪而快乐地战栗,使他在劳动中自己尊敬自己,使他由于珍爱自身的劳动而珍爱自己"[②]。因此,有必要在劳动教育实践中帮助学生树立正确的劳动观,通过培养正确的择业观来应对可能随着时代发展而变化的社会分工。苏联的劳动教育思想是在马克思列宁主义的指导下,在充分反思和借鉴西方劳动教育思想的基础上形成的,并经过多年的实践经验加以修改和完善。因此,它具有理论的先进性和实践的可行性。

3.德国学者对劳动教育的认识与探索

"劳作"一词在的德文最初的含义是农业的"苦工""贱役",后来又兼指含有劳动、技术作业和一般需要体力的工作,到了近代,它指脑力或者精神工作。

弗里德里希·威廉·奥古斯特·福禄贝尔(Friedrich Wilhelm August Fröbel)是19世纪欧洲著名的教育家,他的教育理念直到今天仍在指导着

---

① 蔡汀,王义高,祖晶编.苏霍姆林斯基选集(第2卷)[M].北京:教育科学出版社,2001:12.

② 北京师联教育科学研究所编.阿莫纳什维利实验教学体系与教育论著选读[M].北京:中国环境科学出版社,2006:251.

很多学者。他认为劳动认知和生产活动是连续发展的关系，主要是体现未被发现的内部劳动活动中的神性，劳动是更清晰的认知自己，不从事劳动就是停止了"能发展的无限的力量"。

德国教育家凯兴斯泰纳（Kerschensteiner Georg）提出了开办"劳作学校"的主张。他认为尊重劳动是提升职业教育地位的根本，国家为了培养有用的公民而开设公办学校，对学生要进行公民知识教育和道德教育，开设劳作课，加强职业训练，进行职业教育，从而提高职业技能、培养良好的职业道德，进而成为对国家有用的公民。这种倡导"劳作学校"的理念成为德国初期职业教育发展的基石，最终演变成德国今天的双元制职业教育模式。

凯兴斯泰纳主张的"劳作学校"，有自己独特的劳作教育体系，强调陶冶性格为主，培养出大批技术工人以服务工业需求，甚至可以把国民学校直接改为劳作学校。从事体力劳动的职业训练、实施劳作教育就是为了完成公民教育的目的。

二、现实依据

纵观古今中外的教育史，我们知道，教育是为社会发展和国家建设服务的。高职院校加强劳动教育不仅具有丰富的理论基础，而且也回应了现实社会的需要。为了应对当前复杂的国际形势，不断增强我国的综合实力，满足人们对美好生活的向往，实现中华民族伟大复兴中国梦，就必须要加强对大学生的劳动教育，尤其是高职院校要加强劳动教育。

（一）应对国际形势的新要求

总的来说，和平与发展仍然是时代的主流。在全球化浪潮中，中国不仅享有重大的发展机遇，而且不断向世界贡献着中国智慧；但不可否认的是，当今世界上仍有许多不和谐的因素制约着中国的发展。面对机遇和挑战，中国不仅要提高自身实力，还要冷静应对其他国家的挑战。

作为一个崛起的大国，中国必须认识到，崛起道路上的挑战和困难是不可避免的。"祸兮福之所倚，福兮祸之所伏"，面对形势的严峻，中国不断提高自身实力的紧迫性和重要性更加突出，这也成为中国全面深化改革的动力，避免"修昔底德陷阱"，跨越"中等收入陷阱"。目前，中国只有掌握自己的核心技术，才能避免其他国家的掣肘，满足人民日益增长的消费需求。例如，高铁作为中国的名片，不仅方便了人民的生活，而且为世界做出了贡献；推动中国制造向中国创造的转变，将为社会经济进一步发展奠定坚实的基础。因此，培养创新型人才是我国高等教育一项不容忽视的重要任务，大学生作为社会主义现代化建设的生力军，必须成长为具有创新思维的高素质劳动者，这是我国高校尤其是高职院校加强劳动教育的重要现实原因。

（二）劳动教育的政策支撑

本节主要梳理改革开放以来关于劳动教育的政策文件以及习近平总书记关于劳动教育的重要讲话，总结改革开放以来开展劳动教育历史发展轨迹。

在1978年新修订的宪法中就提出教育要与生产劳动相结合，培养有社会主义觉悟的、有文化的劳动者。1981年通过的《关于建国以来党的若干历史问题的决议》对劳动的相关论述已不再单纯地局限于体力劳动，而是要求体力劳动和脑力劳动相结合，以促进劳动者的全面发展。1993年印发的《中国教育和改革发展纲要》第一次明确提出学校要将劳动教育作为学校教育的重要组成部分来开展，强调必须完善劳动教育体系，为劳动教育提供实践的场所。1994年印发的《关于进一步加强和改进学校德育工作的若干意见》要求高校要加强社会实践活动的开展，为高校学生走进社会进行劳动实践提供了较为系统的政策支撑。1999年印发的《中共中央国务院关于深化教育改革全面推进素质教育的决定》为素质教育的实施提供了政策支撑，素质教育引起人们的广泛重视，其中劳动教育是"五育"之一，被认为是培养全面发展的人不可缺少的一个重要环节。21世纪以来，劳动教育愈加获得社会的普遍关注。2013年《中共中央关于全面深化改革若干重大问题的决定》要求要深化教育改革，探索使学生养成热爱劳动的习惯的形式，提升学生的劳动实践能力；2015年，针对中小学生的劳动问题，印发了《加强中小学劳动教育的意见》，对劳动教育体系的完善提出了更加具体的要求，呼吁学校营造劳动的氛围。

党的十八大以来，习近平总书记针对劳动和劳动教育问题多次发表重要讲话，这些讲话精神也是当前对大学生进行劳动教育的重要现实政策依据。劳动是个人的幸福源泉，劳动既创造了维持人类生存的物质基础，又满足了人们的精神需求，能不断提高人们的生活水平。2016年，习近平总书记在宁夏调研时指出，好日子是通过辛勤的劳动才能够获得的，人们只有通过踏踏实实的劳动才能够摆脱贫困，过上幸福的日子。习近平总书记还曾指出，文艺创作是一项艰苦的创造性劳动，来不得半点虚假，只有扎根在人民群众的生活实践中进行文艺创造劳动，才能创造出满足人们精神文化需求的文艺作品，这是人幸福生活不可缺少的重要组成部分。习近平总书记再三强调，要成为一名合格的共产党员就必须扎根于生产劳动实践，领导干部只有深入劳动的第一线才能想群众之所想、急群众之所急，才能与老百姓产生实质性的交流，才能了解民意、了解社会发展的实际。另外，劳动对于党风廉政建设具有重要意义，大多数贪污腐败的党员干部正是因为他们脱离了劳动和群众，在享受生活中迷失了自我，才导致他们犯错甚至走上了不归路。改革开放以来，关于劳动的政策性文件以及习近平总书记关于劳动教育的重要讲话为新时代高职院校加强劳动教育提供了重要的现实依据。

（三）缓解就业压力的需要

近几年来，随着高校不断地开展扩招计划，毕业生数量呈逐年增长的趋势。2022届高校毕业生规模达1076万人，同比增加167万人，规模和增量均创历史新高，就业形势十分严峻。就业形势严峻，一是因为大学生的综合素质与劳动岗位的要求不匹配；二是因为大学生就业观念偏颇，导致他们在选择职业时就业的价值目标过高。以上两点导致一方面一些技术性岗位缺少人才，另一方面一些福利好且体面的工作岗位人满为患。我们从每年报考国家公务员的人数就能够看出——2022年国家公务员考试报考人数已突破200万，"公务员热"的出现就是由于部分高校毕业生不恰当的就业观念造成的。因此，为了缓解当前的就业压力，必须加强大学生劳动教育，教育和引导大学生改变其功利化的就业观念。从就业角度讲，劳动教育有利于提高大学生的就业素质。一方面，劳动教育能够激发大学生学习职业知识的动力，新时代的劳动已不再是简单的体力劳动，它更多的是以专业技能为依托，将个人的价值融入劳动中去，自觉地学习专业知识；另一方面，劳动教育能够提高大学生的职业道德修养，教育大学生爱岗敬业、诚实守信，养成优良的职业道德，避免投机取巧，做到脚踏实地地劳动。要让大学生意识到：就业要选择自己感兴趣、对社会有贡献、为国家和社会发展所需要的职业，而不是简单地将金钱、社会地位作为自己选择职业的唯一标准。通过加强大学生的劳动教育，引导他们树立正确的劳动观，能够极大地缓解当前严峻的就业压力，既有利于大学生个人价值的实现，又有利于促进国家和社会的发展。

（四）推动国家发展的需要

改革开放以来，我国社会的供给侧和需求侧都发生了非常重大的变化。一方面，经济的快速发展极大地提高了供给能力，"落后的社会生产"已经转变为"不平衡不充分的发展"；另一方面，人们的需求水平也越来越高、越来越多样化，旧的物质文化需要升级，对安全、环境、公平等新的需求不断出现。因此，要解决社会的主要矛盾，就必须更好地发展生产力，实现更加充分、更加平衡的发展。我们不仅要解决发展不平衡的问题，即发展的结构性问题，还要解决发展不充分的问题，即发展的规模性问题。这就要求改变以资源扩张和人力投入为主要模式的传统劳动模式，开展创造性劳动，不断提高发展的质量和效率，解决社会主要矛盾，满足人们对美好生活的需求。

实现中华民族伟大复兴是激励亿万劳动人民投身社会主义现代化建设的伟大精神旗帜。实现中华民族伟大复兴不仅仅是口号，更应该通过真切的实践活动来践行，这应该反映在每一个中国人的生活状态中，落实到每一个中国人身上。这一现实需要，要求高校加强大学生劳动教育，培养能够承担民族复兴伟大任务的新型人才。培养德、智、体、美、劳全面发展的社会主义建设者和接班人，是当前高等教育的一项重要任务。

第三章　新时代高职院校加强劳动教育的历史进程与时代境遇

中华人民共和国成立以来，我国的劳动教育在曲折中不断地发展前进，它始终具有丰富的思想资源和顽强的生命力，劳动价值观也随着国家的发展和社会的进步而变化，在我国的劳动教育中发挥着越来越重要的作用。中华人民共和国成立后，根据国家发展建设的实际需要，国家开始对劳动教育进行全面深入的探索。这一时期，我国基本完成了劳动教育基本理论体系的塑造任务，但在实施过程中，存在着地区发展差异、人民受教育程度不同等因素造成的问题。1958年，大学生劳动教育开始服务于政治体制——将大学生劳动教育的生产课程写入教育方针，用生产劳动改造大学生。这一时期，劳动教育进入泛政治化阶段，忽视了劳动者的需要和生产的实际规律，是劳动教育发展的一个相对不健全的阶段。1978年以来，劳动教育的目的逐步得到纠正。现阶段，劳动教育为我国经济建设、改革开放服务，纠正了劳动教育的不平衡。党的十四届三中全会以来，社会主义现代化建设步伐加快，劳动教育逐步向科学化过渡，处于一个重要的转型时期。同时，也为全面建设小康社会奠定了坚实的基础。进入21世纪后，我国劳动教育开始更加注重理论知识与劳动实践的有机结合。大学生劳动教育已进入以脑体结合为重点，逐步凸显人的主体地位，促进大学生劳动意识的自我培养和主动参与的发展阶段。2012年至今，我国把"培养什么人"作为学校教育的首要问题，习近平总书记提出要"弘扬劳动精神"，要把青年大学生培养成为全面发展的社会主义建设者和接班人，倡导在全社会形成崇尚劳动、尊重劳动、鼓励创造性劳动的社会文明新风尚。

时代是思想之母，实践是理论之源。新时代为什么要重视大学生劳动价值观的培养？为什么要加强劳动教育？这是基于时代的呼唤。新时代，高等教育有了新的使命，这也对大学生劳动教育提出了新的要求。

高等职业教育是我国高等教育的重要组成部分。梳理中华人民共和国成立以来大学生劳动教育的历史进程和基本经验，分析当前大学生劳动教育的时代背景，有助于我们将优秀的劳动观念、培养理念和方法运用到新时代高职院校加强劳动教育的实践中。

一、中华人民共和国成立以来大学生劳动教育的历史进程与基本经验

（一）中华人民共和国成立以来大学生劳动教育的历史进程

教育与生产劳动相结合是马克思主义教育思想的一个重要的组成部分。早在新民主主义革命时期，中国共产党人就有意识地运用马克思主义教育与生产劳动相结合的理论指导中国的教育实践，开展实践活动，培养大学生的劳动观念。李大钊同志指出："使工不误读，读不误工，工读打成一片，才是真正人的生活。"[1] 毛泽东、周恩来、蔡和森等同志还积极倡导"工读运动"，鼓励知识分子走工农结合的道路。1934年1月，中国第二次苏维埃全国代表大会提出的教育总方针是"在于以共产主义的精神来教育广大的劳苦民众，在于使文化教育为革命战争与阶级斗争服务，在于使教育与劳动联系起来，"[2] "至于高等教育与生产劳动相结合，则是抗日战争时期在延安的延安自然科学院（北京理工大学的前身）等几所高等学校开始实施的，并且取得了很大的成绩"[3]。而在全国范围内开展大学生劳动教育则是在中华人民共和国成立以后。中华人民共和国成立以来，大学生劳动教育经历了一个从起步到不断发展和完善的过程。从总体上看，我国高校大学生劳动教育可以分为三个历史时期：从中华人民共和国成立到改革开放、从改革开放到党的十八大前夕，以及中国特色社会主义新时代。

---

[1] 李大钊. 李大钊全集（第3卷）[M]. 北京：人民出版社，2006：138.
[2] 中共中央文献研究室，中央档案馆编. 建党以来重要文献选编（一九二一——一九四九）（第十一册）[M]. 北京：中央文献出版社，2011：127.
[3] 陈谟开. 高等教育与生产劳动相结合新论[M]. 长春：东北师范大学出版社，1995：164.

1. 社会主义革命和建设时期的大学生劳动教育（从中华人民共和国成立到改革开放）

在新中国成立之初，百废待兴，教育事业亟待恢复。中华人民共和国的成立改变了过去人民被剥削、受压迫的历史，劳动人民得以翻身解放，真正实现了当家做主。中国共产党是无产阶级的政党，面对着巩固政权和发展经济的双重任务，党和国家高度重视教育与生产劳动的结合，中国共产党人运用马克思主义劳动理论，逐步推动劳动教育的发展。

第一，劳动教育的起步阶段。从中华人民共和国成立到1956年社会主义革命结束，国家致力于恢复经济建设，这也是中国劳动教育的初始阶段。国家教育政策致力于为工农业生产和建设服务，通过教育促进国家建设。1949年，《中国人民政治协商会议共同纲领》将"爱劳动"列为公民五项公德之一。[1]1950年，周恩来在《在全国高等教育会议上的讲话》中指出："劳动创造世界，科学也是体力劳动和脑力劳动的产物。我们应该以科学理论作为教育的内容。"[2]可以看出，周恩来同志科学地将劳动理解为体力劳动和脑力劳动的总和，而不是简单地将两者的关系分开。徐特立在《论国民公德》一文中讨论了公民的"五德"，其中从对热爱劳动的论述中可以看出，培养与新民主主义建设时期相适应的劳动态度，建立和谐的劳动关系，是"热爱劳动"的公德之源，也是向社会主义过渡的保障。徐特立对劳动提出了两个要求，一个是"不劳动者不得食"，另一个是"给劳动者以劳动权"，"把劳动的道德、权利、义务三者结合起来，才能巩固劳动纪律"[3]。时任教育部副部长钱俊瑞也指出了劳动的重要性，并且提出了教育"为工农服务，为生产建设服务，这就是当前实行新民主主义教育的中心方针"[4]。中华人民共和国成立初期，由于教育体制的不完善，"教育与生产劳动相结合"

---

[1] 中共中央文献研究室编. 建国以来重要文献选编（第1册）[M]. 北京：中央文献出版社，1992：11.

[2] 中共中央文献研究室编. 建国以来重要文献选编（第1册）[M]. 北京：中央文献出版社，1992：271.

[3] 何东昌主编. 中华人民共和国重要教育文献（1949—1975）[M]. 海口：海南出版社，1998：37.

[4] 何东昌主编. 中华人民共和国重要教育文献（1949—1975）[M]. 海口：海南出版社，1998：17.

的教育方针尚未形成。然而，国家高度重视劳动，并颁布实施了一些有关劳动教育的政策。例如，1950年10月，教育部颁布了《高等学校暂行规程》，要求高等学校注重理论联系实际，培养掌握现代科学技术、全心全意为人民服务的高层次人才。1953年7月，政务院通过了《关于加强高等学校与中等技术学校学生生产实习工作的决定》，这是高校在生产实践中厂校合作、工学交替、优势互补、人才共育的重要文件，初步形成高等教育与生产劳动相结合的基本格局。这一阶段高等教育改革增强了教育的实效性，使实习成为学习过程的重要组成部分，使学生在生产实践过程中学习新知识，在培养大学生的工农业情感和劳动价值观方面取得了良好的效果。与此同时，高校加强了与企业、事业单位、农业等部门的联系。1956年以来，学生的生产实习基本上有了相对固定的场所，为劳动教育提供了重要条件。然而，在这一时期，高校的劳动教育形式相对单一，主要以专业实践的形式为主，注重整体教育，缺乏针对个体学生的劳动教育。

第二，劳动教育的发展阶段。从1956年社会主义革命结束到1966年的十年，是劳动教育发展的十年。1957年，毛泽东在《关于正确处理人民内部矛盾的问题》中指出："我们的教育方针，应该使受教育者在德育、智育、体育几方面都得到发展，成为有社会主义觉悟的有文化的劳动者。"[①]此后，这一论断成为中国开展劳动教育的依据，符合当时中国教育发展的要求。"成为有社会主义觉悟的劳动者"从思想政治角度对学生劳动教育提出了具体要求。1958年6月，陆定一同志在全国教育工作会议上提出："我们的教育要全面发展。什么叫全面发展？这就是说，政治同教育结合，教育同劳动结合。"[②] "总之，教育与劳动相结合，是教育革命的主要内容之一，改造旧社会、建设新社会要靠它，改造旧知识分子和建立工人阶级知识分子的强大队伍要靠它，多快好省地发展教育事业也要靠它。"[③]1958年8月，陆定一同志发表了经毛泽东同志审阅的《教育必须与生产劳动相结合》一文，同年9月，党中央印发的《关于教育工作的指示》明确提出：

---

① 毛泽东. 关于正确处理人民内部矛盾的问题[M]. 北京：人民出版社，1964：23.
② 何东昌. 中华人民共和国重要教育文献（1949-1975）[M]. 海口：海南出版社，1998：835.
③ 何东昌. 中华人民共和国重要教育文献（1949-1975）[M]. 海口：海南出版社，1998：836-837.

"党的教育工作方针,是教育为无产阶级的政治服务,教育与生产劳动结合;……"[1]这种劳动观念的培养在政治和经济上的意义被提升到了前所未有的水平。过分强调体力劳动,导致学生把过多的精力花在生产劳动上,文化课受到冲击,"特别是1958年以后,学校办工厂、工厂办学校,勤工俭学、半工半读、边学习、边劳动,劳动人民知识化、知识分子劳动化,成为席卷全国的浪潮"[2]。1961年,为了纠正错误,党中央颁布了《教育部直属高等学校暂行工作条例(草案)》,规定"高等学校必须以教学为主,努力提高教学质量"[3]。在这一阶段,纠正了劳动教育,理顺了教育与生产劳动的关系,恢复和提高了教育质量。

1977年5月,邓小平同志在《尊重知识,尊重人才》一文中指出,不论体力劳动者还是脑力劳动者,都是劳动,要重视从事脑力劳动的人,要承认他们是劳动者。1977年8月,邓小平同志在科学与教育工作座谈会上指出:"无论是从事科研工作的,还是从事教育工作的,都是劳动者。不是讲脑力劳动、体力劳动吗?科研工作、教育工作是脑力劳动,脑力劳动也是劳动嘛。"[4]邓小平同志特别重视知识和科学技术在国民经济发展中的重要作用。他率先纠正了对劳动的片面理解,在重视体力劳动的基础上,大力提倡脑力劳动。整个社会逐渐形成尊重脑力劳动和知识分子的氛围,大学逐渐回到了正确的教学轨道。

2. 改革开放和社会主义现代化建设新时期的大学生劳动教育(从改革开放到党的十八大前夕)

党的十一届三中全会以后,党中央确立了以经济建设为中心的基本路线,围绕经济中心工作,劳动教育改革也陆续开展。

第一,劳动教育调整阶段。从1978年至1992年,国家坚持脑力劳动与体力劳动相结合,助力社会主义现代化建设,把劳动教育与国情结合起来。劳动教育得到重视,逐步走上了正轨。1978年颁布的《中华人民共和

---

[1] 中共中央文献研究室编. 建国以来重要文献选编(第11册)[M]. 北京:中央文献出版社,1995:490.
[2] 李珂. 嬗变与审视:劳动教育的历史逻辑与现实重构[M]. 北京:社会科学文献出版社,2019:67-68.
[3] 何东昌编. 中华人民共和国重要教育文献(1949—1975)[M]. 海口:海南出版社,1998:1060.
[4] 邓小平. 邓小平文选(第二卷)[M]. 北京:人民出版社,1994:50.

国宪法》第十三条规定："教育必须为无产阶级政治服务,同生产劳动相结合,使受教育者在德育、智育、体育几方面都得到发展,成为有社会主义觉悟的有文化的劳动者。"[1] 至此,劳动教育已上升到与德育、智育和体育同等重要的地位。1978年4月,邓小平同志在全国教育工作会议上的讲话,标志着教育从为无产阶级服务向适应国民经济的转变,为劳动教育的发展奠定了坚实的基础。改革开放后,在现代化建设中迫切需要改变这种片面的观念以发展科学技术。党中央致力于创造尊重知识和人才的社会环境。1979年1月4日,《人民日报》发表了评论员文章《完整地准确地理解党的知识分子政策》,指出知识分子"他们已经不是解放初期那种团结、教育、改造的对象,而是从事脑力劳动的工人阶级,是党的依靠力量"[2]。在全社会对脑力劳动有了正确的认识后,中央提出了脑—体结合的劳动教育政策。1981年6月,党的十一届六中全会通过了《关于建国以来党的若干历史问题的决议》,其中明确指出"要加强和改善思想政治工作,用马克思主义世界观和共产主义道德教育人民和青年,坚持德智体全面发展、又红又专、知识分子与工人农民相结合、脑力劳动与体力劳动相结合的教育方针,……"[3]。由此可见,党中央在以经济发展为中心的基本路线指导下,重视脑力劳动,倡导脑体结合的教育方针,为建设和实现"四个现代化"奠定了良好的基础。

1982年,"爱祖国、爱人民、爱劳动、爱科学、爱社会主义"的公德写入修改后的《中华人民共和国宪法》中,与1949年《中华人民政治协商会议共同纲领》中"爱祖国、爱人民、爱科学、爱公共财物"的表述相比,它明确了对社会主义的热爱,体现了培养学生全面发展的教育理念,符合时代发展和社会主义发展的要求。在1985年印发的《中共中央关于教育体制改革的决定》中,"教育必须为社会主义建设服务"取代了"教育必须为无产阶级政治服务"。1992年颁布试行的《中华人民共和国义务教育法

---

[1] 何东昌编. 中华人民共和国重要教育文献(1976—1990)[M]. 海南:海南出版社,1998:1600.
[2] 中央教育科学研究所编. 中华人民共和国教育大事记(1949—1982)[M]. 北京:教育科学出版社,1984:539.
[3] 中国共产党中央委员会关于建国以来党的若干历史问题的决议[M]. 北京:人民出版社,1981:57.

实施细则》以法律形式强调义务教育要坚持社会主义现代化的方向,坚持"科学技术是第一生产力"的原则,坚持教育与生产劳动相结合的形式。20世纪80年代,劳动教育与以往教育的差异和发展也体现在对劳动观念教育的逐渐重视,"劳动光荣"理念的提出、劳动观念的培养成为德育的重要内容之一。1987年,《"七五"期间全国教育科学规划要点》提出,劳动教育与德育、智育、体育、美育并行不悖。劳动促进人的全面发展,劳动教育的地位得到了进一步提高。

1993年印发的《中国教育改革和发展纲要》确认了"教育必须与生产劳动相结合",即"坚持'教育必须为社会主义现代化建设服务,必须与生产劳动相结合,培养德、智、体全面发展的建设者和接班人'的方针"[1]。这一教育方针不仅"增加了教育必须与生产劳动相结合",而且还将20世纪80年代"德、智、体、美、劳全面发展"的理念还原为"德、智、体全面发展"的传统理念。针对劳动教育由"五个教育"向"三个教育"的转变,李岚清同志曾解释说,德、智、体全面发展的教育方针是党的一项重大政策,坚持多年,为全党全国人民所熟知。实践证明它是正确的,应该始终如一地执行。然而,这种说法并不意味着劳动教育和美育可以被忽视。美育应包括在德育中,劳动教育也应包括在德育和体育中。劳动观念的培养实现了转变和发展。首先,劳动教育已经转变为综合实践活动。《关于进一步加强和改进学校德育工作的若干意见》《中国普通高等学校德育大纲》等文件将社会实践纳入教学计划,要求学校组织学生参与社会调查、生产劳动、科技服务、勤工俭学计划和其他活动。教育战线开始探索劳动教育与课程组织相结合的新形式,这直接推动了21世纪初综合实践活动课程的发展。教育与社会实践相结合的转变,使劳动教育的内容和形式更加广泛,综合实践活动能否真正达到综合劳动教育的效果,在学术界引起了广泛的讨论。其次,重视劳动教育的人本化发展。1995年,针对高等教育阶段的劳动教育,国家教委颁布了《中国普通高等学校德育大纲》,将劳动教育视为德育的一部分,包括劳动态度和劳动观念,培养热爱劳动人民的感情。1998年,教育部制订了《面向21世纪教育振兴行动计划》,指出要通过实施劳动技

---

[1] 中共中央文献研究室编. 十四大以来重要文献选编(上)[M]. 北京:人民出版社,1996:176.

能教育，培养学生健康的心理、良好的道德和高尚的情操。为全面推进素质教育，1999年6月，中共中央、国务院印发《关于深化教育改革全面推进素质教育的决定》，明确劳动教育已成为培养人的全面发展与和谐发展的重要途径。这一决定为劳动教育注入了新的时代内涵。

第二，劳动教育整合发展阶段。从2000年至2012年党的十八大前夕，劳动教育有了新的诠释。首先，劳动的创造价值得以彰显，"四个尊重"（即尊重劳动、尊重知识、尊重人才、尊重创造）被高度重视。随着信息时代的到来，虽然传统的机械化大规模生产仍然发挥着重要的基础性作用，但创新劳动更为宝贵，创新已成为一个国家发展的重要动力。党的十六大报告指出："创新是一个民族进步的灵魂，是一个国家兴旺发达的不竭动力，……"[1] 同时，党的十六大要求在全社会认真贯彻党的尊重劳动、尊重知识、尊重人才、尊重创造的方针。随后，"四个尊重"被写入历届全国人大的报告和新修订的《中国共产党章程》中。对"四个尊重"的高度重视，是马克思主义劳动思想在新时期的发展和延伸，是邓小平同志"尊重知识、尊重人才"在新时期的丰富和充实，充分体现了党中央对劳动的重视。其次，党中央重视保护劳动者权益和劳动的人本价值取向。江泽民同志在党的十六大报告中提出："要尊重和保护一切有益于人民和社会的劳动。不论是体力劳动还是脑力劳动，不论是简单劳动还是复杂劳动，一切为我国社会主义现代化作出贡献的劳动，都是光荣的，都应该得到承认和尊重。"[2] 这体现了党对劳动者的人文关怀和执政为民的价值取向。胡锦涛同志十分关注劳动人民的劳动权益，并结合时代提出了"体面劳动"的概念。针对工作过程中出现的新问题，胡锦涛同志指出，"要切实发展和谐劳动关系，建立健全劳动关系协调机制，完善劳动保护机制，让广大劳动群众实现体面劳动"[3]，把改善民生作为社会建设的重点内容。新时期劳动内涵的丰富也体现在党的教育政策的调整上。根据江泽民同志在全国教育工作会议上的讲话精神，国务院于2001年印发了《关于基础教育改革与发展的决定》，将教育方针确定为"坚持教育必须为社会主义现代化服务，为人民服务，

---

① 中共中央文献研究室编. 十六大以来重要文献选编（上）[M]. 北京：人民出版社，2005：9.
② 中共中央文献研究室编. 十六大以来重要文献选编（上）[M]. 北京：人民出版社，2005：12.
③ 胡锦涛. 胡锦涛文选（第三卷）[M]. 北京：人民出版社，2016：370.

必须与生产劳动和社会实践相结合，培养德智体美等全面发展的社会主义事业建设者和接班人"[1]。这一教育政策的表述既保留了原有教育政策的内容，又包含了对新时期劳动教育的新认识，成为教育政策的新表述，并已正式写入党的十六大报告和新修订的《中华人民共和国教育法》中。将"为人民服务"纳入教育方针，是党的"立党为公、执政为民"人本理念的体现。同时，新政策增加了"必须与社会实践相结合"的内容，体现了新教育政策更加注重知识的应用和创新。此外，社会实践的范围更广、更贴近现实生活，也能反映出知识经济时代所蕴含的各种劳动形式。"培养大学生劳动观念和职业道德"出现在2004年《关于进一步加强和改进大学生思想政治教育的意见》中。2010年，中共中央、国务院印发的《国家中长期教育改革和发展规划纲要（2010—2020年）》重申，未来十年的教育应"坚持全面发展"，"全面加强和改进德育、智育、体育、美育，加强劳动教育，培养学生热爱劳动、热爱劳动人民的情感"。可以看出，在新时期重视劳动技术教育的同时，对劳动观培养的认识越来越深刻，劳动观培养也越来越受到重视。

3. 中国特色社会主义新时代的大学生劳动教育

党的十八大以来，中国特色社会主义进入了新时代。中国正面临着实现中华民族伟大复兴的梦想和强国的梦想。教育的改革与发展也进入了一个新的时代。针对"劳动的独特育人价值在一定程度上被忽视，劳动教育正被淡化、弱化"[2]的情况，党中央将劳动教育纳入人才培养的全过程，明确了高校加强劳动教育的责任。这是中国特色社会主义进入新时代的重大改革创新，是马克思主义劳动理论最新成果在教育领域的应用，也为高职院校加强劳动教育指明了方向。

第一，确立了新时代劳动教育的重点是培养劳动观念。新时代，党和国家更加重视大学生的劳动教育，出台了一系列加强劳动教育的政策文件，明确了培养学生正确的劳动价值观是劳动教育的核心内容。2015年12月，

---

[1] 何东昌编. 中华人民共和国重要教育文献（1998—2002）[M]. 海口：海南出版社，2003：887.

[2] 中共中央，国务院. 关于全面加强新时代大中小学劳动教育的意见[N]. 人民日报，2020-03-27.

新修订的《中华人民共和国高等教育法》要求高等教育必须落实教育政策，增加了为人民服务、教育与社会实践相结合的内容。它不仅强调高等教育与社会实践相结合的教育形式，而且指出高等教育的任务是培养具有社会责任感、创新精神和实践能力的高级专门人才。这里虽然没有明确提到劳动教育，但它涉及劳动教育的相关内容，指出了高等教育人才培养中所蕴含的劳动价值观。2018年9月10日，习近平总书记在全国教育大会上提出"培养德智体美劳全面发展的社会主义建设者和接班人"[1]的要求，从教育方针的高度确立了"五育并举"的育人格局，重点强调了劳动教育的功能与作用。他指出："要在学生中弘扬劳动精神，教育引导学生崇尚劳动、尊重劳动，懂得劳动最光荣、劳动最崇高、劳动最伟大、劳动最美丽的道理，长大后能够辛勤劳动、诚实劳动、创造性劳动。"[2] 习近平总书记的重要论述表明了劳动教育的重点应是教育学生认识劳动的重要价值，形成良好的劳动品质。2020年3月，中共中央、国务院印发了《关于全面加强新时代大中小学生劳动教育的意见》，指出劳动教育指导思想的立足点是促进学生形成正确的世界观、人生观和价值观；劳动教育的基本内涵是劳动教育的重点是在系统学习文化知识的基础上，有目的、有计划地组织学生参与日常生活劳动、生产劳动和服务劳动，让学生动手实践、出力流汗，接受锻炼、磨炼意志，培养学生正确劳动价值观和良好劳动品质；关于劳动教育的总体目标是树立"四个最"（即劳动最光荣、劳动最崇高、劳动最伟大、劳动最美丽）的观念，培养勤俭、奋斗、创新、奉献的劳动精神，具备"基本劳动能力"和"形成良好劳动习惯"。[3] 从《关于全面加强新时代大中小学生劳动教育的意见》确立的劳动教育指导思想、基本内涵和总体目标来看，劳动教育的重点是培养学生树立正确的劳动观念，形成良好的劳动素质。

第二，注重学生的全面发展和幸福的价值取向。2018年全国教育大会将劳动教育纳入素质教育体系，确立了"五育并举"的教育模式，注重学

---

[1] 习近平在全国教育大会上强调：坚持中国特色社会主义教育发展道路 培养德智体美劳全面发展的社会主义建设者和接班人 [N]. 人民日报, 2018-09-11.

[2] 习近平在全国教育大会上强调：坚持中国特色社会主义教育发展道路 培养德智体美劳全面发展的社会主义建设者和接班人 [N]. 人民日报, 2018-09-11.

[3] 中共中央, 国务院. 关于全面加强新时代大中小学劳动教育的意见 [N]. 人民日报, 2020-03-27.

生劳动教育主体的发展。《关于全面加强新时代大中小学生劳动教育的意见》指出:"劳动教育是国民教育体系的重要内容,是学生成长的必要途径,具有树德、增智、强体、育美的综合育人价值。"[①] 劳动教育政策的变化表明,中国的劳动教育正在逐步成熟。劳动教育不仅要适应社会政治、经济、文化的发展需要,还要研究大学生身心发展的特点,采用适合大学生全面发展的劳动教育方法,改变以往劳动教育缺乏内在生命力的现状,促进学生在劳动中追求精神满足,通过劳动实现人生价值。劳动是推动社会进步的动力,是个人幸福的源泉。新时代大学生劳动观念的培养也凸显了学生的主体地位和主体意识。它注重引导学生通过劳动追求幸福生活,激发学生奉献社会的劳动精神的形成。

(二)中华人民共和国成立以来大学生劳动教育的基本经验

回顾我国开展劳动教育的不平凡的、曲折的历史进程,大学生劳动观培养从无到有,既有过沉痛的教训,也取得了丰硕的成果,总结这些经验可以为新时代高职院校大学生劳动教育提供有益的借鉴。

1. 始终坚持以马克思主义劳动价值观为指导

马克思主义强调共产主义应最终实现全人类的解放。与此同时,劳动教育也是一种非常有效的育人手段。大学生要想实现自由全面的发展,就离不开劳动教育。劳动教育作为培养大学生成长的手段之一,对大学生的身心健康发展起着坚实的基础性作用。

中华人民共和国成立以来,劳动教育的实践始终与中国经济社会发展同步。70多年来,大学生的劳动教育一直遵循着不同时代的要求。在马克思主义劳动思想的指导下,中国共产党领导的大学生劳动教育经历了社会主义革命和建设时期、改革开放和社会主义现代化建设新时期、中国特色社会主义新时代等几个主要阶段。马克思主义劳动思想作为大学生劳动教育的正确理论指导,不仅引导大学生劳动教育始终走中国特色社会主义道路,而且助力大学生劳动教育取得了一系列成果。

1949年以来,我国大学生劳动教育顺应社会变化,始终坚持马克思主

---

① 中共中央,国务院. 关于全面加强新时代大中小学劳动教育的意见[N]. 人民日报,2020-03-27.

第三章 新时代高职院校加强劳动教育的历史进程与时代境遇

义劳动观。大学生的劳动教育思想随着劳动教育实践的发展不断调整,逐渐探索出一条独特而有效的发展道路。大学生劳动教育始终坚持以人民的生产生活实践为基础的教育内容。习近平总书记多次强调对大学生进行劳动教育的重要性。他向全国人民传达的劳动价值观,对于帮助中国人民树立正确的劳动价值观、践行正确的劳动行为起着核心作用。70多年来,大学生劳动教育始终坚持以马克思主义理论为指导,确保劳动教育沿着正确的方向稳步发展。中华人民共和国成立初期,中国将教育与生产结合起来,在大学课程中开设生产劳动课程;1978年以来,大学生劳动教育得到了恢复和发展。邓小平同志进行了全国范围的调查,提出了"贫穷不是社会主义"[1]的著名结论,把加强大学生劳动教育和提高劳动者素质作为现代化事业的重要环节。新时代,我国的核心任务就是实现"两个一百年"的奋斗目标,时刻把握习近平总书记关于劳动价值观的主要内涵,大力弘扬劳模精神、劳动精神,在大学生心目中树立劳动"四个最"显得尤为迫切。因此,我们必须坚信,劳动是大学生实现自身价值、走向幸福的唯一途径。我们必须牢记,只有劳动才能创造历史,才能推动人类社会的进步。同时,我们必须善于利用科学技术的力量创造更多的生产力。恩格斯在阐述科学的作用时明确指出:"科学是一种在历史上起推动作用的、革命的力量。"[2]大学生树立良好的劳动观,靠的是马克思主义劳动观的正确指引,大学生只有时刻了解学习党中央的思想要求,适时反思自身存在的不足,才能保持正确劳动价值观引领下的先进性。

在中国共产党的领导下,中国始终坚持特色社会主义的前进方向。无论从事哪个领域的何种工作,劳动教育都起着重要的基础性作用。大学生劳动教育既要坚持中国共产党的领导,又要始终坚持马克思主义劳动观的科学指导。历史经验证明,只有坚持以马克思主义为指导,党的事业,包括大学生劳动教育事业,才能继续理论联系实际,不断创新和发展。一旦偏离了马克思主义劳动观的指导,后果将难以想象。因此,无论在任何时候、任何条件下,大学生劳动教育都应始终坚持马克思主义劳动观的正确指导。

---

[1] 邓小平. 邓小平文选(第三卷)[M]. 北京:人民出版社,1993:255.
[2] 中共中央马克思恩格斯列宁斯大林著作编译局编译. 马克思恩格斯选集(第三卷)[M]. 北京:人民出版社,2012:1003.

2. 始终坚持以培养具有时代特色的社会主义建设者和接班人为目标

社会主义的快速发展需要一代又一代的青年大学生。青年大学生作为即将步入社会的知识分子群体，通过学习掌握了丰富的劳动理论知识，迫切需要通过劳动将理论应用于实践。可以说，大学生应该清楚地认识到，个人、集体和社会是命运共同体，个人目标的实现与集体和社会理想的实现是一致的。大学生作为国家培养的、优秀的社会主义建设者和接班人，不仅肩负着自己的梦想，而且肩负着中国梦和全人类发展的伟大使命。

中华人民共和国成立以来，大学生劳动教育始终具有鲜明的时代特征。这是因为中国的劳动形式和状态正在不断演变。回顾中国共产党领导中国人民站起来、富起来、强起来的几十年，劳动生产始终发挥着不可替代的基础性推动作用，广大劳动者正是通过生产劳动，使马克思主义在中国的传播更加强大有力。新时代的社会建设发展更需要德智体美劳全面型人才。

在复杂的国际国内形势背景下，时代的发展不断改变着劳动结构，劳动结构的变化也不断更新着人们对劳动教育的认识和期望，最终推动着劳动教育的发展和完善。根据高校劳动教育培养社会主义人才的时代需要，回顾1949年以来我国劳动教育的历史，大致可分为以下三个阶段：第一阶段，20世纪60年代前后，大学生的劳动教育以培养劳动习惯、获取劳动知识和技能为目标。在此期间，国家开设了专门的生产课程，指出教育与生产要结合，广大劳动者表现出强烈的建设热情，积极参与社会生产，参与劳动建设，帮助国民经济恢复和发展。第二阶段，改革开放后，随着社会政治经济的发展和进步，社会迫切需要大量的人才。大学生劳动教育的目标也随着时代的变化而变化，从注重第一阶段的体力劳动，到注重劳动价值情感的培养，同时兼顾大学生劳动教育的技能训练。劳动者再次站出来，他们敢于开拓创新，通过扎实的工作，努力推进社会改革创新。面对国外技术封锁，他们不怕困难和挑战，在航空航天、生物医学等领域取得了重大突破。这些都是社会主义建设者和接班人通过劳动取得的成就。20世纪90年代末，大学生能力教育进入素质教育加速阶段，劳动教育对人才提出了越来越具体的新目标和新要求。2008年突如其来的金融危机并没有让我们停下前进的脚步。勤劳的"搬砖人"脚踏实地，一步一个脚印走稳了中国特色社会主义道路。第三阶段，进入新时代，国内外形势复杂多变，这一时期的大学生劳动教育既突出了时代特征，又更加注重个性化需求。同时，也符合培养综合型人才，促进社会发展的实际需要。习近平总书记指出，空谈误国，实干兴邦。伟大的事业是干出来的而不是喊出来的，幸福的生活是奋斗出来的绝不是幻想出来的，所有这一切的实现都必须紧紧围绕着"劳动"，这说明劳动是促进社会稳定发展的必要条件。

新时代，大学生劳动教育的目标发生了新的变化。新时代明确把劳动教育作为重点，这就要求我们更加清楚地认识国家发展需要什么样的人才，并根据党和国家政策的变化及时调整劳动教育的目标。同时，也要注意完成和实现以前的目标，切忌骄傲自满。劳动教育的发展需要与时俱进，还需要多方联动。我们应该利用时代的科学技术创新劳动教育，使其发挥出更多的正能量。2020年，《关于全面加强新时代大中小学劳动教育的意见》首次细致地阐述了劳动教育的特点和目标。劳动教育的目标是培养时代需要的人才，这是值得新时代乃至未来开展劳动教育必须学习借鉴的。

3. 始终坚持高度重视劳动教育的地位及其内在价值

中华人民共和国成立以来，大学生劳动教育焕发出强大的生命力。不难发现，不同历史时期劳动教育的地位是不同的，中华人民共和国成立后，"劳动教育"已成为一个专有的概念，劳动教育得到了前所未有的发展，其地位得到了党和国家的一致认可与高度认识，人们开始主动接受和重视大学生劳动教育。

由于高等教育的特殊性和多重因素的影响，大学生的劳动教育弱于中小学的基础劳动教育，劳动教育的内容和方法不能像基础教育阶段那样安排。中华人民共和国成立以来，大学生劳动教育的整体地位不断提高。在这一阶段，劳动教育在整个教育体系中发挥着全局性作用。从最初的强调"三育"（德育、智育和体育），然后提出了"四育"，与"德、智、体、美"教育相比，"劳动"教育明显被忽视，对劳动教育的"号召"明显多于"行动"。改革开放以后，经过不到十年的发展，我国提出了"五育"培养人才的要求。1993年，劳动教育被纳入思想道德教育。进入新时代，习近平总书记多次公开强调加强大学生劳动教育的必要性及重要意义，指出将劳动教育纳入教育总方针之中，将劳动教育放在较为突出的地位，与其他四育并举。[①]在实现人的全面发展的要求下，大学生劳动教育仍需继续弥补其不足。

劳动教育在我国教育发展中占有非常重要的地位，不仅如此，大学生劳动教育还可以促进德育、智育、体育、美育的发展，将其融入其他"四育"能够帮助学生掌握这些能力，提高他们的综合素质。目前，大学生在成长成才过程中存在着许多问题，其中不尊重劳动、不尊重劳动者、不尊重劳动成果的错误思想和行为仍然存在。针对这种情况，大学生劳动教育应该坚持巩固和提高其地位。新时代以来，劳动教育的地位不断提高，并融入各种教育之中，对促进人的全面发展、培养创新创业人才起到了重要作用。

关于大学生劳动教育的内在价值，顾名思义，是指劳动教育本身的价值。中华人民共和国成立以来，随着政治、经济、文化的不断发展，要求我们继续把大学生与劳动教育结合起来，正确认识劳动教育给大学生带来的价值。目前，我国大学生劳动教育对促进人的全面发展起到了积极的作用，但也存在着不可避免的问题。因此，更加重视大学生劳动教育的内在价值就显得尤为重要。

错误的认识可能导致不合理的行为，那么我们为什么要更加关注大学生劳动教育的内在价值呢？首先，大学生的劳动教育可以使大学生通过劳动直接、正确地认识自己，而不是家长和老师直接给出答案。同时，在劳动教育过程中，大学生也可以感知世界，把握规律。在尝试实践和理解感悟的过程中，大学生可以根据自己的需要和正确的定位使自己变得更好。其次，大学生通过劳动教育与社会和他人产生简单或复杂的联系，从而使他们拥有人的独特属性。劳动教育不仅有助于大学生增强体质，促进他们身体的健康成长，而且有助于大学生形成正确的"三观"。只有身心在同一时期保持同一水平和良好发展，才能激发大学生的创新精神和创造力。最后，每个大学生都不是独立存在的、与外界不发生任何关系的个体，人们的社会属性决定了他们之间存在着复杂的联系。大学生要想更好地融入社会，就必须学会劳动，培养良好的劳动品质和劳动素养，学会与人相处，通过个体的发展推动整个社会的进步。

---

① 雷虹，朱同丹. 以学生为中心视域下高校劳动教育的意蕴解读及路径选择[J]. 黑龙江高教研究，2020（03）：134-138.

4. 始终坚持劳动教育同思想政治教育与社会实践相结合

坚持大学生劳动教育理论研究与思想政治道德教育、社会实践的有机结合，是我国大学生劳动教育一直以来的做法。首先，大学生劳动教育与大学生思想政治教育有着密切的关系；其次，大学生劳动教育的理论知识源于劳动者的社会实践，大学生劳动教育的理论在实践中得到了升华。因此，坚持加强大学生劳动教育与思想政治教育、社会实践相结合，有着非常重大的意义。

中华人民共和国成立以来，大学生劳动教育的发展逐渐呈现出与思想政治教育和社会实践相结合的趋势。一方面，大学生劳动教育逐渐与思想政治教育相结合。20世纪80年代以来，大学生劳动教育在内容和形式上都与思想政治教育课程的内容相结合。例如，通过在思想政治课上传播劳动价值观和生产劳动实践技能知识理论，逐步将思想政治教育与加强大学生劳动教育结合起来。另一方面，大学生劳动教育逐渐与社会实践相结合。大学生劳动教育最终要实现大学生的成长和全面发展。学生离开校园将面临各种各样的问题，就业是第一个挑战。离开象牙塔，大学生自身的劳动实践能力变得更加重要。就业是所有大学生、家庭、高校乃至社会都十分关注的问题。促进大学生保质保量地完成就业，也是劳动教育的必然要求。因此，有必要在在校期间将大学生劳动教育与社会实践相结合，这样不仅可以帮助大学生提前进入社会、接触社会、感受社会，还可以帮助他们树立正确的职业选择观和职业平等观，从而尽快明确个人就业方向。目前，大学生社会实践有多种形式和内容，如志愿服务活动、青年下乡支教活动、社会实践等。

中华人民共和国成立70多年来，大学生劳动教育既有丰富的理论知识，又有实践技能，两者都不是不可或缺的。只有将二者有机结合，才能视为一个完整的大学生劳动教育。

二、新时代高职院校加强劳动教育的时代境遇

（一）新时代劳动发展呈现出新趋势

随着社会生产力的发展，劳动的方式、对象和形式都发生了深刻的变

化。总的来说，在新的时代，劳动与科学、技术、知识的联系越来越紧密，这对劳动者的素质提出了更高的要求。具体而言，体力劳动和脑力劳动正在走向深度融合。数字劳动、创造性劳动、服务产业的劳动已经成为引领时代发展的新型劳动形式，它们要求劳动者提高职业适应性，更全面地掌握劳动知识和技能，树立创新意识。

在新时代，劳动、科学技术和知识的联系更加紧密。科学技术的进步创新了人类的劳动工具，拓宽了人类劳动对象的范围，这不仅为人们劳动素养的发展提供了广阔的空间，也对人们的劳动素养提出了更高的要求。在马克思看来，生产工具是划分时代的客观依据。科学技术的每一次重大突破往往标志着时代的变迁。以人工智能、虚拟现实、量子通信等技术发展为核心的第四次产业革命方兴未艾。这些技术通过发明创造不断转化为新的劳动工具，促进了社会生产力的发展。在此背景下，一些简单的劳动逐渐被机械化、智能化、自动化的生产方式所替代，一些传统的劳动岗位也逐渐退出了历史舞台。这种变化给人们传统的劳动观念和习惯带来了一定的冲击，使一些人认为科学技术的发展削弱了劳动的重要性，降低了社会对劳动者劳动素养的要求。事实并非如此。例如，从人力车夫到司机再到无人驾驶，现代科学技术的发展和应用不断升级人们的劳动工具，富有知识和科技元素的劳动岗位不断取代简单的劳动岗位。事实上，它对劳动者的素质提出了更高的要求。高新技术的发展，将进一步拓宽人们的劳动对象范围，为人们提供新的劳动资源，提高人们的劳动效率。对于新时代的劳动者来说，只有掌握最前沿的劳动知识和技能，才能适应社会生产力的发展和产业转型升级的需要，否则必然会被社会淘汰。对于国家来说，科学技术对生产力发展的强大推动作用使得科学技术的竞争日益成为综合国力竞争的焦点。我们有必要培养更多的高素质劳动者，推动"人口福利"向"人才红利"的转变，以增强中国的国际竞争力，促进中国经济的高质量发展。

新时代，体力劳动和脑力劳动深度融合。数字劳动、创造性劳动和服务业劳动已成为引领时代发展的新型劳动形式。科技进步继续推动传统产业转型升级，在转型升级过程中，传统产业必然形成就业溢出和就业转移等效应。一大批新兴产业和新型劳动力的诞生，导致了劳动形式的变化。

近年来，外卖、快递、网约车司机和家政服务等新兴服务业，自媒体、代购和网络主播等新兴产业，以及电子商务、数字媒体和新能源等高科技产业，为人们提供了大量的就业机会。人们的就业机会并没有受到劳动力发展的限制。事实上，就业机会和劳动力需求只是从传统产业转移到了新产业。这一现象反映的是劳动形式的变化。过去繁重、危险和重复的劳动已经逐渐被淘汰，取而代之的是一种需要更多创造力、人际互动、自主性和安全性的劳动形式。表面上看，这些变化是科技进步带来的，但其根本动力来自人们自身发展的需要。在马克思看来，"社会一旦有技术上的需要，这种需要就会比十所大学更能把科学向前推进"[1]，正是人们提高劳动自主权的愿望和促进自身全面发展的需要，不断推动着科学技术的进步和劳动的发展。新时代的劳动者应该理性地看待新劳动形式的出现，认识到劳动的每一次进步都意味着人类朝着实现全面发展又迈出了一步。因此，劳动者应自觉提高自身的劳动素质以适应新的劳动形式，努力通过创造性劳动促进劳动形式的进一步更新，从而充分发挥人在劳动中的主体性和能动性。

进入新时代，我国劳动模式的发展趋势总体上处于从生计劳动向体面劳动过渡的过程中。按照马克思的观点，自由劳动是社会主义劳动发展的最高追求。在自由劳动的条件下，人的创造性才能得以充分发挥，人的本质力量得以全部发展，劳动真正成为人的第一需要。实现自由劳动需要建立在社会生产力高度发展的基础上。我国仍处于社会主义发展的初级阶段，社会生产力的发展还不够平衡，自由劳动仍然是人们的理想目标。对此，我们应该理性看待中国劳动力发展的阶段和未来发展趋势。在新时代，经过40多年的改革开放，中国总体上实现了小康生活。社会生产力的发展促使一部分劳动者不再仅仅为了生计而工作。在此基础上，他们开始在劳动中进一步追求快乐和幸福感，在劳动中实现自我发展。但不容忽视的是，相当一部分劳动者仍在从事高强度或高风险的劳动生产活动，其生命、健康和安全没有得到很好的保障，对此，习近平总书记提出要"努力让劳动

---

[1] 中共中央马克思恩格斯列宁斯大林著作编译局编译. 马克思恩格斯选集（第四卷）[M]. 北京：人民出版社，2012：648.

者实现体面劳动、全面发展"[1]。体面劳动完全超越了纯粹谋生的范畴，它将工作与自我实现、人生价值、主体选择性、幸福生活紧密联系在一起，更加注重人在工作中的自主性、主体性和创造性的实现。

在新时代，追求体面劳动不仅要求社会改善劳动条件和环境，而且要求劳动者自身提高劳动素养。劳动者只有树立正确的劳动观念和价值取向，自觉尊重劳动，提倡创造，才能在劳动中感受到幸福和快乐，在劳动中实现自我价值。

（二）新时代是依靠劳动实现美好生活的时代

美好的生活是人类一直追求的理想和人生目标。从柏拉图的"理想国"到马克思的"自由人的联合体"，都反映了人类对美好生活的追求。但是，怎样才能实现美好的生活呢？唯一的答案是依靠劳动。但这取决于什么样的劳动力？这是一个必须回答好的基本问题。习近平总书记指出的"辛勤劳动、诚实劳动、创造性劳动"[2]构成了我们通过劳动实现更好生活的力量支点。辛勤劳动是基本前提，诚实劳动是根本准则，创造性劳动是重要动力。

1. 通过辛勤劳动创造美好生活的时代

在依靠劳动实现美好生活的时代，辛勤劳动是基本前提。正如马克思所说："任何一个民族，如果停止劳动，……也要灭亡。"[3]新时代艰苦奋斗、创造美好生活的本质，就是强调劳动的重要价值，强调劳动的崇高、伟大、美丽和光荣。在中国共产党成立100周年的重要历史节点，习近平总书记自豪地宣布："我国脱贫攻坚取得了全面胜利！"这意味着中国已经完成并创造了一项令人瞩目的中国纪录，中国为全球减贫事业做出了重大贡献，辛勤劳动和创造更美好的生活在这个时代得到了完美的诠释。习近平总书记指出："人世间的一切幸福都需要靠辛勤的劳动来创造。"[4]对每个人来说，美好的生活不是等待来的，不是依靠来的，也不是别人赐予的。这是一件

---

[1] 习近平. 在庆祝"五一"国际劳动节暨表彰全国劳动模范和先进工作者大会上的讲话[N]. 人民日报，2015-04-29.
[2] 习近平. 习近平谈治国理政[M]. 北京：外文出版社，2014：44.
[3] 中共中央马克思恩格斯列宁斯大林著作编译局编译. 马克思恩格斯全集（第32卷）[M]. 北京：人民出版社，1974：541.
[4] 习近平. 习近平谈治国理政[M]. 北京：外文出版社，2014：4.

需要奋斗的事情，只有通过努力才能实现。然而，近年来部分大学生仍然存在着如好逸恶劳、梦想一夜暴富等不良思想，一些青少年的劳动价值观存在问题。美好的生活不是空洞的口号，也不是虚幻的。它的实现有赖于社会每个成员的努力。辛勤劳动不仅是时代的要求，也是个人幸福的前提。在新时代，大学生劳动价值观的培养不仅要使他们树立正确的劳动价值观，而且要使他们以勤劳的态度致力于建设美好生活。

2. 通过诚实劳动创造美好生活的时代

依靠劳动实现美好生活的新时代，诚实劳动是其根本准则。正如孔子所言"人而无信，不知其可也"（《论语·为政》），孟子所言"诚者，天之道也；思诚者，人之道也"（《孟子·离娄章句上·第十二节》），英国戏剧作家莎士比亚也认为失去了诚信，就等同于敌人毁灭了自己。由此可见，诚信是人生的根本原则，是劳动价值观培育的重要核心。当前，随着经济和社会竞争的日益激烈，社会诚信缺失的现象屡见不鲜，影响了校园环境建设和大学生的学习生活。例如，部分大学生考试作弊、抄袭论文等学术不端现象反映了他们缺乏劳动意识和诚实劳动素质。习近平总书记强调："全面建成小康社会，进而建成富强民主文明和谐的社会主义现代化国家，实现中华民族伟大复兴，必须依靠知识，必须依靠劳动，必须依靠广大青年"[1]，更具体地讲，中国梦的实现要依靠诚实劳动、依靠有诚信品质的青年脚踏实地。

3. 通过创造性劳动创造美好生活的时代

依靠劳动实现美好生活的新时代，创造性劳动是其重要动力。"创新是引领发展的第一动力。"[2]从造纸术、指南针、火药和活字印刷术的中国古代"四大发明"，到新时代高铁、扫码支付、共享车和网络购物的"新四大发明"；从"嫦娥奔月"的神话故事到新时代中国航天的现实情况，无不与中国人民的创造性劳动息息相关。为了创造美好的生活，我们需要创造性劳动来提供动力。大学生是祖国的栋梁，他们是国家的未来和民族

---

[1] 习近平. 在知识分子、劳动模范、青年代表座谈会上的讲话[M]. 北京：人民出版社，2016：2.

[2] 习近平. 决胜全面建成小康社会 夺取新时代中国特色社会主义伟大胜利——在中国共产党第十九次全国代表大会上的报告[M]. 北京：人民出版社，2017：31.

的希望，他们的创造性工作不仅关系到中国特色社会主义事业的成败，也关系到建设现代化强国梦想的实现。《关于全面加强新时代大中小学生劳动教育的意见》强调要培养学生的创新劳动精神，提高他们的创新能力，因此劳动教育不能按照人们普遍理解的灌输和管理来理解。它的本义和深层意义在于发现、发掘和增强学生的创新潜力，激发学生的创新思维，培养学生的创新精神，培养具有创新能力的人才。这意味着劳动教育鼓励学生付诸实践，学会独立思考，磨炼创新精神，提高实践能力。

大学是学生致力于建设美好生活的最后一站。大学生是未来美好生活的建设者。依靠劳动实现美好生活的新时代，对大学生提出了勤劳、诚信、创新的要求。为了满足这些要求，高校需要加强对大学生劳动价值观的培养。新时代大学生劳动价值观的培养，就是要让大学生认识到，更好的生活取决于劳动创造，大学生有勤劳、诚实、创新的素质和行为选择，每个大学生都应该毫不动摇地参与到美好生活的建设中来。

（三）新时代是弘扬劳动精神以实现现代化强国的时代

一个人如果没有精神就站不起来，同样，一个民族如果没有精神就强大不起来。新时代是一个弘扬劳动精神，实现现代化强国的时代。这个时代是弘扬劳动精神、传承工匠精神、培育创新精神的时代。

1. 新时代是弘扬劳动精神的时代

新时代要大力弘扬劳动精神，引导大学生树立正确的劳动价值观。劳动之所以"创造了人本身"，是因为人在劳动中超越了动物的本能而获得了精神存在。劳动具有条件性和历史性，当劳动从生存手段转变为生活目的时，劳动精神就会在逻辑上生成。

《关于全面加强新时代大中小学生劳动教育的意见》提出要在大学生中培育勤俭、奋斗、创新和奉献的劳动精神。勤俭节约是中华民族特有的劳动精神。过去困难时期弘扬勤俭节约精神，在生活水平提高的今天更要弘扬勤俭节约精神。奋斗是建设新时代必不可少的精神品质，正如习近平总书记所说的："幸福都是奋斗出来的，……"[1] 奋斗是人生最美丽的底色。个人理想取决于大学生自身的奋斗，国家梦想也取决于每一位奋斗者。而

---

[1] 习近平. 在北京大学师生座谈会上的讲话[M]. 北京：人民出版社，2018：12.

创新是新时代劳动精神的灵魂。今天，我们的生活被互联网和科技发展所包围。我们应该时刻提醒自己，技术的核心应该掌握在自己手中，因为竞争的本质是创新的竞争。我们应该高度重视创新精神的培养。

因此，新时代高职院校加强劳动教育，培育大学生的劳动价值观，既要要求学生脚踏实地，学好知识，同时也要把他们培养成具有奋发向上的劳动精神的人才，使他们能够与祖国和人民同呼吸、共奋斗。

2. 新时代是传承工匠精神的时代

新时代是努力传承工匠精神的时代。自古以来，中华民族就崇尚工匠，重视匠心。在中国文化中，有"巧夺天工""能工巧匠""鬼斧神工""匠心独运"等成语来赞美工匠的精湛技艺。从被称为"中国建筑鼻祖"的木匠鲁班，到被称为"衣被天下"的棉纺织家黄道婆，都代表着古代工匠的智慧。在他们身上，集中体现了追求精湛技术和高尚道德的工匠精神。随着人工智能的发展，工艺的继承和发展既面临着重要的机遇，也面临着巨大的挑战。在弘扬劳动精神、建设现代化强国的时代，尤其需要继承这种工匠精神。新时代传承工匠精神，就是要继承和发展古代工匠坚守劳动技艺、追求创新、倡导团结协作、勇于担当的精神。

新时代高职院校加强劳动教育，培育大学生的劳动价值观，践行新时代工匠精神，就要坚持以马克思主义劳动观为指导，以"大国工匠"的执着信念和精益求精的追求，勇做、争做优秀技艺的传承人、技术创新的弄潮儿和中国制造的伟大创造者。

3. 新时代是培育创新精神的时代

创新发展不仅是我国的发展战略目标，也是大学生发展的预期目标。大学生劳动价值观的培养必须与国家创新驱动发展战略相联系。《关于全面加强新时代大中小学生劳动教育的意见》强调要培养学生的创新劳动精神，提高创造性能力。培养创新精神的时代，意味着劳动教育要鼓励学生投入实践中去，在实践过程中要学会独立思考、磨炼创新精神、提高实践动手能力。

党的二十大为中国未来的发展描绘了宏伟蓝图。这幅美丽的蓝图需要劳动精神、工匠精神、创新精神的支撑。这三种精神是以崇尚劳动、尊重劳动者为基础的。高校作为培养人才的摇篮，在大学生树立正确的劳动意识、塑造良好的劳动精神方面发挥着极其重要的作用。

新时代高职院校应加强大学生劳动价值观的培养，教育引导青年大学生弘扬劳动精神，传承工匠精神，培养创新精神。在每一个新时代，只有将创造力和创新的劳动基因注入劳动者，劳动才能创造更大的价值，劳动者才能履行时代赋予的使命和责任。

（四）新时代是劳动教育成为思想政治教育有机组成部分的时代

这意味着要深入挖掘劳动教育潜藏着的综合育人功能和丰富的思想政治教育元素，推动思想政治教育的创新发展。

1. 劳动教育的育人功能

新时代的劳动教育具有育德、增智、强身、育美的综合教育功能。劳动育德，是指劳动在培养家庭美德、社会公德和个人职业道德方面发挥着重要作用。劳动增加智力，这意味着劳动有助于知识和能力的增长、劳动技能的提升和创造力的增强。通过劳动强身，意味着劳动可以在微观层面上起到强身的作用；从宏观层面上讲，要强民，首先要强身健体；只有全民强大，国家才能强大。通过劳动培养美，是指参与劳动，帮助大学生发现、体验和创造劳动美。加强新时代高职院校劳动教育，就是要充分发挥劳动教育的综合教育作用，促进高职院校学生的全面发展。

2. 劳动教育的思想政治教育元素

思想政治教育目标与劳动教育目标高度相关，决定了新时代全面加强劳动教育和思想政治教育创新发展的可能性。劳动教育包含着丰富的思想政治教育内容。加强高职院校劳动教育，有利于拓宽思想政治教育的有效途径。教育从来不是敲敲黑板、划划重点的教育，而是强调知行合一，是强调实践、强调创新、强调时代使命的教育。劳动教育是联系知识与实践的重要纽带。大学生不仅要掌握知识、掌握优秀技能，还需要用实践来检验真理，用行动感知民情国情，要具有劳动情怀和家国情怀。因此，全面加强劳动教育是新时代高校思想政治教育创新发展的必然要求。

3. 思想政治教育的创新发展

劳动教育成为思想政治教育有机组成部分的时代，是要求思想政治教育创新发展的时代。习近平总书记强调"做好高校思想政治工作，要因事而化、因时而进、因势而新"[①]。思想政治教育的创新发展，具体来说，就是要求提升思想政治教育的吸引力和针对性，而开展新时代大学生劳动教育，培育大学生的劳动价值观，是对高校思想政治教育创新发展的顺势而为。

首先，加强劳动教育有利于增强思想政治教育的吸引力。要增强思想政治教育的吸引力，首先必须以学生为本，以学生的需求为出发点，增强思想政治教育的吸引力。任何脱离人们需要的价值观教育都是空洞而无力的教育。因此，思想政治教育只有贴近学生实际，满足学生自身需要，才能有效增强教育的吸引力。大学生未来想要实现什么样的生活，关键在于他们是否拥有正确的劳动价值观。没有劳动价值观的支撑，没有正确的劳动价值观的支撑，他们的内心可能难以抵御"利"的诱惑。

其次，加强劳动教育有利于增强思想政治教育的针对性。第一，我们应该做到教育对象的针对性。在进行思想政治教育的过程中，首先要了解自己的教育对象，认识教育对象的特殊性。这种特殊性既强调时代的特殊性，又强调对象的特殊性。也就是说，在对大学生进行思想政治教育时，我们不能脱离特定的时代背景，也不能忽视现阶段大学生身心发展的特点。第二，我们要做到教育内容具有针对性。大学生思想政治教育的内容十分广泛，包括理想信念教育、爱国主义教育、集体主义教育等。思想政治教育的内容应该随着时代的发展而变化。人工智能、大数据、云计算、物联网等大量新技术早已融入人们的生产和生活，这也为新时代大学生劳动教育的开展提供了新的载体，并提出了更高的要求。那么，在这样的时代背景下，大学生应该如何积极适应未来的发展需要呢？这就要求新时代的劳动教育不再局限于教授学生简单的劳动技能，也不应一味地要求学生从事体力劳动。应该注重劳动价值观的培养，特别是劳动精神和创新思维的培养。因此，大学生劳动价值观的培养是提高思想政治教育针对性不可忽视的问题。

[①] 习近平. 习近平谈治国理政（第二卷）[M]. 北京：外文出版社，2017：378.

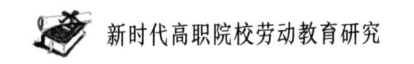

第四章　新时代高职院校劳动教育现状分析

在新时代背景下，部分高职院校结合学校实际情况、专业特色和学生特点，开设劳动教育课程，建设劳动教育实践基地，开展劳动教育实践活动和劳动技能竞赛，积极探索劳动教育模式，如河北交通职业技术学院"一三四六二"劳动教育模式、黄冈职业技术学院"劳动教育周"体系、荆州职业技术学院的"理论＋实践"劳动教育模式和福建船政交通职业学院的"1345"特色劳动教育体系等。这些劳动教育模式结合了高职院校实习实训的特点、专业课程实习实训基地的优势以及产教结合、校企合作的特点，取得了一定的成效。但是，部分高职院校的劳动教育还存在一些问题，如对劳动教育认识不足、过分重视劳动技术合理性、劳动教育形式泛化、缺乏符合高职教育特点的劳动教育标准和考核评价体系等，这导致高职劳动教育的育人价值得不到充分发挥，缺乏职业教育特色。

一、高职院校大学生劳动教育调查概况

（一）调查工具

本章主要采用了调查问卷的方式，借鉴了河北师范大学硕士研究生吴亚美关于石家庄市初中劳动与技术教育实施情况的调查问卷，编制了"石家庄市高职院校劳动教育实施现状调查问卷"，分别设置教师问卷和学生问卷。问卷分别从劳动教育认识、劳动教育实施、劳动教育师资、劳动教育评价和劳动教育保障五部分对当前高职院校劳动教育的实施情况进行调查。随机对石家庄市五所高职院校（以下简称"A职院""B职院""C职院""D职院""E职院"）的学生、教师进行了调查，并对数据进行了细致分析，从而为本书的研究提供数据支撑；同时还采用文本分析法，对这五所高职

院校劳动教育的成果及相关活动的文字资料进行了归纳整理。

（二）调查对象

1. 学生问卷

主要面向石家庄市五所高职院校的部分学生，因为受疫情的影响，石家庄市高职院校的大一新生开学时间较晚，加上军训的安排，上课时间自然也就往后顺延了。所以调查对象主要集中于大二和大三的学生，具体情况见表4-1所示。学生问卷共发放了1 000份，回收了930份，其中有效问卷共921份，有效回收率达到了99.03％。

表 4-1 被调查学生的具体情况

年级	性别	人数
大一	男	3
	女	5
大二	男	142
	女	444
大三	男	83
	女	244

笔者对921份学生有效问卷进行分析，采用的两个工具主要是SPSS24.0软件和Excel表格工具，，得出克朗巴哈系数为0.799，这说明该问卷的信度质量良好，具有一定的可信度。

2. 教师问卷

调查对象主要为石家庄五所高职院校的教师，通过纸质问卷和电子问卷两种形式进行发放，共发放教师问卷200份，回收160份，有效问卷148份，有效回收率是92.5％，具体情况见表4-2所示。

表 4-2 被调查教师的具体情况

性别与学校类别	人数
男	33
女	115
公办	116
民办	32
示范性高职	115
非示范性高职	33

笔者采用 SPSS24.0 与 WPS 表格工具对 148 份教师有效问卷的数据进行了分析，显示克朗巴哈系数为 0.786，说明该问卷具有较高的可信度。

（三）调查结果

本次调查主要从客观情况与主观建议两个层面着手，围绕石家庄市五所高职院校劳动教育的实际情况展开调查。根据调查的结果，从劳动教育实施认识情况、劳动教育的实施情况、劳动教育的师资情况以及劳动教育在实施过程中遭遇到的困难等四个方面展开统计和分析。

1. 对劳动教育实施的认识情况

认识是人脑对于客观事物的属性反映的心理活动。笔者从教师、学生和学校三个主体来分析对劳动教育实施的认识情况，有利于精准地把握实情。

（1）教师对劳动教育实施的认识

笔者在教师问卷中设置了 4 个题目（第 1~4 题）来了解教师对劳动教育开展的态度，并考察教师对劳动教育的认识，见表 4-3 所示。

表4-3　教师对劳动教育的认识

观点	不赞同	不太赞同	一般	比较赞同	非常赞同
您认为学校的劳动教育有必要开展吗	3.38%	4.05%	4.05%	45.27%	43.24%
您认为高中生参与劳动的态度非常积极	6.76%	20.27%	50%	18.24%	4.73%
您认为高中生的劳动能力非常好	4.73%	16.22%	56.76%	19.59%	2.7%
您对在课堂教学中对学生进行劳动观念和态度培养的行为	0%	4.05%	30.41%	45.27%	20.27%

我们可以从教师的问卷统计结果看出，有 11.56% 的教师认为没有开展劳动教育的必要性，88.44% 的教师是赞同开展劳动教育的。而高职学生中具有非常积极的劳动态度的比例达 23.13%，劳动能力非常好的比例达 22.45%，这说明还有七成多学生的劳动态度和劳动能力仍然有待端正，因此大部分教师对高职院校开展劳动教育是持支持态度的，并经常会在自己的教学中渗透劳动教育，培育学生的劳动价值观。

（2）学生对劳动教育实施的认识

笔者在学生问卷中设置了7个题目（第1~7题）来考查学生对高职院校劳动教育的态度，从学生对劳动教育的认识和态度这两个方面进行调查。根据学生问卷的统计结果来看，大部分学生对高职院校劳动教育表示出积极的态度，见图4-1所示。

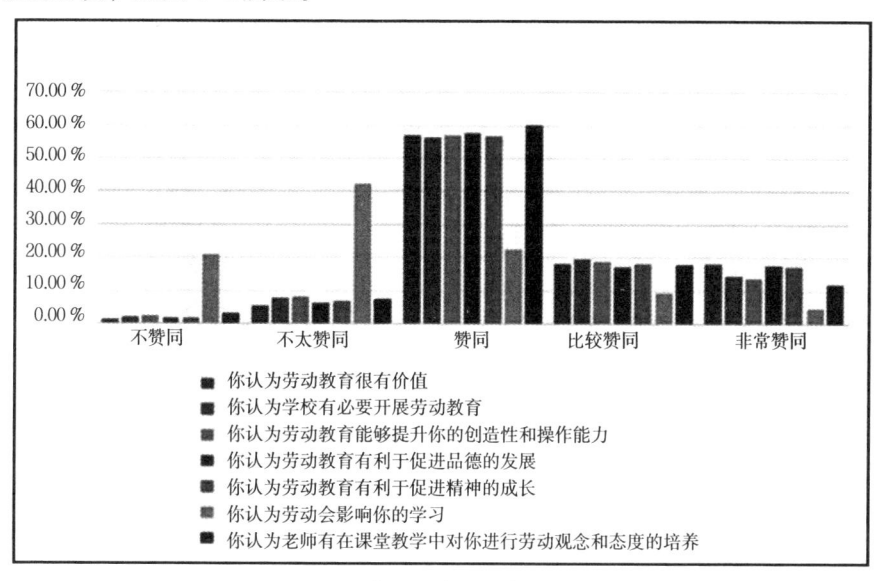

图4-1 学生对劳动教育的认识

教师对劳动教育的认识将直接影响学生的行为规范和劳动教育观。从图4-1可以看出，大多数高职学生都有正确的劳动教育观，都意识到了开展劳动教育的重要性和必要性。93.48％的学生认同劳动教育的价值，表明绝大多数学生都意识到劳动教育的重要性。然而，仍有6.51％的学生否认劳动教育的价值，说明劳动教育尚未深入人心，对学生的劳动思想教育不够，需要加强。90.11％的学生认为有必要开展劳动教育。从这些数据可以看出，大多数学生的劳动意识仍然存在。9.88％的学生选择了没有必要进行劳动教育的选项，这意味着仍有少数学生不了解劳动教育的意义和价值。10.21％的学生不认同劳动教育可以提高创造力和操作能力的观点。7.6％的学生不认同劳动教育可以促进道德发展。8.03％的学生不认同劳动教育可以促进精神成长，36.81％的学生认为劳动会影响他们的学习。虽然这些比例很小，但可以看出，当代高职学生的劳动价值观还不够成熟。即使89.69％

的教师会在课堂上进行劳动教育，仍有少数学生不为所动。

（3）学校对劳动教育实施的重视情况

笔者在教师问卷中设置了三个题目来考察高职院校对劳动教育的重视程度，分别从学校劳动教育的硬件设施和文化建设两个方面展开调查，见图4-2所示。

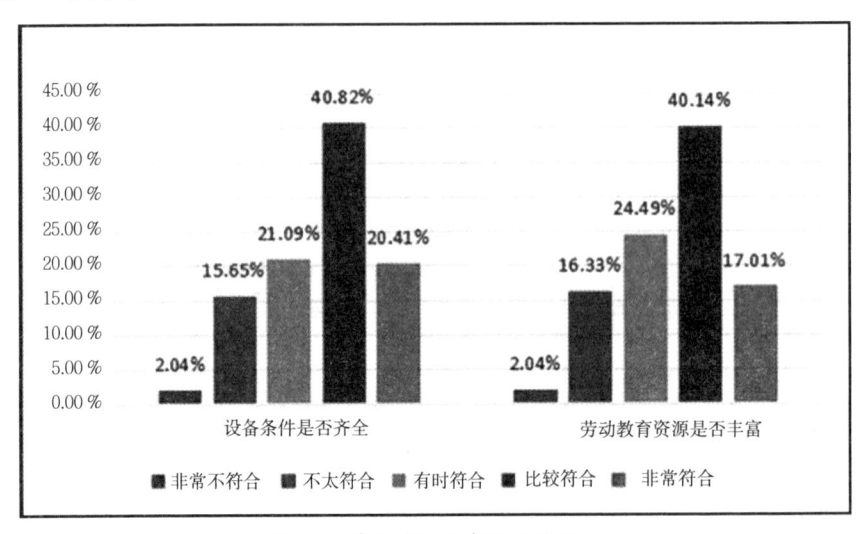

图4-2 学校劳动教育的硬件设施

从图4-2可以看出，61.23％的教师认为自己学校的教学设备和教学条件齐全；17.69％的教师认为他们的学校设备不全，21.09％的教师认为他们学校的教学设备和条件有时齐全。在劳动教育资源丰富的问题上，57.15％的教师认为学校资源丰富，18.37％的教师持相反意见，24.49％的教师持中立态度。总体而言，高职院校更加重视劳动教育。他们配备了劳动教育的教学设备和条件，挖掘了学校的劳动教育资源，但硬件设施仍需改进和完善。

从图4-3可以看出，89.86％的高职院校都有进行劳动教育的校园文化建设活动，但是仍然有10.14％的高职院校没有这方面的文化建设。关于劳动教育的校园文化建设，其形式多样，既有成果展示、宣传事迹、劳动榜样进校园活动等形式的，还有通过举办劳动周、"6S"课程等形式。

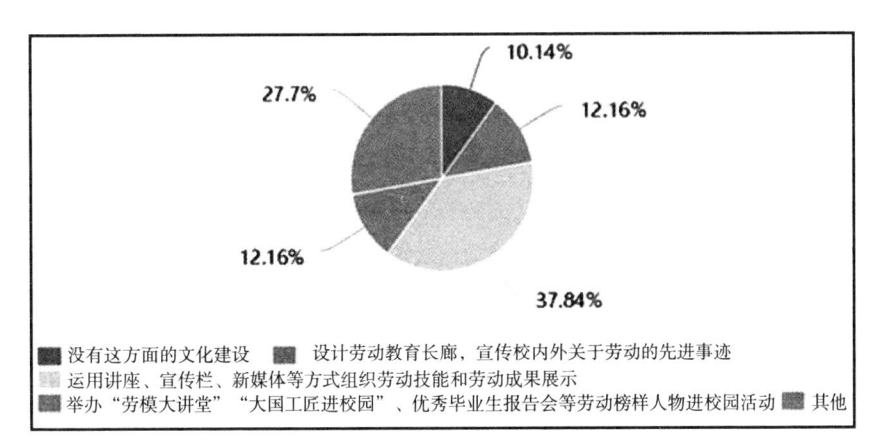

第四章 新时代高职院校劳动教育现状分析

图 4-3 学校劳动教育校园文化建设的途径

综上所述，高职院校对劳动教育的重视程度还是比较高的，在硬件设施和文化建设上都得到一定程度的保障。

2. 劳动教育的实施情况

对于劳动教育的实施，笔者主要从劳动课开设、劳动教育实施形式、实施途径、实施效果、实施保障和实施评价等六个方面进行调查。

（1）劳动课的开设情况

在学生问卷中第12~13题主要从教材配备和课程开设两个方面来考察高职院校劳动教育的实施情况。

我们从图4-4可以看出，59.72%的高职院校配备了劳动教育教材，61.02%的高职院校开设了劳动教育相关课程。尽管如此，仍有高职院校没有劳动教育教材和劳动教育课程。在被调查的五所高职院校中，A、B、C三所高职院校都开设了劳动教育课程，而D、E两所高职院校没有劳动教育课程，这就是为什么近40%的高职院校没有劳动教育教材和劳动课程的原因。"入学、安全、劳动教育"是A职院的劳动课程，B职院的劳动课程名称为"劳动技能"，C职院的劳动课程名称为"劳动实践与6S"，均为学校公共基础必修课。

比如，A职院的劳动教育教学进程的安排是：入学、安全、劳动教育，主要是在新生入学、军训后接受的第一堂课，劳动实践课主要在第一学年和第二学年的暑假，为学生安排了为期一周时间的劳动实践课。

97

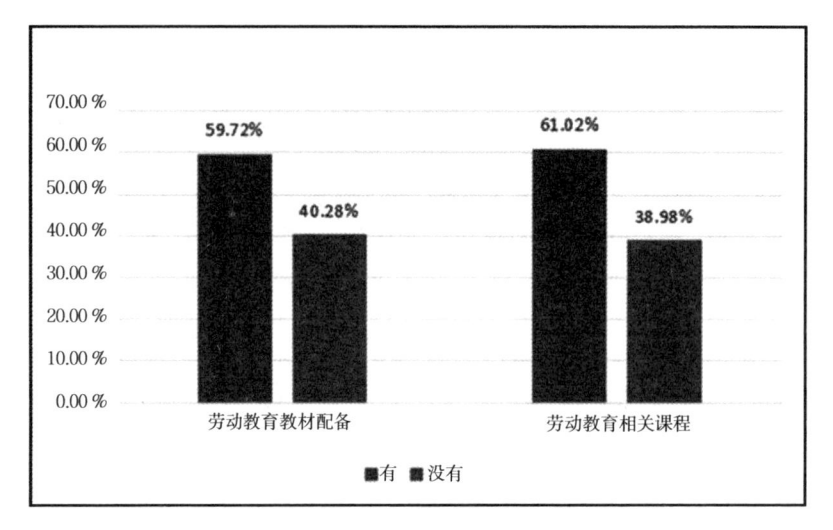

图 4-4 劳动教育教材配备与课程开设情况

（2）劳动教育实施形式

教师问卷中的第 8 题主要从学校劳动教育实施的主要形式展开调查，如表 4-4 所示。

表 4-4　劳动教育实施的主要形式

主体	选项				
	课堂内讲授	课堂内活动	课外或校外活动	课内课外活动相结合	其他
教师	29.73%	29.05%	39.86%	60.81%	12.16%
学生	58.63%	45.39%	52.77%	50.27%	28.66%

劳动教育的实施形式按活动空间主要分为课内和课外；按照活动主体，主要分为教师教学活动和学生活动，以及教师教学活动和学生活动的结合。根据这些分类，实施形式主要分为四类：一是课堂教学，不限于劳动教育课程，只要是进行劳动教育的课程都是包含在内的；二是课堂活动，即劳动实践课；三是课外或校外活动，主要涉及学校课程范围以外的实践活动，范围和规模较大；四是课堂活动与课外活动相结合，相辅相成，形成一个整体。

为了检验答案的一致性，在讨论劳动教育的实施形式时，教师和学生两份问卷都专门设置了相同的问题。然而，结果却大相径庭。在教师问卷中，

60.81%的教师选择了课内外活动相结合，39.86%的教师选择了课外或校外活动，课堂教学比例为29.73%，课堂活动比例为29.05%；另有12.16%的教师选择了其他。学生问卷和教师问卷的答案有所不同。58.63%的学生选择课堂教学，52.77%选择课外或校外活动，50.27%选择课外与校外活动相结合，45.39%选择课堂活动，28.66%选择其他活动。可以看出，教师和学生对学校劳动教育实施形式的认识是存在偏差的。

综上所述，在劳动教育的实施形式上，教师更关心活动的顺利开展，因此会在教学过程中不自觉地花费大量时间；学生认为老师把所有的时间都花在了教学上。由此就出现了偏差。

（3）劳动教育实施途径

我们从图4-5可以看出，只有36.48%的学校通过劳动教育课程进行劳动教育。在没有劳动课程的学校，主要通过其他方式实施劳动教育，占比从大到小依次是社会实践和志愿服务活动；勤工助学；思想政治教育；职业生涯教育和就业指导；实习实训；创新创业教育；专业教育；其他。另外，虽然没有专门的劳动教育课程，但可以充分利用渗透性课程，将劳动教育渗透到其他学科的课程中。由此可见，高职院校劳动教育的实施途径具有多元化的特征。

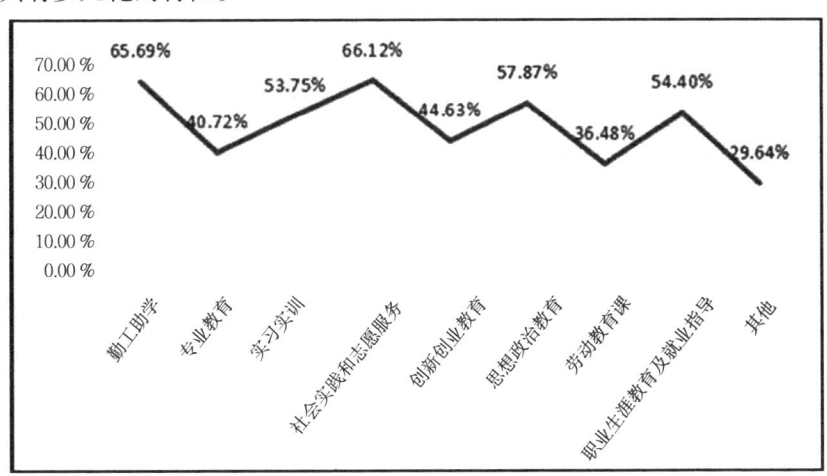

图4-5 学校开展劳动教育的途径（学生问卷）

（4）劳动教育的实施效果

高职院校劳动教育的实施是否取得效果，通过对比学生在接受劳动教育前后的变化就可以看出，见图4-6所示。

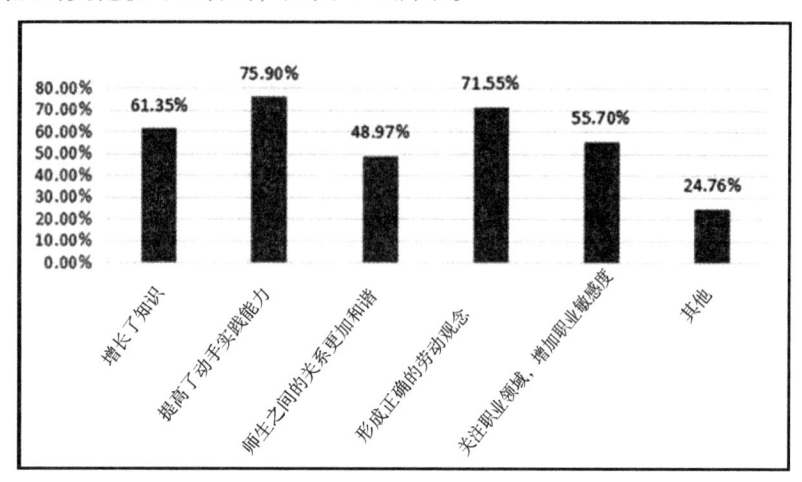

图 4-6 学生在接受劳动教育之后的变化

从图4-6可以看出，学生在接受劳动教育后发生了明显的变化，在知识和实践能力方面都取得了很大的进步。通过劳动，学生也学会了站在不同的立场思考，了解教师的辛苦，所以他们会更加配合教师，师生之间的配合度得到了提升，师生合作的改善也将使师生关系更加和谐。学生对于职业有了进一步的了解，并形成初步的职业意向，对于技术基础知识和基本技能也有了进一步的了解。

作为观察者，教师自然可以看到学生接受劳动教育后的变化。根据图4-7中的数据可以发现，学生已经形成正确的"三观"，劳动观念也得到了很大的纠正。同时，学生的动手操作能力也得到了一定程度的提高，而且学生会主动实践，关心自己的职业发展，这表明劳动教育取得了一定的成效。

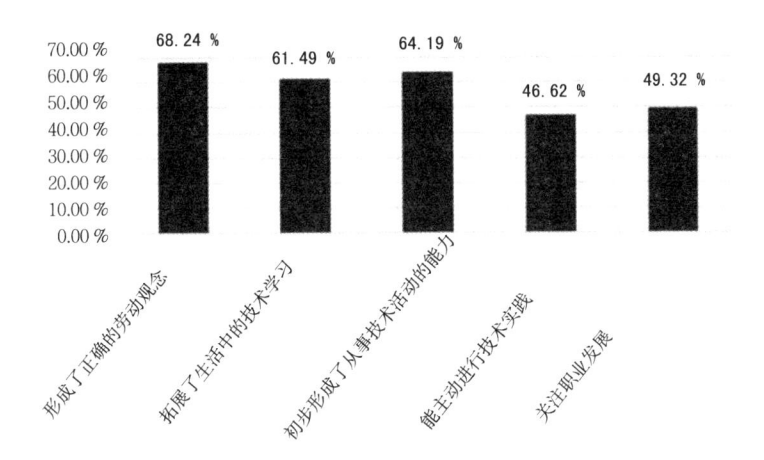

第四章 新时代高职院校劳动教育现状分析

[图表：柱状图，显示百分比分别为 68.24%、61.49%、64.19%、46.62%、49.32%，对应项目为"形成了正确的劳动观念""拓展了生活中的技术学习""初步形成了从事技术活动的能力""能主动进行技术实践""关注职业发展"]

图4-7 教师对学生接受劳动教育后发生变化的评价

（5）劳动教育实施保障

完善的保障机制是学校劳动教育得以顺利实施的重要前提。据调查，高职院校劳动教育存在体系不完善，缺乏场地、经费等一系列缺少基本保障的现象。（见图4-8、4-9）

第一，劳动教育缺乏场地保障。劳动教育具有实践性，而现场是实施劳动教育的最基本的保障。据调查，67.1%的学生认为学校的劳动教育主要是在课堂上进行的，20.09%的学生认为企业实习车间和社区是他们劳动教育的场所，甚至有28.77%的学生选择其他场所。

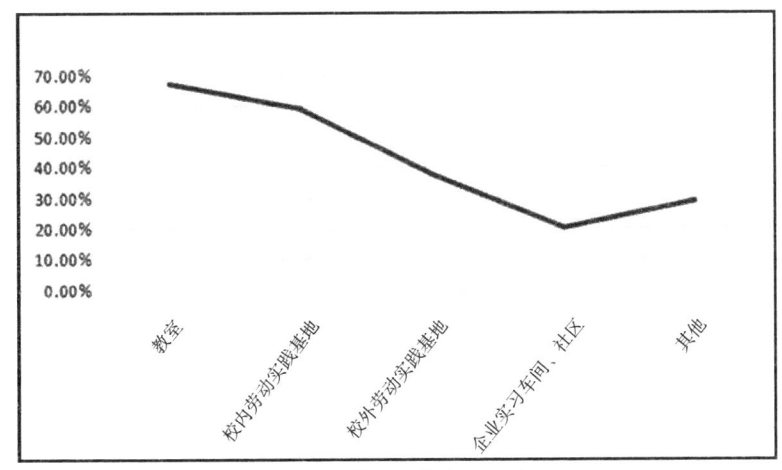

[图表：折线图，横轴为"教室""校内劳动实践基地""校外劳动实践基地""企业实习车间、社区""其他"]

图4-8 劳动教育实施场地

101

第二，劳动教育缺乏课时保障。从图4-9可以看出，劳动教育班的学时没有保障。18.35%的学校每学期开设5次以上的劳动教育课，18.89%的学校每学期开设3~4次劳动教育课，50%以上的学校每学期只开设1~2次劳动教育课，甚至近10%的学校根本没有劳动教育课。从这些数据可以看出，劳动教育的学时无法得到保证。学校劳动教育要想取得成效，仅靠这种"断断续续"的课程是远远不够的。

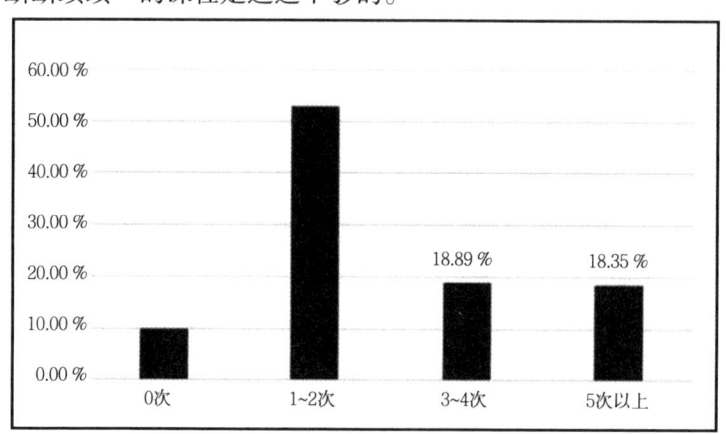

图4-9 劳动教育课每学期频次

（6）劳动教育实施评价

笔者设置的第15~18题主要调查学校劳动教育的评价主体、评价依据和评价方式以及调查学生接受劳动教育前后的变化情况，结果如图4-10所示。

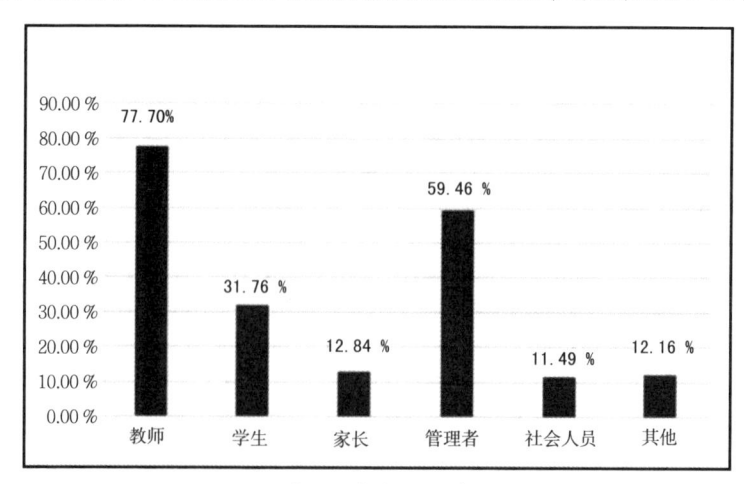

图4-10 劳动教育中评价学生的主体

由图 4-10 可知，在教师问卷中的评价主体方面，教师比例达到 77.7％，管理者比例达到 59.46％，学生比例达到 31.76％。劳动教育的评价主体首先是教师和管理者，其次是学生的自我评价和相互评价，最后是家长和社会人员，这与我国的学校结构和教育体制密切相关。

从图 4-11 可以看出，劳动教育的评价主要基于学生参与活动的态度、在课堂和活动中的表现以及结果的质量。学科知识的学习可以反映学生是否通过考试掌握了知识点。然而，劳动教育更为抽象，只能通过观察学生在活动中的表现以及操作或生产的结果来判断。

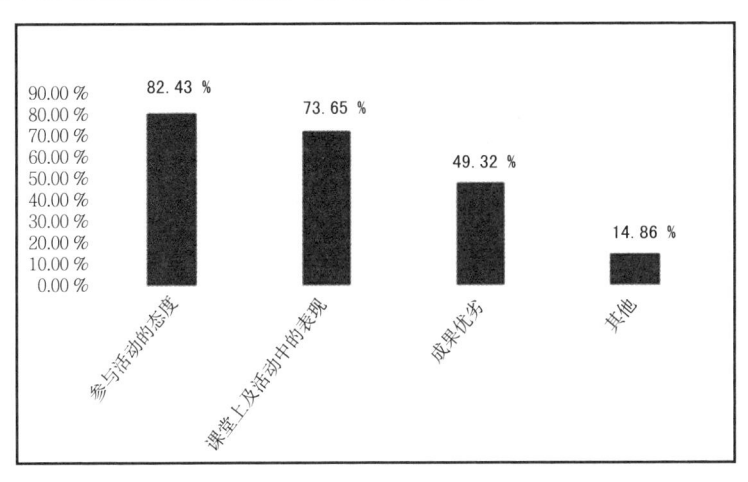

图 4-11 学校对学生评价的依据

从图 4-12 可以看出，劳动教育的评价方法主要包括学生作品展示或活动总结、学生或小组互评、笔试或书面作业、档案袋评价及其他方式方法。在学生调查问卷中，44.63％ 的学生选择展示自己的作品或总结自己的活动，15.74％ 的学生选择通过学生或小组相互评价，12.6％ 的学生选择笔试或书面作业，2.5％ 的学生选择档案袋评价，24.54％ 的学生选择其他评价方法。教师问卷和学生问卷的回答是一致的。73.65％ 的教师选择展示学生作品或总结活动，45.27％ 的教师选择笔试或书面作业，39.19％ 的教师选择学生或小组互评，27.7％ 的教师选择其他评价方法，18.92％ 的教师选择档案袋评价。可以看出，劳动教育评估不仅会评估学生本学期的整体表现，还会在评估过程中给出点评。过程与结果同等重要，这与劳动教育本身的特点密切相关。

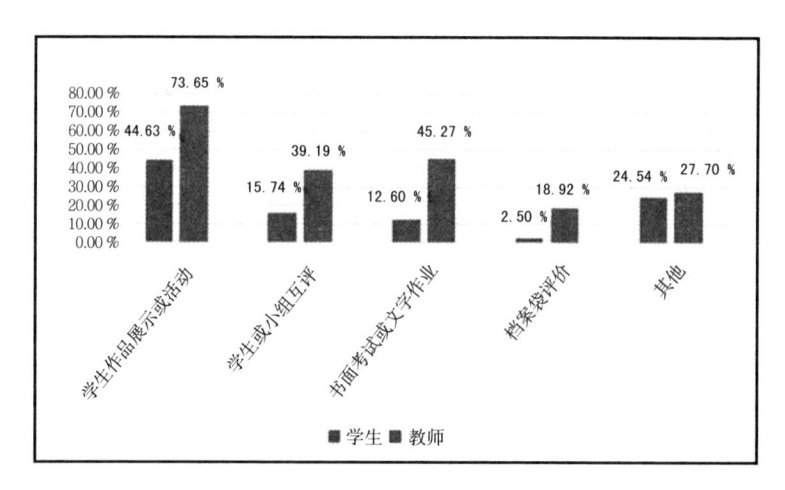

图 4-12 劳动教育活动的评价方式

3. 劳动教育的师资情况

（1）教师的专业素质

教师问卷中的第 14 题主要用于调查学校劳动教育的师资情况。

从表 4-5 可以看出，虽然一些学校配备了专职的劳动教育教师，但数量很少，很多学校仍然缺乏劳动教育的教师。在教师问卷中，由其他学科的教师负责实施劳动教育的占 66.22%，比例最高；其次是班主任，即辅导老师，占 57.43%。近 30% 的教师选择其他项目，只有 25.68% 的教师选择由专职教师在本校实施劳动教育，11.49% 的教师选择校外兼职教师。

表4-5 劳动教育的实施主体

专职劳动教育教师		其他科任教师		校外兼职教师		班主任		其他	
人数	比例	人数	比例	人数	比例	人数	比例	人数	比例
38	25.68%	98	66.22%	17	11.49%	85	57.43%	45	30.41%

在劳动教育中，教师的指导也很重要。从表 4-6 可以看出，教师主要在三个方面提供指导：传递正确的劳动教育价值观；强化实践体验，加强方法指导；改进劳动教育方式。不难发现，在劳动教育指导中，79.7% 的教师注重劳动价值观的传递，71.34% 的教师注重方法的指导；64.82% 的教师会适时改进劳动教育模式，27.69% 的教师会在其他方面给予指导。

表 4-6　教师在学校劳动教育活动中的指导

选项	人数	比例
传递正确的劳动教育价值观	734	79.7%
强化实践体验，加强方法指导	657	71.34%
与时俱进，改进劳动教育方式	597	64.82%
其他	255	27.69%
本题有效填写人次	921	—

（2）教师相关培训

在教师问卷中19~21三个题目主要用于调查学校对劳动教育教师的培训及其培训效果。

从图4-13可以看出，劳动教育的培训形式主要有四种形式。根据自己学校的特色进行的培训最为频繁，其次是在学校所在区域进行的培训。这两种形式的培训距离相对较近，教师花费的时间成本较少，其比例高于其他形式的培训。到校外参观学习的比例与在线培训相近。27.03%的学生选择外出调查学习，26.35%的学生选择参加远程在线培训，39.19%的学生选择参加其他培训。由此可见，劳动教育的培训形式还存在一些不足，教师和学生都不能把它和普通学科的培训一样对待，还是有待完善的。

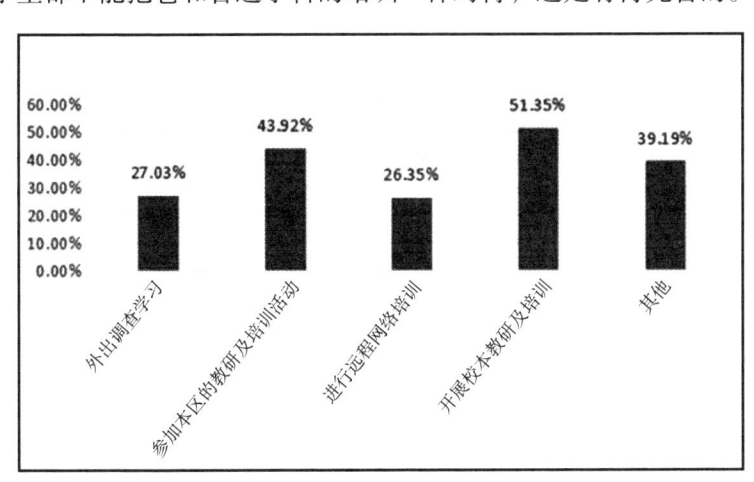

图 4-13　劳动教育教师的培训

从图4-14可以看出，48.65%的高职院校每学期开展1~2次劳动教育相关培训，16.89%的高职院校每学期开展3~4次劳动教育相关培训，18.24%的高职院校每学期开展5次以上劳动教育相关培训。然而，16.22%的高职院校根本没有开展过与劳动教育相关的培训。

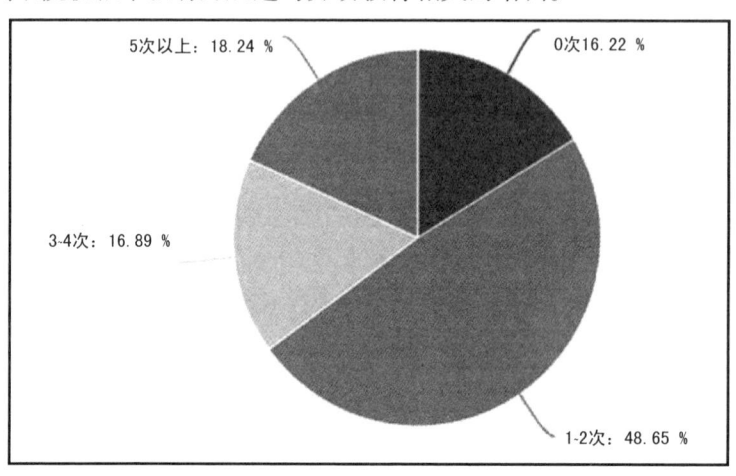

图4-14 每个学期劳动教育相关培训的次数

我们从图4-15可以看出，在劳动教育培训效果的评价中，选择"比较有效"的比例最高，是43.92%；其次是选择培训效果"一般"这个选项的，是39.86%；6.76%的教师选择了"非常有效"，还有6.76%的教师认为"不太有效"，甚至有2.7%的教师比较偏激，选择"完全没有效"。从以上数据可以看出，教师对劳动教育培训效果差异很大的关键在于培训是否与教师所教授的学科有共同之处。

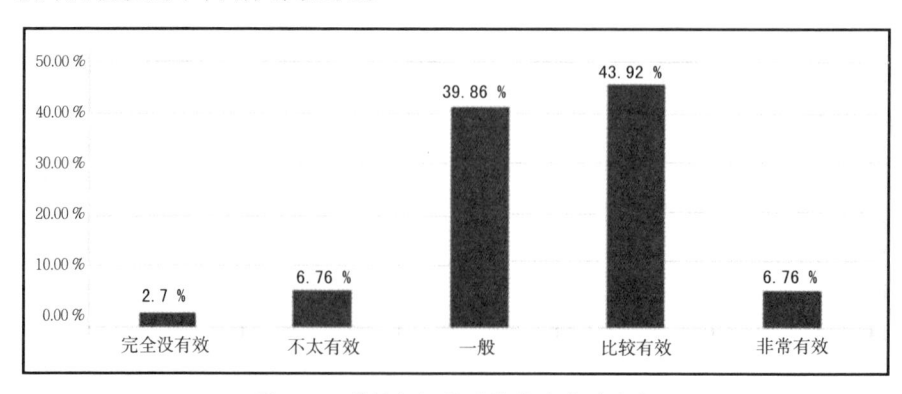

图4-15 学校组织劳动教育的培训效果

从图 4-16 可以看出，教师认为劳动教育遇到的最大困难是缺乏相应的评价机制，该选项的平均综合得分为 3.95 分；现有的课题资源、案例和参考资料太少，缺乏资金，缺乏课程专家和学者的指导，这三个困难并列第二，平均综合得分为 3.74 分；第三个困难是缺乏制度保障，平均分为 3.43 分；接下来是缺乏师资，只有 3.38 分；缺乏时间和精力排名第五；其他困难排名第六。这些都是影响劳动教育实施的因素。

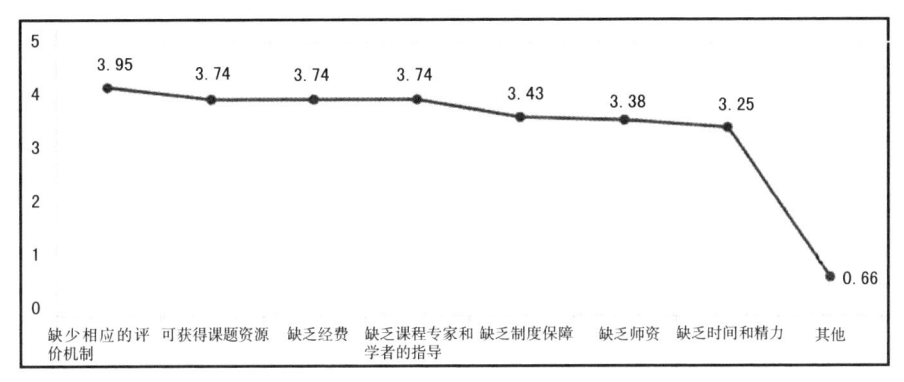

图 4-16 学校开展劳动教育遭遇到的困难

从表 4-7 可以看出，50.38% 的学生认为自己能力不足是最大的困难，其次是资料不足，占 43.76%；40.07% 的学生认为有其他原因使其难以参加活动，然后认为缺乏老师的指导也很困难，占 25.62%，4.89% 的学生认为家长不支持。由此可见，学生在参与劳动教育过程中遇到的困难较多，这不仅有主观原因，而且在客观条件上也存在一些不足。

表 4-7 参与劳动教育活动最大的困难

选项	人数	比例
资料不充足	403	43.76%
老师指导少	236	25.62%
自己能力不足	464	50.38%
家长不支持	45	4.89%
其他	369	40.07%
本题有效填写人次	921	—

二、高职院校劳动教育实施存在的问题及原因

笔者通过对调查问卷的数据进行分析，认为石家庄市高职院校在劳动教育的实施中已经获得了一些效果，但是还存在着诸多的问题。

（一）高职院校劳动教育实施存在的问题

通过对以上调查数据的分析可以看出，高职院校劳动教育实施的状况并不理想，具体表现为以下几个方面。

1. 对劳动教育实施的认识不足

虽然劳动教育很有价值，在高职院校开设劳动教育是必要的，但这一观点并没有得到大家的认同。11.56％的教师认为没有必要进行劳动教育，6.51％的学生否认劳动教育的价值，9.88％的学生认为没有必要进行劳动教育，10.21％的学生不认同劳动教育可以提高创造力和操作能力，7.6％的学生认为劳动教育不能促进学生的道德发展，8.03％的学生不认同劳动教育可以促进精神成长，甚至超过30％的学生认为劳动会影响他们的学习。从这些数据中，我们可以看出，劳动教育并没有深入人心。

大多数学生对"对劳动教育是否了解"这个问题的回答是模棱两可的。在与老师的访谈中，一些教师说他们学校有劳动教育，但问到一些具体细节问题的时候，他们就不完全清楚了。由此可见，劳动教育对高职院校的影响并不广泛，犹如一块石头扔进了池塘。只有扔进池塘的那块石头作为圆圈的中心向外涟漪，而对池塘的其余部分没有影响。因此，劳动教育在高职院校并没有完全普及。

2. 劳动教育实施形式化严重

劳动教育教学活动过程中的矛盾值得关注。劳动教育教学活动最常用的形式是教学与活动相结合。学生问卷调查结果显示，教师在教学中花费了很长时间。长时间的理论讲解会降低学生的学习兴趣，课堂气氛也会很低沉。学生各忙各的，无心听讲，此时教师不得不整顿课堂秩序，久而久之，学生不愿意学，教师不愿意教。劳动教育成为一个空架子，华而不实。

根据统计结果可以看出，目前仍旧有40％的高职院校还没有配备劳动教育教材，也没有开设劳动教育相关课程。即使一些高职院校已经开设了劳动教育，大多数学校也只是在课堂上讲解知识，去实践基地、实习车间

和社区的比例并不高。此外,劳动教育实施频率不高。近9.77%的高职院校没有开设劳动教育课程。52.99%的学生表示每学期进行1~2次劳动教育,只有18.35%的学生表示超过5次。可见,开设劳动教育课程的基本条件都没有保障,劳动教育课程并没有得到学校领导的重视。根据对劳动教育相关课程效果的调查显示,37.41%的教师认为效果很差,44.22%的学生认为效果很差;8.84%的教师认为效果一般,8.16%的学生认为效果好;还有1.36%的教师认为没有效果。通过这些数据,我们可以知道,劳动教育在实施过程中的效果并不好。

3. 劳动教育师资队伍薄弱

从调查结果来看,劳动教育师资力量薄弱。虽然一些高职院校配备了专职的劳动教育教师,但这只是少数。高职院校的劳动教育教师大多由其他学科教师、校外兼职教师或者班主任担任,甚至一些学生认为劳动教育是由宿舍阿姨来教授的。同时,教师对劳动教育的指导仍然僵化,完全把劳动教育作为一种知识内容。79.7%的教师注重劳动价值观的传递,71.34%的教师注重方法的指导;64.82%的教师会适时改进劳动教育模式,27.69%的教师会在其他方面给予指导,忽视了劳动教育注重实践和劳动,简单的劳动知识讲解不如让学生自己操作有效。高职院校的劳动教育应坚持以培养目标为导向,遵循人才成长规律,开展符合高职学生特点的劳动教育。

4. 劳动教育培训效果不明显

在信息社会,任何知识都在快速变化,这就要求教师不断"充电",不仅要有一桶水,还要有源源不断的活水。因此,教师应不断提高专业水平,拓展知识面。只有这样,教师才能在教学过程中对知识点进行全面的分析,才能让学生信服。然而,高职院校的劳动教育培训还没有到位,教师的培训效果也不明显。造成这种结果的原因是多方面的。

一是步调不一致。正是因为高职院校的劳动教育培训工作做得不到位,导致高职院校劳动教育课程的开设步骤不一致,有的开设,有的不开设。教师从劳动教育培训中获益甚微。他们不清楚劳动教育的实施形式和方法与普通学科课程的区别,仍然根据自己现有的经验实施劳动教育,实施效果不明显。

二是培训形式单一。从调查中可以看出，目前学校劳动教育培训的形式相对单一。从培训场地上，划分为本校和学校所在区两种培训；从培训形式上，划分为线上和线下两种培训。除此之外，培训方法也过于简单，缺乏针对性。培训内容也简单，参与培训的教师无法学到有价值的东西，相反，他们会觉得浪费时间，这自然会导致教师对培训缺乏兴趣。

三是劳动教育培训效果不乐观。虽然每学期都会开展相关的培训活动，但培训效果并不乐观。近 6.12% 的教师认为它不是很有效，2.72% 的教师认为它完全无效。因此，劳动教育的培训应符合学校和课程的特点，而不是"一刀切"。只有考虑到这一点，才能提高教师培训的效果，充分发挥培训的最大价值。

综上所述，劳动教育的培训没有针对性，内容简单，没有把握劳动教育的本质，没有明确劳动教育与其他学科教育的区别和联系，因此培训的意义就失去了。此外，培训组织者没有跟踪和调查参加培训的教师。他们不清楚培训教师在参加培训后的反馈，也不清楚培训的缺点，这将形成"组织方不知情—继续组织培训—培训效果不佳"的恶性循环。

5. 劳动教育实施保障体系不健全

一方面，缺乏严格的管理制度，学校顶层设计不到位，引导作用没有充分发挥。17.69% 的教师认为学校没有完备的劳动教育设备，18.37% 的教师认为学校没有足够的劳动教育资源。另一方面，缺乏合理的物质保障。劳动教育在财力、物力、人力等方面存在较大差距。教育经费投入不足，劳教基地建设不足，学生就业场所少。高职院校虽然有培训课程、模拟车间等场所，但更适合职业技术培训，劳动教育基地较少。各种设施、工具配备不全，管理制度不健全。

虽然学校都会为劳动教育提供必要的保障，但很少有学校真正充分利用这些保障。在采访中，有一些教师表示：我们学校没有这门课程，劳动教育主要通过思想政治课、实践训练、社会实践等方式进行，自上而下没有完整的劳动教育课程体系，课程标准、实施、保障等分散，教师在具体实施中缺乏参考标准；此外，我们学校还没有完善的劳动教育课程体系，学校有很多教学事务，教师没有时间和精力去探索和研究劳动教育课程。

6. 劳动教育实施评价体系不完善

劳动教育活动中教师的评价方法也存在不足。73.65%的教师关注学生的作品展示或活动总结，只有18.92%的档案袋评价反映了学生的成长过程。这种只注重结果而忽视过程的评价方法是非常不科学的。劳动教育注重实践，在实践过程中不可避免地会遇到各种困难。教师的作用是回答学生的问题。如果教师不能很好地发挥这一作用，那么学生的困惑只会加剧。因此，在注重结果的同时，也要注重过程，真正实现诊断性评价、形成性评价和终结性评价的统一，不断完善现有的劳动教育评价体系。同时，评价依据过于单一。仅凭学生的态度、表现和成绩来判断学生在劳动教育中的表现，是过于武断和片面的。

（二）高职院校劳动教育实施问题的原因分析

1. 全社会忽视劳动教育的观念仍然存在

习近平总书记多次强调高校要重视劳动教育，弘扬劳动精神，突出中国梦的核心价值。而实现这一价值需要劳动的支持，劳动教育理念是否深入人心，是影响劳动教育能否有效实施的重要环节。然而，在高职院校实施劳动教育的过程中，也存在着一些问题。

首先，高职院校教师和学生忽视了劳动教育的价值。一方面，11.56%的教师认为没有必要进行劳动教育，这表明这些教师没有形成对劳动的正确认识和准确定位。教师的价值观会在不知不觉中转移到学生身上。另一方面，6.51%的教师认为劳动教育没有价值，9.88%的教师认为没有必要进行劳动教育，7.6%的教师认为劳动教育不能促进学生的道德发展，甚至8.03%的学生认为劳动教育不能促进人的精神成长。这一系列数据表明，高职院校教师忽视劳动教育的价值，学生的劳动教育意识薄弱，对劳动的价值和意义没有形成明确的认识。

其次，劳动教育在家庭中没有得到应有的重视。父母劳动意识薄弱将通过孩子的行为反映出来。家长只有以身作则，才能为孩子树立科学的劳动价值观奠定良好的基础。然而，分数至上的传统观念在人们的头脑中已经根深蒂固。望子成龙、望女成凤的执念让许多家庭专注于孩子的智力教育，不让孩子通过劳动得到锻炼，忽视了劳动教育在孩子成长中的重要作用。

最后，在劳动观念教育中存在着大学生主体性退缩的现象。大学生作为劳动教育的主体,本应该主动参与劳动实践活动,但在具体的实践过程中,我们发现一些大学生对于学习劳动相关理论十分反感,对劳动教育相关内容的重视也不够。主体自觉回避劳动教育,也反映了学生对劳动教育重要性的认识不到位。

2. 高职院校对劳动教育的支持不够

根据调查结果,我们可以看出,劳动教育在高职院校的育人地位并不稳定。

首先,虽然61.02%的高职院校开设了与劳动教育相关的课程,但38.98%的高职院校仍然没有开设这门课程。就实际情况来看,很少有高校将劳动教育纳入常规的教育教学计划;大多数高校倾向于将劳动教育推广到社会实践中,或将其缩小到劳动技术教育、思想道德教育等方面,掩盖了劳动教育的独立性。由此可见,劳动教育尚未纳入常规教学计划,实施效果势必大大降低。

其次,高职院校对劳动教育的投入严重不足。17.57%的教师认为学校的劳动教育设施和条件不完善,18.25%的教师认为学校的劳动教育资源不丰富,10.14%的教师认为学校没有开展劳动教育校园文化建设。高职院校劳动教育硬件设施和软件配置薄弱,容易使劳动教育的实施流于形式,缺乏实质性影响。

最后,劳动教育的实施保障还不健全。目前,高职院校在实施劳动教育的过程中还存在诸多困难。针对这些困难,从大到小进行排序为:评价机制的不健全;缺少专业人士的指导;现有参考文献不多;制度保障不完善;师资队伍力量薄弱;教师的时间精力不允许。综上所述,制度的顶层设计将对劳动教育的实施产生非常重要的影响。评价机制不完善,缺乏指导,教师在实施劳动教育时不能把握重点,效果会大大降低。没有专家学者的指导,教师的专业素质无法提高,学科知识也无法与时俱进,影响了劳动教育的实施。相关学科资源的缺乏、制度保障的不完善以及教师自身的积极性都会影响劳动教育的实施。

3. 师资队伍短缺

健全的劳动教育师资队伍是实施劳动教育十分关键的因素。然而,目前我国高职院校劳动教育的师资力量存在严重不足的问题。

首先，从调查结果可以看出，只有25.68%的专职劳动教育教师负责实施劳动教育。由其他科任教师来负责劳动教育实施的比例最高，达到了66.22%；其次是班主任，占57.43%；30.41%的教师选择其他，11.49%的教师选择校外兼职教师。在当今社会，拥有专业劳动知识和方法的全职劳动教育教师数量非常有限。许多高校甚至没有专门的劳动教育教师，仅仅依靠其他学科教师的兼职教授劳动教育课程，这将严重影响大学生劳动教育的效果。

其次，由于缺乏专家指导，教师的专业能力无法提高，专业水平较低，无法在劳动教育课程的研发和劳动教育内容的合理选择上给出针对性意见，所以劳动教育内容的实施没有考虑到学生的需要，缺乏系统性和逻辑性。这可以解释为什么25.62%的学生认为缺乏教师指导是劳动教育的最大困难。

最后，教师培训不到位。高职院校为劳动教育教师提供的培训形式相对单一。每学期劳动教育教师的培训频率可以反映出学校对劳动教育的重视程度。根据调查结果，每学期的劳教教师培训频率不高。48.98%的高职院校每学期进行1~2次教师培训，17.01%的高职院校每学期进行3~4次培训，只有18.37%的高职院校进行5次以上的培训，甚至有15.65%的高职院校根本没有进行过劳动教育培训。91.16%的教师认为学校组织的劳动教育有效，但8.84%的教师持否定态度。从培训形式、培训频率、培训效果等方面来看，高职院校劳动教育教师的培训需要加强。

4. 缺乏评价机制

一方面，劳动教育评价主体单一。从教师问卷的调查结果可以看出，劳动教育评价对象中教师和管理者分别占77.55%和59.86%，学生自我评价占31.97%，家长评价占12.93%，社会人员评价占11.56%，选择其他的占12.24%。由此可见，虽然评价主体众多，但主要局限于教师和管理者。在评价时，他们只从教师自身的角度考虑，而不是从学生的角度考虑。因此，他们无法对学生在劳动教育过程中的表现进行多元化、全面性的分析，评价结果也就不具备真实性。

另一方面，劳动教育的评价依据不足。高职院校教师在评价学生时，依据不够充分。主要集中在参加活动的态度、课堂和活动中的表现、成绩的优劣及其他方面。这种评价没有客观、具体的评价标准,不能真正地反映高职院校劳动教育的实际情况。负责该门学科评估和评价的教师在检查该门学科的实施情况时,只是象征性地、形式化地翻翻教案、走走过场,甚至不经检查就给一个评估分数和考核等级。

因此,在新时代,高职院校劳动教育的实施逐步走向制度化、规范化,还需要建立和完善实施和评价的长效机制,构建完善的劳动教育实践体系。

第五章　新时代高职院校加强劳动教育的内容

"思想政治教育内容是根据一定的社会要求，针对教育对象的思想实际，经教育者选择设计后有目的、有计划地传导给教育对象的带有价值引导性的思想政治信息。"[①] 新时代大学生劳动教育是思想政治教育内容的一部分，劳动教育内容是劳动教育系统的基本要素，是劳动教育者向大学生实施教育的具体要素。新时代高职院校加强劳动教育的内容确立应以社会主义核心价值体系及其内核——社会主义核心价值观为基础，落实教育方针，体现新时代高职院校立德树人的根本任务属性。促进人的全面发展，既要满足高职大学生个人发展的需求，也要满足经济社会发展的需要，既要考虑高职大学生的身心发展规律，又要考虑时代发展的需求。因此，新时代高职院校劳动教育的内容应包括主导性内容、基本内容与拓展性内容三个方面，其中主导性内容以马克思主义劳动基本理论教育和中华优秀传统文化中的劳动思想教育为主；基本内容包括劳动观念教育、劳动习惯教育、劳动精神教育、劳动技能教育、劳动法律法规教育以及生态劳动理念教育；拓展性内容包括劳模精神教育、工匠精神教育、创新创业教育。这三大方面的内容相互联系、相互作用，是按特定层次构成的，其中，马克思主义劳动基本理论教育可以使高职大学生具备科学的劳动观理论基础；中华优秀传统文化中的劳动思想教育可以使高职大学生汲取和继承中华民族的传统劳动美德；劳动观念教育、劳动习惯教育、劳动精神教育、劳动技能教育、劳动法律法规教育以及生态劳动理念教育等基本内容可以使高职大学生树立正确的劳动观，养成良好的劳动习惯，形成诚实、守法的劳动意识，形成生态文明、人与自然和谐共处的劳动理念。劳模精神和工匠精神教育

---

① 陈万柏，张耀灿. 思想政治教育学原理（第三版）[M]. 北京：高等教育出版社，2015：173.

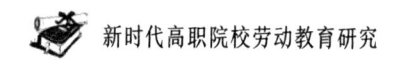

可以激发高职大学生的社会主义主人翁的责任感与使命感；创新创业教育可以使高职大学生树立为实现中华民族的伟大复兴而不断创造的价值观。

一、主导性内容

（一）马克思主义劳动基本理论教育

马克思主义是被实践证明了的科学的理论，是由马克思恩格斯创立并不断发展的思想体系。马克思主义劳动理论教育是大学生劳动观培养的主要内容，主要包括劳动的历史作用、目的和意义、分工等方面的内容。马克思主义劳动基本理论教育的内容主要包括以下几点。

第一，唯物史观教育促进大学生认识劳动的历史作用。劳动在马克思主义理论体系中具有本体论的意义。马克思主义唯物史观认为劳动使人脱离自然界，区别于其他动物，成为自然人。恩格斯指出："劳动创造了人本身。"[1] 劳动不仅解放了人的双手，而且促进了人的语言的生成，劳动是人区别于动物最本质的特征。从这个角度上说，劳动创造了人，正如马克思指出的："人的类特性恰恰就是自由的有意识的活动，生活本身仅仅成为生活的手段。"[2] 从人的生命产生的角度，马克思阐述了劳动的重要作用，劳动不仅"生产自己的生命"，而且"生产他人的生命"，是"生命的生产"[3]。劳动不仅创造了自然的人，而且推动了自然人向社会人的转化，在人的劳动过程中，不仅生产着物质资料，同时也生产出人与人之间的关系。恩格斯指出，劳动在人从古猿进化过程中起着重要的作用，劳动不是单个人的活动，要解决人的吃、穿、住、用等问题，人们需要通过劳动改造自然，并且交换人们的劳动成果，在这个过程中结成一定的生产关系，从而生成了人类社会。因此，马克思明确指出："整个所谓世界历史不外是人通过

---

[1] 中共中央马克思恩格斯列宁斯大林著作编译局编译. 马克思恩格斯选集（第四卷）[M]. 北京：人民出版社，1995：374.

[2] 中共中央马克思恩格斯列宁斯大林著作编译局编译. 马克思恩格斯选集（第一卷）[M]. 北京：人民出版社，1995：46.

[3] 中共中央马克思恩格斯列宁斯大林著作编译局编译. 马克思恩格斯文集（第1卷）[M]. 北京：人民出版社，2009：532.

人的劳动而诞生的过程，是自然对人来说的生成过程。"[1]劳动不仅创造了人类社会，而且是推动人类社会的进步的动力。马克思主义劳动理论认为人类社会是以劳动为基础的，也是以人类劳动为动力推动社会向前发展的。劳动的内在矛盾推动着人类社会的发展，其中生产力和生产关系这一对基本矛盾贯彻整个人类社会发展的始终。生产力决定生产关系，生产关系反作用于生产力的发展，当生产关系不适应生产力发展的要求时，需要变革生产关系以适应生产力的发展，从而推动社会不断向前发展。在《资本论》中，马克思明确提出了奴隶劳动、徭役劳动、雇佣劳动三种不同的劳动形式，指出奴隶劳动决定奴隶制社会产生，徭役劳动决定封建社会的产生，雇佣劳动决定资本主义制度产生，这三种劳动都是剥削阶级劳动。马克思由此推断："社会阶级的消灭是以生产高度发展的阶段为前提的。"[2]可见，共产主义社会的劳动是更高一级的劳动形式，是消灭剥削，实现自由自觉的劳动形式。劳动具有重要的历史作用，只用通过透彻和科学的马克思主义劳动理论教育，将劳动的历史地位讲透，大学生才不会轻视劳动，明确奋斗的目标和方向。因此，我们要从唯物史观的角度教育大学生认识劳动的历史作用，用"四个最"的劳动价值观武装大学生的头脑。新时代背景下，习近平提出的"劳动最光荣、劳动最崇高、劳动最伟大、劳动最美丽"（以下简称"四个最"）是马克思主义劳动思想的最新发展成果，是习近平总书记对新时代劳动价值观的准确定位。通过"四个最"的劳动价值观教育，可以有效引导大学生认识到人民创造历史，劳动是推动人类社会发展的根本动力；使学生明白教育与生产劳动结合是培养全面发展人的唯一方法，体验劳动给人带来的幸福和充实；深刻理解按劳分配的社会主义分配原则，摒弃"不劳而获"、"一夜暴富"等思想；改变对体力劳动者的轻视态度，做到尊重一切劳动和劳动者。

第二，劳动价值理论及异化劳动理论教育促使大学生深刻理解劳动的目的和意义。开展马克思主义劳动理论教育有利于大学生正确认识劳动的

---

[1] 中共中央马克思恩格斯列宁斯大林著作编译局编译. 马克思恩格斯文集（第1卷）[M]. 北京：人民出版社，2009：196.
[2] 中共中央马克思恩格斯列宁斯大林著作编译局编译. 马克思恩格斯文集（第3卷）[M]. 北京：人民出版社，2009：563.

目的和意义。劳动是财富的源泉是经济学界的理论共识。威廉·配第指出"土地是财富之母，劳动是财富之父"[①]，并最终将劳动作为价值衡量的尺度，亚当·斯密指出"劳动是衡量一切商品交换价值的真实尺度"[②]。马克思在继承前人理论的基础上，创造性地提出了劳动二重性理论，发现了剩余价值学说。马克思主义劳动价值理论深刻地揭示了劳动是财富和价值的源泉。劳动目的不仅是为了获得生存的物质财富，更重要的是可以获得人生幸福，"幸福只会给予不怕劳动的人，多年忘我劳动的人。"[③]在新时代的今天，每个大学生都应有自己的梦想，"幸福不会从天而降，梦想不会自动成真"[④]，"幸福都是奋斗出来的"[⑤]，只有通过辛勤劳动获得的幸福才是持久的，是精神上的愉悦，因为自由自觉地劳动不仅是人的需要，而且能够促进人的自由而全面发展，实现人的自我完善和发展。但在剥削社会制度下，尤其是资本主义社会，劳动呈现异化的形态，无产阶级劳动成果被剥夺，劳动被迫成为了谋生的手段。作为自由而有意识的活动——劳动应该是一种自愿的、快乐的实践活动，而事实上，无产阶级劳动者是被迫的承受着巨大的精神和身体上的摧残，阻碍着人的自由而全面的发展，劳动关系表现为雇佣与被雇佣的关系，雇主无偿的占有工人的剩余价值，而工人却仅得到基本的、维持自身生存的工资，劳动关系的异化必然造成人与人关系的异化，无形中增加了阶级的对立情绪。劳动人民想要获得解放和自由，只有通过劳动的解放才能实现。因此，大学生通过学习马克思主义劳动价值理论和异化劳动理论将有助于他们更好地理解劳动不仅是每个人的天职，而且劳动与人类的解放具有与内在逻辑一致性。总之，教育大学生认识到劳动是财富的源泉，劳动是幸福的源泉，劳动促进人的全面发展，最终将促进人类社会的解放等理论内容，可以有效提高大学生劳动观培养的实效。

第三，科学社会主义理论教育促使大学生树立为人类解放而奋斗的理

---

① [英]威廉·配第. 配第经济著作选集[M]. 北京：商务印书馆，1981：66.
② [英]亚当·斯密. 国民财富的性质和原因的研究（上），郭大力、王亚南译[M]. 北京：商务印书馆，1974：26.
③ [苏]瓦.阿.苏霍姆林斯基. 家长教育学[M]. 杜志英，吴福生，等，译. 北京：中国妇女出版社，1982：9.
④ 习近平. 习近平谈治国理政（第一卷）[M]. 北京：外文出版社，2018：44.
⑤ 习近平. 在北京大学师生座谈会上的讲话[M]. 北京：外文出版社，2018：12.

想。科学社会主义理论是在马克思主义哲学和政治经济学基础上建立和发展起来的理论，它阐明了无产阶级劳动人民的解放之路，是马克思主义理论体系的核心部分。科学社会主义理论教育可以帮助大学生正确认识劳动分工。马克思主义劳动理论认为，脑力劳动与体力劳动的分工是生产力发展的结果，是生产力发展到一定水平，伴随着剩余产品的出现而出现的社会现象。在生产资料私有制的社会，脑力劳动者通常是剥削阶级，体力劳动者通常是被剥削阶级。这种剥削和分工在资本主义社会达到了顶峰，资本主义私有制不仅严重的剥削了劳动者，也限制了人的自由而全面的发展。科学社会主义理论是研究无产阶级解放运动的规律，阐明无产阶级解放运动的性质、条件和一般目的，从而促进人的脑力与体力的自由而全面发展，实现无产阶级的彻底解放的理论。随着社会经济的发展，劳动分工越来越精细。同时，我国仍处在社会主义初级阶段，生产力发展水平有待进一步提高，脑力劳动与体力劳动仍然存在较大差异，但不论是体力劳动者还是脑力劳动者，都为社会主义建设贡献着力量。在中国共产党的坚强领导下，通过全国劳动人民的不懈努力努力，不断提高社会生产力，改进生产方式，提高人民的文化知识水平，一定能够逐步消除脑力劳动与体力劳动的分工界限，实现全体劳动人民的自由而全面发展。总之，资本主义制度下的劳动分工是建立在生产资料私有制的基础上的分工，劳动人民创造的劳动价值受到无情的剥削，造成收入与社会地位较低。但劳动者劳动所创造的商品凝结着"无差别的人类劳动"，在这个意义上，劳动是平等的，没有哪一种比另一种劳动更高贵，只有在生产资料公有制的社会主义国家里，所有辛勤工作、诚实劳动的劳动者都是社会主义建设者，他们的劳动都是无价的，他们都享有平等的社会地位，同时劳动不仅是谋生的手段，而且也是实现个人发展的途径。因此，教育大学生正确看待劳动分工，正确看待体力劳动与脑力劳动，尊重劳动人民的辛勤付出，善待每一个工作，形成劳动不分贵贱、劳动人民地位平等的价值观，树立为实现中华民族的伟大复兴而奋斗的理想。另外，从人类命运的角度来说，科学社会主义理论教育有助于大学生顺应历史潮流，用辛勤劳动推动人类命运共同体的构建。

（二）中华优秀传统文化中的劳动思想教育

习近平指出："自强不息、厚德载物的思想，支撑着中华民族生生不息、薪火相传，今天依然是我们推进改革开放和社会主义现代化建设的强大精神力量。"[①] 新时代大学生劳动观培养应摒弃糟粕的传统劳动思想，按照习近平提出的"古为今用、去粗取精、去伪存真，继承和弘扬中华民族优秀文化"[②] 的要求，将中国优秀传统文化劳动思想教育作为大学生劳动观培养的重要内容之一，在新时代不断继承和发扬中华优秀传统文化中的劳动思想。

中华优秀传统文化中的劳动思想教育主要包括以下四个方面内容。一是辛勤劳动的传统美德教育。勤劳是中华民族几千年的传统美德，辛勤劳动历来是被赞美的对象，是中国传统文化的重要内容。史前有众多神话故事讴歌劳动，如"夸父逐日""女娲补天""燧人钻木取火"等无不勉励人们要辛勤劳动。古代典籍中对辛勤劳动多有阐述，《左传》将"俭"列为道德的要求，认为奢侈是万恶之首。荀子在《天伦》中指出："强本而节用，则天不能贫。"正是基于这样的劳动思想，中国古代劳动人民创造了灿烂的物质和精神文化，在文学、自然科学、手工业、农业等诸多领域取得了无与伦比的成就。万里长城、京杭大运河、都江堰等都是劳动人民辛勤劳动和智慧的结晶。二是自强不息的奋斗精神教育。中国古代的农耕文化盛行，劳动人民将耕种与求学结合起来，形成了独特的耕读文化。耕读是一种半耕半读的学习方式，颜之推在《颜氏家训》中指出，如果不通过农业劳动来体验人生，则既做不好官，也当不好家。曾国藩指出："以耕读之家为本，乃是长久之计。"古代读书人通过刻苦学习，将个人价值与国家命运联系起来，实际就是自强不息奋斗精神的具体体现。古代知识分子通过耕读实现"修身齐家治国平天下"的理想，是脑力劳动与体力劳动的有机结合，也是安身立命、修身养性的重要渠道，更是自强不息的奋斗精神的具体体现。三是造福于民的奉献精神教育。传统文化强调将个人价值与国家命运相结合，将修业与道德情操紧密结合起来，最终的目的便

[①] 习近平. 习近平谈治国理政（第一卷）[M]. 北京：外文出版社，2018：158.

[②] 习近平. 习近平关于社会主义文化建设论述摘编[M]. 北京：中央文献出版社，2017：144.

是为天下百姓造福，为国家社稷谋太平。正是秉持这样的奉献精神，中华民族的有识之士积极入世，忠信守义、精忠报国，为民造福，他们将集体利益作为自己的利益出发点，时刻强调集体利益，表现为大公无私、公而忘私的奉献精神，尤其是在民族危难时刻或是国家遭受重大灾害面前，这种奉献精神更加值得弘扬。四是精益求精的工匠文化。今天的工匠精神源于工匠文化。工匠在中国古代被称为百工，是指具有某种技艺的手艺人，例如我们熟知的鲁班、李冰等都属于工匠。中国古代文化重视对劳动技能的提升，形成了独特的工匠文化，将劳动上升到艺术层面，《庄子·养生》中记载的"庖丁解牛"的故事、宋代欧阳修描写的卖油翁都反映了劳动者精益求精的劳动精神，也正是这种工匠文化，才创造出辉煌的古代工艺品，促进了中华文明的进步和发展。

二、基本内容

（一）劳动观念教育

劳动观念是指人们在思想上对劳动的感官和看法，是"三观"的重要组成部分。劳动观念教育就是帮助学生形成正确的劳动态度，进而树立马克思主义劳动观。

第一，培养大学生以劳动为荣的价值观。体力劳动充实了人们的口袋，脑力劳动丰富了人们的脑袋。中华民族历来都是勤劳勇敢的民族，几千年的劳动实践，铸就了辉煌灿烂的中华文明。近代以来，正是因为中国人民的艰辛劳动和顽强拼搏，我们建立了新中国、拉开改革开放的大幕、推动了中国特色社会主义事业。今天的中国迈上发展的快车道，迎来中华民族伟大复兴的光明前景。中国取得的巨大成就，要归功于全国人民的辛勤劳动。大学生是民族的未来，我们要帮助他们培养崇尚劳动的价值观，将热爱劳动的种子埋在他们的心田。

第二，引导大学生正确看待体力劳动与脑力劳动的关系。新时代，体力劳动与脑力劳动是辩证统一的，它们之间相互促进、相互影响，共同推动社会的发展。同时，现代社会对劳动的要求越来越高。"人越来越成了庞大的、有组织的机械力量的支配者，现在向人要求的越来越不是体力而是智力了：管理能力、注意力、核算、发明才能、机警和灵巧等。"[①] 随着科学技术的发展，劳动的智力要求更高，脑力劳动的创造力更大。但是，并不意味着体力劳动将消亡。我们仍然要引导大学生将体力劳动与脑力劳动结合起来，在坚持体力劳动的同时，增强劳动能力，将科学技术运用到劳动的全过程，提高劳动的效率。

第三，规劝大学生珍惜劳动成果。"谁知盘中餐，粒粒皆辛苦。"劳动的果实来之不易，不能轻易浪费。尊重他人的劳动，也是自身劳动观的体现。高校要发挥课堂教学与实践养成的作用，将劳动教育渗透到大学生的生活之中，逐步影响学生的思想观念。从光盘行动开始，促使学生养成勤俭节约的品质，劝导他们抵制奢侈之风。从保护校园环境着手，引导学生尊重清洁人员的劳动，捍卫他们的劳动成果，自觉维护生活环境的干净整洁。

第四，培养大学生以劳动奉献社会的意识。人生的价值在于奉献，而劳动正是大学生服务社会的手段。教育者要组织大学生参与公益劳动，以社会主人的态度为社会做贡献，坚决反对不劳而获。要以马克思主义劳动观荡涤关于劳动的一切陈腐观念，倡导科学的劳动观，帮助大学生端正劳动态度、增强劳动意识。要教导大学生发扬只争朝夕的奋斗精神，以劳动之我，投身社会主义现代化建设之中，为国家富强添砖加瓦

（二）劳动习惯教育

劳动习惯是指通过劳动锻炼而养成的一种有劳动需要的方式。劳动习惯教育就是要经常性地组织学生参加劳动、体验劳动，使学生在劳动之中获得满足感，从而使劳动成为学生的需要，成为他们生活中不可或缺的一部分。大学生劳动习惯的培养是一个长期的过程，不可能一劳永逸，也不可能一帆风顺。因为，从现时代大学生的成长过程看，部分大学生从小就是"衣来伸手、饭来张口"，几乎没有参加过劳动，没有劳动的意识，也就没有形成好的劳动习惯。由于缺乏劳动的锻炼，尤其少数大学生好逸恶劳、攀比消费，能请人代劳就不身体力行。

为了改变部分大学生的现状，必须加强劳动习惯教育。政府部门及社

---

① [苏]马卡连柯. 马卡连柯教育文集（下卷）[M]. 北京：人民教育出版社，2004：531.

会相关组织要大力支持高校，配合高校对大学生开展劳动习惯教育。高校要定期组织学生参加志愿服务和义务劳动，如义务植树、清扫校园和社区等。同时，学校要给学生提供更多勤工助学的机会，既要让学生得到劳动的锻炼，也要使学生在劳动中获得物质和精神上的激励，这样才能激发学生参加劳动的热情，使劳动成为生活习惯，而不是被动的行为。家庭要转变教育观念，父母的责任不是为子女准备好一切，而是培养他们独立自主、自觉劳动的生活方式。劳动教育是家庭教育的重要组成部分，父母要培养学生的劳动意识，激发他们的劳动潜能。

（三）劳动精神教育

"劳动精神"的特征为"崇尚劳动、热爱劳动、辛勤劳动、诚实劳动"[①]。劳动精神主要体现在广大劳动者群体。人类社会产生以来，人们通过劳动改造自然，将自然界已有的东西通过劳动改造为更适合人类生存的物质资料，从而推动人类社会进步。劳动精神有悠久的历史。人类的劳动从未停止，随着社会发展，物质生产资料的丰富，劳动从偏向体力劳动逐渐形成新类型的脑力劳动，但是不管哪类劳动，都是人类社会不可分割的一部分，都适应社会发展，并推动社会发展。

新时代劳动精神的意蕴深刻，体现辛勤劳动、诚实劳动、创造性劳动的理念，形成一种"劳动最光荣、劳动最崇高、劳动最伟大、劳动最美丽"的劳动观。劳动精神教育就是大力宣扬新时代的劳动精神，引导大学生以劳模为榜样，将劳动精神转化为一个个生动的劳动故事。新时代，中国人民齐心协力、精耕细作，谱写了感天动地的华美篇章，创造了数不胜数的人间奇迹。在辉煌的背后，总有一种强大的劳动精神在推动着我们不断前进。

劳动精神具体表现为尊重劳动的态度、不惧困难的勇气及艰苦奋斗的意志力。正是因为劳动精神的鼓舞，我们取得了一个又一个胜利。大学生作为国家的希望，有义务将这种精神传承下去并发扬光大。然而，现实生活中，部分大学生劳动精神缺乏。因此，加强大学生劳动精神教育就显得十分必要。社会、高校及家庭要相互配合，为大学生营造一个风清气正的劳动环境，帮助他们培养吃苦耐劳、精益求精的劳动精神。

---

① 习近平. 在全国劳动模范和先进工作者表彰大会上的讲话[M]. 北京：人民出版社，2020：4.

(四) 劳动技能教育

劳动技能是指需要大学生在劳动实践时所必须具备的技能，是大学生如何运用劳动技能和劳动技术解决问题的一种重要能力。新时代大学生存在"只唯上，不唯实""唯分数、唯考试"等不良倾向，由于新时代存在大学生劳动技能缺失的问题，而有些用人单位不仅会要求大学生学历匹配，还需要有相关工作经验，这使得新时代大学生就业时出现学历与实际能力不匹配的现象，从而导致大学生就业择业难。加强新时代大学生劳动知识技能教育不仅要包括教学计划内的劳动教育，如专业实践、教学实验、实习实训等，还应积极拓展教学计划外的劳动教育，如校内勤工助学岗位、大学生志愿服务、公益活动、暑期社会实践等。加强新时代大学生劳动知识技能教育不仅有利于大学生形成正确的劳动价值观和就业观，也有利于提高大学生的劳动实践技能和创新劳动实践能力，促进新时代大学生的竞争力以及促进全面发展。

(五) 劳动法律法规教育

劳动法律法规教育是新时代大学生劳动教育重要组成部分，但是在新时代大学劳动教育中却是常常被忽视的一部分，现有的大学教材仅有公共课《思想道德修养与法律基础》这门课中对《劳动法》进行了简单的介绍。现实中，由于大学生对劳动法律法规的不了解，导致大学生时常在签订就业劳动合同时出现问题，其合法劳动权益容易受到侵害。

大学生劳动法律法规教育应该以新《劳动合同法》为教学重点，引导学生了解和学习相关法律知识，构建劳动法律法规知识结构，以帮助大学生在遇到自身权益不能很好地维护时，大学生必须要懂得借助法律的力量来帮助自己。

1. 劳动法律教育

作为大学生劳动教育的重要内容之一，劳动法律教育必不可少。它是指，教育者将劳动法律知识传输给受教育者，以提高受教育者的法律素养，保护其劳动权益。当前，部分大学生对劳动法知之甚少，不清楚自己的合法权益，也不知道如何维护劳动权益。在实践中，由于维权意识不强，一些大学生往往在求职时遭遇挫折，甚至是上当受骗。此外，一些大学生缺少契约精神，随意毁约现象屡见不鲜，这也是劳动法律素养淡薄的表现之一。对此，高校必须合理设置劳动法律课程，普及劳动法律知识。单凭《思想道德修养与法律基础》这门课是不够的，这门课程只涉及简单的法律常识，不能满足社会发展的需要。因此，更多地开设劳动合同法、劳动仲裁法等相关课程，是很有必要的。

一方面，教育者要为大学生讲解劳动合同法的相关内容。任何一部法律都有其适用范围，劳动合同法也不例外。《劳动合同法》第二条明确规定：用人单位的范围包括中华人民共和国境内的事业单位及企业等组织。教育者要让大学生明晰哪些单位适用于本法，哪些方面适用。同时，要引导毕业生与用人单位正确签订劳动合同，建立和谐的劳动关系。此外，教育者要给大学生讲解劳动合同签订的基本规定，让学生早点了解劳动合同订立的依据及条款。劳动合同的解除与终止需要遵循一定的程序，合同的解除分为两种情况：协商解除与法定解除。因用人单位单方面违背合同，教育者要帮助大学生依法维权。当然，教育者也要教导大学生不能轻易毁约，要讲诚信，要按照劳动合同行使自己的权利和义务。

另一方面，教育者要引导大学生正确处理劳动争议。一些大学生在毕业求职时，往往会遇到劳动争议，并且不知所措。因此，教育者要帮助大学生理性面对劳动争议，为他们介绍解决劳动争议的方法，包括调解、仲裁及诉讼等。要加大指导力度，使大学生可以根据不同的情况，运用不同的方法去消除分歧。

2. 劳动纪律教育

马卡连柯指出："纪律概念是很难确定的，尤其困难的是维持纪律还要避免工作中发生不必要的摩擦。在我们的社会里，对于纪律问题有两方面的看法。一方面纪律是我们社会的座右铭之一，守纪律的人是人人敬爱的，另一方面据大多数人看来，纪律本身是某种启发的结果，是集体的热情和善良的意志的结果。"[①]大学生在参加劳动时，也要遵守纪律。强化劳动纪律教育，可以扭转一些大学生娇气、懒惰的现状，培养他们的法纪观念和集体意识，进而磨炼他们的品格。教育者不应当把纪律仅仅看成教育的手段，

---

① ［苏］马卡连柯. 马卡连柯教育文集（下卷）[M]. 北京：人民教育出版社，2004：688.

纪律是教育过程的结果。要引导大学生把劳动纪律当做幸福的形式，而不是强制的约束。劳动纪律的制定必须反映学生的诉求和期望，纪律的落实是为了更好地保障大学生参加劳动，要让他们在遵守劳动纪律的过程中，感受到快乐，从而养成遵守劳动纪律的习惯。教育者要给大学生讲透这个道理，劳动纪律是为了人的发展，为了增强人们的劳动素质、改善人们的生活；劳动纪律是为了使集体团结一致、朝着共同目标努力；劳动纪律使个人和集体都变得美好，它在确保每个人自由全面发展的同时，也推动了集体的进步。加强劳动纪律教育的关键就是制定符合社会要求和学生发展规律的纪律，纪律的内容要简单明了，纪律的执行要一视同仁。教育者要通过常态化的劳动纪律教育，将劳动纪律转化为大学生心中的"道德律"，促使学生自觉遵守劳动纪律。

（六）生态劳动理念教育

"所谓生态劳动，简单地说，就是能够实现利用自然与保护自然本质统一的活动。"[①]生态劳动理念蕴含了人与自然和谐共存的劳动理念。劳动促成了人与自然界之间的物质转换，分析马克思恩格斯关于劳动的论述，我们发现劳动范畴具有生态性。马克思恩格斯揭示了在资本主义条件下劳动与自然相互对立，劳动成为反自然的活动。为了获得利润，资本家无节制的向自然索取资源，推崇消费至上的理念，造成不必要的资源浪费，导致资源枯竭、生态破坏、环境污染，而这一切的根源源于资本主义私有制。社会主义公有制摒除了资本主义私有制的资本逻辑，对恢复劳动的生态性具有决定性的意义。但在建设社会主义生态文明的过程中，需要加强人们的生态劳动理念教育，使生态劳动理念深入人心，逐步实现人与自然的和谐共生。

随着科技的加速发展，人类对自然资源的开发日渐过度，环境遭到破坏，人类所面临的环境问题日益危及人类的生存。生态文明成为了人们关注的焦点，生态文明建设关系着人民的福祉与民族的未来，只有实现了生态文明才能实现人民的幸福生活。生态文明建设离不开生态劳动，而生态劳动实现的条件之一就是生态劳动者必须具备生态劳动理念。作为新时代的大

---

① 徐海红. 生态劳动视域中的生态文明[D]. 南京：南京师范大学，2011：74.

学生，未来的高素质劳动者，为了增强大学生的生态劳动理念，应将生态劳动理念教育纳入大学生劳动观培养内容之中。

　　生态劳动理念教育主要包括以下两个方面的内容。一是生态化生产方式理念的教育。生态化生产方式即循环式地利用自然资源进行生产，最大化实现废弃物的再利用。人与自然界之间的物质交换过程需要劳动，"生态劳动的本质是物质变换以生态劳动的方式来规范人的生产，就是以物质变换的伦理原则来规范人的生产，形成生态化生产方式"[①]。将物质变换设定为社会生产方式的伦理原则，即是将人与自然的关系定义为一种整体的、友好的、可永续发展的关系。传统工业化大生产的方式可以表述为，通过大量的物质与能量资源的投入，生产出大量的产品，同时产生大量的废弃物。这样的生产方式是粗放式的、线性的生产方式，这种生产方式造成了大量的资源浪费和污染物。传统工业化生产所带来的严重环境污染与资源枯竭的问题严重地威胁着人类的生存与发展，消除这些影响必须改变传统工业化生产方式，减少废弃物的排放，发展高效节能的生产方式。教育大学生具备生态化生产方式理念，就是要教育大学生将人与自然视为一个整体，革新传统工业化的生产理念，用物质变换的理念规范生产，实现自然资源在生产中的循环与再利用，扬弃大量生产、大量消费与大量废弃式的生产——消费模式，使自然资源得到最大的利用，将生产所产生的废弃物变废为宝。生态化生产方式是对传统生产方式的改造，减少环境污染与资源的过度消耗，将产生的废弃物循环利用，达到降低自然资源消耗、减少废弃物的排放、降低污染的目的。大学生只有建立起生态化生产方式的理念，才能在实际的生产劳动中不断革新生产技术、管理方式，大力发展生态经济，实现经济发展方式从粗放型向集约型转变，促进经济又快又好的发展，促进生态文明建设，实现人与自然的和谐共处。二是绿色生活方式理念的教育。生态劳动不仅与生产劳动、生产方式相关，也与人们的生活方式相关，因为生活方式直接影响着人们的消费方式，而对商品的消费又直接影响着生产的规模与自然资源的消耗。生态劳动的理念反映在生活领域，需要倡导绿色的生活方式。"绿色生活方式是指以和谐共生为价值理念，以

---

① 徐海红. 生态劳动视域中的生态文明[D]. 南京：南京师范大学，2011：139.

环境保护为行为准则，形成的自然、节约、环保、健康、可持续的日常实践和生活模式。"[1] 在物质丰富的现代社会，部分人对物质的追求超过了必要的范围达到了奢侈与无节制浪费的程度，甚至演变为消费主义，将奢侈与浪费视为发展的动力，在这种消费理念的影响下，必然造成对自然资源的无情掠夺与自然环境的毁灭性破坏。改变消费主义，既要改变资本逻辑，也要改变人们对自然的误解，真正理解生活的真谛。教育大学生形成绿色生活方式的理念，鼓励大学生追求适度的消费，秉持消费自然资源的价值合理性与道德正当性的理念。这种理念既要保证个人生存和发展的吃、穿、住、用等基本合理消费，也要保证人类作为类的生命的种的延续，是对人类存续与发展的道德体现。因此，大学生应当树立"绿水青山就是金山银山"、人与自然和谐共生的生态劳动理念，摒弃人定胜天的观念。大学生在日常生活中应坚持勤俭节约，助力"光盘行动"、坚持垃圾分类等行为，减少不必要的消费，反对铺张浪费的消费理念，用实际行动维护生态环境，实现绿色生活方式。

三、拓展性内容

习近平在全国劳动模范和先进工作者表彰大会上讲道："在长期实践中，我们培育形成了爱岗敬业、争创一流、艰苦奋斗、勇于创新、淡泊名利、甘于奉献的劳模精神，崇尚劳动、热爱劳动、辛勤劳动、诚实劳动的劳动精神，执著专注、精益求精、一丝不苟、追求卓越的工匠精神。劳模精神、劳动精神、工匠精神是以爱国主义为核心的民族精神和以改革创新为核心的时代精神的生动体现，是鼓舞全党全国各族人民风雨无阻、勇敢前进的强大精神动力。"[2] 新时代是创新引领的时代，培养大学生创新劳动精神有助于大学生成长为创新型高素质人才，也有助于我国创新型国家建设，而培养大学生创新劳动精神需要加强创新创业教育。

职业院校是培养高素质技能人才的摇篮，将育人目标与时代要求紧密

---

[1] 程秀. 效用错位视角下城市居民绿色生活方式引导政策及仿真研究[D]. 北京：中国矿业大学，2020：12.
[2] 习近平. 在全国劳动模范和先进工作者表彰大会上的讲话[M]. 北京：人民出版社，2020：4.

结合，为国家培养人，是职业院校义不容辞的义务和责任。因此，高职院校加强劳动教育应以劳模精神教育、工匠精神教育和创新创业教育为拓展性内容。

（一）劳模精神教育

1. 劳模精神的主要内涵

劳模精神是无形的资产，是一笔宝贵的精神财富，是引领和带动广大劳动者执着向上、勤勉工作、努力拼搏的精神动力。劳模精神深深扎根于中华大地，孕育于革命战争年代、成长于社会主义建设时期、繁荣于改革开放伟大实践。劳模精神经过近90年的历史嬗变，其本质内涵始终没有改变，始终顺应时代要求，始终十分丰富。

（1）爱岗敬业、争创一流

爱岗敬业就是在热爱本职岗位的基础上，以严肃认真的态度对待自己的工作。爱岗是敬业的前提，敬业是爱岗的进一步升华，是对职业责任与荣誉的进一步深刻理解和认识。一个不爱岗的人做不到敬业，一个不敬业的人很难说是真正地爱岗。每个从业的劳动者，要做到敬业，必须从爱岗做起。无论在哪个岗位，从事什么工作，都要像螺丝钉一样，牢牢地拧在那里，把守住那个岗位，做好那份工作。爱岗敬业就是要认真对待自己的工作岗位，对自己的岗位职责负责到底，无论遇到什么情况，都尊重自己的岗位职责，勤劳坚守自己的工作岗位。爱岗敬业必须尽心尽力做好本职工作，这是每一个从业人员应该做到的基本要求。

争创一流是劳动者的价值追求，就是争取创造名列前茅的工作成绩或业绩，或者说争取成为最好的，成为第一等的。每个人的人生追求不同，自然地工作和生活态度也就不一样。一个志存高远的人，一定会将追求最优作为自己毕生的奋斗目标，从而努力增强争创一流的主动意识，并实际落实于工作生活的各方面和全过程。追求最优，就是与别人相比，勤奋多一点，责任强一点，敢于付出和奉献；追求最优，需要坚持，需要积淀，需要经过量变到质变；追求最优，需要充满激情，积极主动地工作、去学习、去生活；追求最优，需要好方法，包括做人的方法、思考的方法、工作的方法。争创一流不可能一蹴而就，往往是一个漫长的过程，需要始终保持积极思考的习惯，可以有明确的起点，但不应该有固定的终点，只有不断地去追求，坚持创造性思维，把追求最优作为对自己的一种要求，才会在工作生活中争创一流的业绩。争创一流是一种奋发进取的精神风貌，是一种追求最优的目标导向，是可以内化为每个人的内在动力之源。

爱岗敬业、争创一流体现了新时代积极的劳动态度。劳动是人的本质活动，只有通过劳动才能创造财富，谋求幸福。正是因为人民群众的辛勤劳动、诚实劳动、创造性劳动，中华民族才创造了巨大的成就和辉煌的历史。无论社会分工如何，所有劳动者都是社会主义事业的建设者、奉献者，没有高低贵贱之分，都应当受到平等的对待。在全社会大力弘扬爱岗敬业、争创一流的精神，就是对劳动卑贱的价值认知的应对，就是要扭转唯脑力劳动论、体力劳动卑贱论、体力劳动简单论等错误认识，推动全社会崇尚劳动、热爱劳动，以辛勤劳动、诚实劳动为荣，以好逸恶劳、不劳而获为耻。正如习近平总书记强调的："任何时候任何人都不能看不起普通劳动者，都不能贪图不劳而获的生活。"[①] 爱岗敬业、争创一流体现了广大劳模恪尽职守、创先争优的职业道德及高度的历史使命感、责任感，反映了工人阶级敢为人先的阶级先进性。长期以来，一代又一代先进模范人物，在各自的工作岗位上建功立业，为社会创造了巨大的物质财富和精神财富；一批又一批的劳模用自己的崇高思想和模范行为，影响着千千万万劳动者，为国家的富强、社会的发展和人民的幸福不懈奋斗。尽管我们已走过千山万水，但仍需跋山涉水，在新时代的新长征路上需要我们每一个人去爱岗敬业、砥砺奋斗、争创一流。国家兴亡，匹夫有责。无论我们处于什么样的岗位，只要我们全身心投入到工作之中，都是在为祖国建设添砖加瓦贡献自己的一份力量。

（2）艰苦奋斗、勇于创新

艰苦奋斗的基本内涵是指为实现既定的目标而勇于克服艰难困苦，始终保持顽强斗志、坚韧不拔、奋发图强的精神和品质。艰苦奋斗是中国共产党人的政治本色，是中华民族的优良传统。中华民族向来以吃苦耐劳和勤俭持家著称于世。艰苦奋斗虽在不同时期有不同的具体内容。但艰苦奋

---

① 习近平. 在庆祝"五一"国际劳动节暨表彰全国劳动模范和先进工作者大会上的讲话[N]. 人民日报，2015-04-29.

斗作为一种积极的、健康的工作和生活态度，一种思想境界，一种崇高的美德，无论什么时候都被人们视为成就任何事业必不可少的精神力量。艰苦奋斗包含着物质和精神两个层面。从物质层面看艰苦奋斗，要求人们的消费要节制在合理的限度内，这个合理限度的衡量标准与每个时期的社会生产力水平相适应。它提倡的是勤俭节约，珍惜劳动创造的物质财富。从精神层面看，艰苦奋斗是指不畏艰难困苦，锐意进取、坚忍不拔、奋发有为的精神状态和为人民的利益乐于奉献的行为品质。这种精神状态和行为品质实质上是一种积极的世界观、人生观和价值观。这样的精神状态和行为品质，过去、现在、将来，都具有时代价值。

在中国革命即将取得胜利之际，毛泽东在《继续保持艰苦奋斗的作风》一文中指出"务必使同志们继续地保持艰苦奋斗的作风"[1]。2019年，习近平在参加十三届全国人大二次会议内蒙古代表团审议时强调：过去中国共产党靠艰苦奋斗、勤俭节约不断成就伟业，现在我们仍然要用这样的思想来指导工作。[2]无论我们国家发展到什么水平，人民生活改善到什么程度，艰苦奋斗的思想永远不能丢。在新时代，我们仍需大力发扬艰苦奋斗精神，保持奋发有为的精神风貌。

所谓创新，就是要超常规，敢于突破老规矩，敢于打破旧框框，敢于接受新事物，创造性地建立新机制、制定新思路、采取新方法、取得新成绩。通俗地讲，比别人提前一步是创新，比别人多想个角度是创新，比别人多干几件实事也是创新。创新涉及政治、军事、经济、社会、文化、科技等各个领域，其具体内容非常宽泛，例如，制度创新、管理创新、思路创新、观念创新等等。创新无处不在，一个点子，一个想法，一个创意，就可能改变大局，焕发生机，提速增效。创新是一个民族发展进步的灵魂，是一个国家兴旺发达的动力。一个全民创新的国家会更有力量，一个全员创新的单位会更有生机，同样一个创新的岗位也会更有作为。勇于争新就是要超常规，敢于突破老规矩，敢于打破旧框框，敢于接受新事物，创造性地建立新机制、制定新思路、采取新方法、取得新成绩。如果不敢创新，发

---

[1] 毛泽东选集（第四卷）[M]. 北京：人民出版社，1991：1438.
[2] 习近平. 在参加十三届全国人大二次会议内蒙古代表团审议时的讲话精神[N]. 人民日报，2019-03-06.

展就成了无源之水、无本之木。创新蕴含机遇，成就伟业，我们要开阔视野，善抓机遇，立足本职，不断创新，有所成就。广大劳模勇于创新的精神，是值得永远传承的精神财富。

在新时代，只要我们端正态度，真正解放思想，找准位置，从身边创新做起，从岗位创新开始，从一点一滴小事入手，坚持不懈，创新不止，就会赢得创新的质量和效率，就能实现发展的加速度。

艰苦奋斗、勇于创新凸显了新时代良好的劳动习惯。艰苦奋斗、勇于创新体现了广大劳模吃苦耐劳、坚忍不拔的作风和强烈的开拓意识，勤于学习、善于实践，积极掌握新知识，努力增强新技能，主动应对各种挑战，反映了工人阶级的进取精神和与时俱进的阶级禀赋。艰苦奋斗，是成为劳模先进，成就任何事业，必不可少的精神力量。品读劳模事迹和劳模故事，我们会发现，他们成长成才成功的一切，关键在于奋斗。他们面对任务，面对重担，面对困难，面对危险，或踏踏实实，默默无闻，或挺身而出，轰轰烈烈。许多劳模是因为持续地做，不断地做，才有了平凡中的伟大，平常中的不平常，才有积累的不凡成绩、成果和奉献，才有关键时候的惊人之举。倡导勇于创新就要营造一种人人谈创新，时时想创新，无处不创新的良好氛围，使广大职工群众充分认识到不能满足于简单的重复劳动，而是要努力探索新的方法、研究新的工艺、创造新的程序，只有不断地去摸索、尝试，才能有所创新、有所贡献。许多一线工人劳模的实践有力地证明，创新的智慧源于实践，来自岗位，只要能吃苦耐劳、无私无畏，同样可以进行创新，取得骄人成就。2006年，"国家科技进步奖首次设立了工人农民技术创新类评审组，截至2019年，经由全国总工会推荐，先后有王洪军、杨建华、代旭升、赵林源、王康健、许杏桃、李斌、郭晋龙、高森、田明、王进、白伟东、朱洪斌、黄金娟、洪家光、罗昭强、王曙群、何光华、潘从明等19名一线工人劳模荣获国家科技进步二等奖。"[1]值得一提的是，这些获奖的创新成果不仅技术含量高且实用性强，推广应用价值很高。在新时代，大力倡导"艰苦奋斗、勇于创新"，号召全社会向劳模学习，是高质量发展的需要，是时代进步的需要，是劳模精神传承的需要。

---

[1] 张锐. 两名技术工人登上国家科技领奖台[N]. 工人日报，2020-01-11.

（3）淡泊名利、甘于奉献

淡泊名利是中华民族的传统美德，是做人的崇高境界。淡泊名利就是超脱世俗的诱惑和困扰，豁达客观地看待名声与利益，锤炼遵规守矩的高尚品格，做到清心寡欲、脚踏实地地专心干事，干出成绩，干出成功。淡泊名利就要合理地控制自己的欲望。从人性的角度看，每个人都有欲望。欲望是人的一种本能，是人类与生俱来的，所谓七情六欲乃人之本性。欲望是一切生命活动的原动力，人们因欲望的满足而快乐，因欲望的不满足而痛苦。没有欲望就没有追求，一味地压制欲望、消灭欲望，无论对个人还是社会都毫无益处。马斯洛"把人的需求划分为生理、安全、归属和爱、尊重及自我实现等五个不同层次"[①]。低层次的需求基本得到满足后，高层次的需求会取代它成为推动行为的主要动力。人的一生就是要满足一个又一个需求。满足正常的欲望是人类的本能，也是人类文明的表现。从行为科学的角度看，合理有度的欲望是推动一个人不断向前的基本心理动因，是促进经济社会发展的力量之源。而放纵无度的私欲邪念，是会使人丧失真善美而论为物欲的囚徒，甚至成为腐败罪恶的根源。正常的欲望是社会前进的动力，放纵的欲望则可能毁灭人，毁灭社会。正因为有欲望，人才有动力去追求成功，才有动力去战胜困难，才使自己一步步接近目标。欲望具有两面性，既可能是一种向往，也可能是一种贪婪。正向的欲望催人奋进，负向的欲望使人毁灭。无论从事什么工作，都要把欲望去粗存精，做到淡泊名利，不断为新的目标不懈奋斗，实现人生价值。

古往今来，在风云变幻的历史长河中，能够淡泊名利并名垂青史的先进人物数不胜数。许多劳模，忍辱负重奋斗不息，不以物喜，不以己悲，是淡泊名利一心为民的典范。我们学习劳模，就要学习他们淡泊以明志、宁静以致远的优秀品德，始终保持高尚情操。

中华民族是一个具有奉献精神的伟大民族。奉献是指心甘情愿地为他人服务，是不计较个人得失的无偿劳动。对社会来说，奉献是义务性地为国家或社会大众进行的一种无报酬的劳动。对个人来说，奉献是对他人无偿地援助和帮助，是吃苦在前、享受在后，舍己利人、多作贡献。奉献是

---

① [美]亚伯拉罕·马斯洛. 动机与人格[M]. 许金声, 程朝翔, 译. 北京: 华夏出版社, 1987: 15.

公民在处理个人与他人、与集体、与社会关系时应具有的品质和重要规范，它贯穿于社会公德、职业道德、家庭美德、个人品德等优良道德品质的积累之中，真实地反映出道德自身的特质。奉献无处不在，内涵十分丰富，包括不怕困难勇挑重担的精神、见义勇为助人为乐的精神、不计报酬不为私利的精神。奉献是一种平凡的精神，更是一种高尚的情操，还有更高层面上的思想内涵，这就是中国共产党一贯倡导的"先公后私，先人后己，公而忘私，大公无私"等道德追求。甘于奉献精神是一个国家、一个民族、一个企业的精神高地，是推动经济社会发展进步的原动力。每一个劳动者都要把奉献作为自己人生价值观的重要坐标，规范自己的思想和行为。

奉献精神是中华民族世世代代自强不息的精髓。在实现全面建成小康社会的历史进程中，奉献精神应当是职工群众的自觉追求，也应当是全社会大力弘扬的时代精神。甘于奉献就要培育乐于付出的行为品质，在奉献中实现自我价值，在实现自我价值中作出奉献。

淡泊名利、甘于奉献表达了新时代优良的劳动品德。"淡泊名利、甘于奉献"体现广大劳模任劳任怨、不计得失的模范行动，反映了工人阶级的价值取向和大公无私、不怕牺牲的高尚情操。劳模之所以在事业上取得成功，其中很重要的一条就是淡泊名利，始终保持高尚情操，专心干事，干出成绩，干出成功。许多劳模超脱世俗的诱惑和困扰，实实在在地对待一切，豁达客观地看待工作和生活，几十年如一日，像螺丝钉一样把自己"拧"在平凡的工作岗位上，接续奋斗、默默付出，踏踏实实地实现自己的人生理想和生命价值，成为广大劳动群众和全社会尊重的先进模范人物。在新时代，甘于奉献就应该向劳模先进人物学习，树立起全心全意为人民服务的观念，以大局为重、事业为先，多一点奉献，少一点索取；多一点公心，少一点私欲；多一点耐心，少一点浮躁，就能抵制各种腐朽思想的侵蚀，就能赢得群众的依赖和支持，就能获得群众的信任和倚重，就能使自己树立良好的形象。也只有这样，才能把自己塑造好，把人生规划好，把事业开创好。

2. 我国劳模精神内涵的演化过程

劳模精神是劳模在工作生活实践中所展现出的行为准则、精神风貌、价值观念、道德风范等，是通过劳模行为体现并经劳模表彰得到社会大众认可的，其内涵十分丰富。早在 1933 年 5 月 19 日，中华苏维埃共和国临时中央政府主席毛泽东"出席临时中央政府召开的武阳区赠旗万人大会，称赞武阳区特别是石水乡的春耕生产；号召瑞金全县人民向武阳区学习，搞好夏耕生产运动；代表临时中央政府将写有'春耕模范'的奖旗赠给武阳区和石水乡群众"[1]。这是我国首次表彰先进、树立典型，迄今已有近 90 年的历史。新中国成立后，党和国家在总结劳模表彰工作历史经验的基础上，不断发展和完善劳模表彰制度，选树表彰了成千上万的各行各业劳模。一代又一代劳模在创造巨大物质财富的同时，铸就了弥足珍贵的劳模精神。劳模精神孕育于革命战争时期，历经新中国成立初期、社会主义建设时期、改革开放新时期、新时代的嬗变，其内涵与时俱进、不断完善，一直示范引领着亿万劳动群众以主人翁姿态满腔热忱投身社会主义革命、建设、改革的伟大实践。

党和国家一直以来高度重视劳模精神的传承与弘扬。经查阅历史资料并统计，毛泽东同志"曾出席了 2 次全国劳模代表会议"[2]，并在新中国成立后首次的 1950 年劳模会上称赞广大劳动模范"是全中华民族的模范人物，是推动各方面人民事业胜利前进的骨干，是人民政府的可靠支柱和人民政府联系广大群众的桥梁"[3]。邓小平同志曾出席了 5 次全国劳模表彰大会，并在中国工会九大的致词中指出："在党的领导和工会的帮助下，全国各民族各地区各工业部门的职工群众中都涌现了一批劳动模范和工人阶级的革命骨干，他们至今还是我们学习的榜样和团结的核心。"[4] 江泽民同志曾出席了 3 次全国劳模表彰大会，并在 2000 年的全国劳动模范和先进工作者表彰大会上强调，广大劳模"是建设社会主义物质文明和精神文明的先锋。他们的思想和行动，体现了中国工人阶级的高贵品格。他们不愧为我们民族的精英、国家的脊梁、社会的中坚和人民的楷模"[5]。胡锦涛同志曾出席

---

[1] 中共中央文献研究室编. 毛泽东年谱（1893—1949）（上卷）[M]. 北京：中央文献出版社，1993：401.
[2] 吴丹. 弘扬劳模精神 争做时代楷模[J]. 中国人力资源社会保障，2010（06）：8-10.
[3] 中共中央文献研究室编. 毛泽东文集（第 6 卷）[M]. 北京：人民出版社，1996：95.
[4] 邓小平. 邓小平文选（第二卷）[M]. 北京：人民出版社，1994：134-139.
[5] 中共中央文献研究室编. 江泽民思想年编（1989—2008）[M]. 北京：中央文献出版社，2010：461-462.

了2次全国劳模表彰大会，并在2010年的全国劳动模范和先进工作者表彰大会上强调："我们一定要在全社会大力弘扬劳模精神，用劳模的先进事迹感召人民群众，用劳模的优秀品质引领社会风尚，充分发挥劳模的骨干和带头作用，在全社会进一步形成崇尚劳模、学习劳模、争当劳模、关爱劳模的良好氛围。"[1]正是中国共产党的积极倡导，党和国家主要领导人的亲切关怀和谆谆教导，使劳模这一队伍迅速壮大，使劳模这一称号深得人心，使传承弘扬劳模精神成为永不过时的社会风尚。正因如此，在中国共产党团结带领人民进行革命、建设、改革各个历史时期，各条战线涌现出的成千上万劳模，始终走在时代前列，引领和激励几代人为人民的解放、民族的振兴，为改革开放和现代化建设事业而奋力拼搏。

党的十八大以来，习近平总书记始终高度重视工人阶级和劳模工作，"每到一地考察都深入基层看望劳模和一线职工，亲临全总机关与劳模代表座谈，给'郭明义爱心团队'、中国劳动关系学院劳模本科班学员回信"[2]，多次就大力弘扬劳模精神、充分发挥劳模示范引领作用发表重要讲话、作出重要指示。特别是2013年至2016年每年"五一"国际劳动节前夕，习近平总书记都参加劳模活动并发表重要讲话，深刻指出劳模精神"丰富了民族精神和时代精神的内涵，是我们极为宝贵的精神财富"[3]"生动诠释了社会主义核心价值观，是我们的宝贵精神财富和强大精神力量"[4]"是伟大时代精神的生动体现"[5]。党的十九大报告在阐述"贯彻新发展理念，建设现代化经济体系"的过程中强调，要"建设知识型、技能型、创新型劳动者大军，弘扬劳模精神和工匠精神，营造劳动光荣的社会风尚和精益求精的敬业风气"[6]。这些重要论述不仅强调了劳模精神所具有的丰富时代内涵，

---

[1] 胡锦涛. 在2010年全国劳动模范和先进工作者表彰大会上的讲话[M]. 北京：人民出版社，2010：5.
[2] 王沪宁. 在中国工会第十七次全国代表大会上的致词[N]. 人民日报，2018-10-23.
[3] 习近平. 在同全国劳动模范代表座谈时的讲话[N]. 人民日报，2013-04-29.
[4] 习近平. 在庆祝"五一"国际劳动节暨表彰全国劳动模范和先进工作者大会上的讲话[N]. 人民日报，2015-04-29.
[5] 习近平在知识分子、劳动模范、青年代表座谈会上的讲话[N]. 人民日报，2016-04-30.
[6] 习近平. 决胜全面建成小康社会 夺取新时代中国特色社会主义伟大胜利——在中国共产党第十九次全国代表大会上的报告[N]. 人民日报，2017-10-28.

而且对新时代如何弘扬劳模精神，阐述非常全面深刻，要求十分具体明确。

当前，中国特色社会主义进入了新时代。党的十九大作出了战略部署，从现在到2020年，是全面建成小康社会决胜期；明确全面建设社会主义现代化国家及其"两步走"战略安排，即"到2035年基本实现社会主义现代化，到本世纪中叶建成富强民主文明和谐美丽的社会主义现代化强国"[①]。届时，中华民族将实现伟大复兴，巍然屹立于世界民族之林。毋庸置疑，实现民族伟大复兴之路将会遇到诸多困难和挑战，这个时代仍然是一个需要奋斗的时代。奋斗需要有精神的力量，精神的激励，精神的作用。劳模精神毫无疑问是这个时代最具感染力和影响力的。在全社会大力弘扬劳模精神，可以激发广大劳动群众以脚踏实地的干劲、勇往直前的闯劲、攻坚克难的钻劲建功新时代，以劳动托起中国梦。

纵观我国经济和社会发展的历史，各个时期涌现出的广大劳模，他们爱岗敬业，艰苦奋斗，勇于创新，甘于奉献，以自己的辛勤劳动和聪明才智为祖国的繁荣昌盛作出了杰出贡献，树立了不朽的丰碑。同时，劳模群体展现了鲜明的时代特色。陕甘宁边区时期，广大工人阶级和农民群众翻身得解放，以"新劳动者"的姿态积极投身支援前线、发展生产运动，不断创造出更高更新的工作标准，劳模身上集中体现了蕴藏在劳动人民中的极大劳动热情和创造潜力。新中国成立和恢复国民经济时期，全国各族人民为战胜各种困难努力奋斗，劳模身上突出体现了自力更生、艰苦创业、不怕牺牲、团结奋斗的特点。社会主义建设时期，劳模身上主要体现了立足岗位、艰苦奋斗、增产节约、无私奉献的特点。改革开放新时期，随着科学技术的快速发展，知识型、技能型职工逐渐成为工人阶级的杰出代表，劳模身上体现出与时俱进、勇攀高峰、开拓进取、争创一流的特点，反映了时代的要求。新时代，劳模身上充分展现了品格高尚、创新创造、刻苦钻研、追求卓越的时代特质，示范引领亿万劳动群众紧扣工人运动时代主题，只争朝夕，不负韶华，勇担光荣使命，争创一流业绩，为实现"两个一百年"奋斗目标、实现中华民族伟大复兴的中国梦作出新的更大贡献。

---

① 习近平. 决胜全面建成小康社会 夺取新时代中国特色社会主义伟大胜利——在中国共产党第十九次全国代表大会上的报告[N]. 人民日报，2017-10-28.

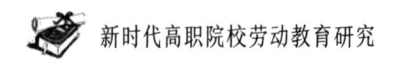

3. 新时代高职院校劳模精神教育的内容

新时代背景下高职院校劳模精神教育主要应包括以下四个方面的内容。

一是劳模的敬业精神教育。敬业是劳模的基本品质，敬业同时也是社会主义核心价值观对个人品质的要求。劳模的"爱岗敬业、争创一流"体现了劳模对国家、社会和职业的高度责任感与使命感，只有始终对职业充满热爱，才能全心全意投入到工作中，敬业精神使得劳模们在岗位上默默奉献、勇于拼搏、不断创新，在平凡的岗位上做出不平凡的事迹。在大学生中弘扬劳模的敬业精神，宣传劳模们自觉的敬业态度和敬业事迹，能够使大学生正确理解付出与回报的辨证关系，促使大学生像劳模一样发自内心的对工作和劳动产生热爱之情，并将敬业精神真正内化于心、外化于行，确立正确的劳动价值观，践行社会主义核心价值观。大学生的主要任务是学习，良好的学习习惯是培养敬业精神的基础。大学生成长成才需要立足现实的学习实践平台，面向未来工作，在学习生活中辛勤劳动，"只要踏实劳动、勤勉劳动，在平凡岗位上也能干出不平凡的业绩"[1]。对于新时代大学生来说，面对日新月异的科技发展，还需要教育他们转变就业理念，尽快适应科技发展的脚步，全面提升自身的素质，不能仅看到眼前的就业条件，而是要着眼于科技发展的要求，接受更高水平的职业教育，不断更新劳动技能，避免结构性失业。

二是劳模的奉献精神教育。淡泊名利、甘于奉献体现了劳模的思想境界，也是劳模精神的主旋律，从我国革命战争时期一直到进入新时代，不同时期的劳动模范都具备无私奉献的精神和品质，彰显着爱国主义的情怀。革命时期，无数仁人志士为了国家的兴亡，人民的幸福，甘愿抛头颅、散热血，真正做到了顾全大局、严守纪律、紧密团结，正是这样的奉献精神，才使得中华民族重新屹立于世界民族之林。凭借着不畏艰险、顾全大局的奉献精神，中华民族在面对各种重大风险挑战中，能团结一致，战胜困难。不论是抗洪抢险、抗击非典，还是抗击新冠肺炎疫情，广大党员和干部都在关键时刻顶得上，将责任扛在肩上，真正发扬了无私奉献的精神。马克思指出："历史承认那些为共同目标劳动因而自己变得高尚的人是伟大

---

[1] 习近平. 在知识分子、劳动模范、青年代表座谈会上的讲话[N]. 人民日报，2016-04-30.

人物；经验赞美那些为大多数人带来幸福的人是最幸福的人。"[①] 马克思的话正是劳模奉献精神的写照，奉献是对工作的不求回报的全身心付出，劳模之所以会无私奉献是因为他们深刻意识到新中国是人民当家做主的国家，意识到自己的主人翁地位，意识到工人阶级和广大劳动人民的历史使命。劳模们为祖国、为人民、为他人的幸福而忘我工作时，同时也收获着自己的幸福。教育大学生学习劳模的无私奉献精神，有助于大学生理解无私奉献的精神内核，有助于正确处理个人与国家和集体之间的利益关系，有助于处理理想与现实的关系，帮助大学生志存高远，为全面建设社会主义现代化强国而接续奋斗。无私奉献精神的教育可以端正大学生的就业观与择业观，部分当代大学生不能正确认识劳动的意义和价值，往往将工作的地点、薪酬、类型等外在价值看得过重，而对于祖国和人民需要的一些岗位和地区则缺乏兴趣，这些也无形中造成了当代大学生就业难的现象。因此，劳模的无私奉献精神教育还能促进大学生形成正确的择业与就业观。

三是劳模的创新精神教育。创新是时代赋予劳模精神的新内涵，新时代的劳模不仅应当具备敬业与奉献的精神，而且应当具备创新精神，成为知识型、技能型、创新型人才的典范。创新是引领发展的不竭动力，抓住创新就是抓住未来。新时代是社会发展日新月异的时代，如果因循守旧必然落后于时代，新时代的劳模在各条战线上不断创新，采用创新的工作方法、技术和制度取得了不平凡的业绩。创新是新时代劳模精神的核心，新时代劳模的突出贡献也得益于勇于创新的精神。劳模所展现的奋发图强、敢为人先的创新精神可以成为广大大学生学习的榜样，大学生学习劳模的创新精神，不仅可以激发大学生创新创业的兴趣，而且可以帮助大学生理性面对创新创业中遇到的困难与挫折，激发大学生的斗志，促进大学生的就业。

四是劳模的奋斗精神教育。艰苦奋斗是中华民族的传统美德，劳模们继承并发扬了艰苦奋斗的美德，靠着艰苦奋斗的精神，新中国的劳模们取得了一个又一个的成绩。正是凭借着艰苦奋斗的精神，通过几十年的奋斗，我国实现了"站起来、富起来、强起来"的惊人转变。劳模凭借着奋斗的精神才取得了非凡的成就，创造出了精彩的人生。幸福都是奋斗出来的，

---

① 中共中央马克思恩格斯列宁斯大林著作编译局编译. 马克思恩格斯全集（第40卷）[M]. 北京：人民出版社，1982：7.

也唯有继续发扬劳模的奋斗精神才能实现祖国的繁荣昌盛,实现个人的幸福生活。教育大学生具备艰苦奋斗的劳动精神是培养时代新人的需要,也是劳模精神教育的关键所在。

(二)工匠精神教育

1. 工匠精神的概念解读与分析

我国经济高速发展,各行各业高举工匠精神旗帜,共同追求其所拥有的价值和精神品质。因此,在工匠精神的传承融入到历史研究基础上的同时,准确理解工匠精神的概念对于高职院校有着明确的方向引领作用,如何让学生更好地理解工匠精神的内在价值?笔者认为,只有把工匠精神培育作为内涵发展指导融入高职院校学生培养计划,才能真正实现学生阶段孜孜不倦的学习习惯与岗位勤勤恳恳工作态度的"无缝"对接,真正成为工匠精神继承者、传承人和受益人。

(1)中国传统工匠精神内涵

中国传统社会工匠精神的实质,就是强调一个人要想成就大事,应从德行上和技艺上下功夫,在做好事之前先做好人的道理。[1]中国古代工匠用尽心思、倾尽全力所创造出的作品满含着对自然的敬畏、对作品的尊重,他们把使用者的感受连同自己的琢磨领悟相结合,如战国曾侯乙编钟曾敲醒华夏正统之音,成就了书写世界音乐诗篇的传奇,再如北宋徽宗烧制的汝瓷至今无人复制,其有着"一抹天青色,如歌般委婉"的诉称。中华文化中种种令西方高山仰止的古代科技文明无不强调了以品质追求为灵魂的工匠精神内涵,深刻体现了古代中国的匠人精神。

(2)外国工匠精神简述

①日本工匠精神

日本工匠精神源于中国,却在日本发扬光大,为日本近代及战后经济腾飞有着至关重要的作用。[2]日本匠人投入全副精神,坚持不懈,尽心竭力,不管是传统工艺制作,还是现代科技制造,其工艺品制作精美,功夫细腻,巨细靡遗,使日本制造业得以傲视全球,赢得了世界人民的认可。比如日

---

[1] 薛栋. 论中国古代工匠精神的价值意蕴[J], 职教论坛, 2013(34):94.
[2] 周菲菲. 日本的工匠精神传承及其当代价值[J], 日本学刊, 2020(S1):151.

本海鲜大厨一直秉承着精益求精且极其认真的工作精神，全程花费 2 小时的时间才能做出一道美食大餐；再如日本企业家柳井正出版的一本图书，特意将每页留出误差仅在 1 毫米之内的余白供读者边思考边记录。追溯其工匠精神如此盛行之原因，一是日本强烈的宗教信仰，二是媒体大力宣传匠人精神，三是严谨的质量管理体系认证制度，另外在企业里还采用终身雇佣制、企业内工会制度等先进制度，才使得每一个普通人都能注重细节，这样人人都能自律自励的社会注定是工匠精神渲染之地。

②德国工匠精神

德国工匠精神的核心内涵是精益求精。"德国制造"充分利用现代管理技术，在保证品质优质的前提下，不管是在高端制造领域，还是在传统工艺制造阶段，均能展现德国制造业拥有令人惊叹的全球竞争实力。当我们走在街上随意看到一个德国商店所摆放的工艺品，就会感叹德国制造业在平常手工产品也会如此精细，正是他们从小被灌输一种意识，那就是做人要敦厚老实、信守诺言、勤俭务实，因此，德国工匠精神不仅推动了德国制造业的持续发展，也是德意志民族精神的重要文化表征。

③意大利工匠精神

欧洲文明古国意大利凭借新颖设计和超高工艺的完美融合，使得"意大利制造"蜚声海外，时装，皮革，汽车，家具等在世界范围内广为人知。例如，具有五十多年的"制皮经验"的老皮匠梅伊·阿戈兰蒂诺亲手将零散的牛皮经过自己的双手变成一个个精美的沙发，在这背后所包含着的情感是他对原料皮质的热爱和传承，凸显了意大利工匠精神像其美食文化一样深深扎根于这个国家的每一个角落。意大利工匠精神体现在其产品从设计到成品的全过程，他们在理解用户需求的基础上搭配技术传承与创新，在选择原材料的细心和加工环节的质量保证，可以说所有这一切正是意大利工匠精神的精髓所在，完美地展现了意大利工匠精神风貌。

（3）新时代工匠精神内涵

学术界依据的学科倾向和角度的不同，对工匠精神内涵的表述也有一定的不同，但一般认为，工匠精神包括几个方面，一是严谨细、专注负责的态度，二是精雕细琢、精益求精的理念，三是拥有高超的技艺与精湛的技能。[①]但笔者认为，此观点针对新时代高职院校特色的工匠精神特殊性的研究还不够深入，因此，在本书中将工匠精神的概念界定为一种"专注走心，追求极致"的精益求精品质；一种"荣辱不惊，忘名忘利"的默默无闻品格；一种"锲而不舍，咬定青山"的持之以恒精神；一种"尽忠尽职，脚踏实地"的爱岗敬业道德以及一种"别具匠心，守正出新"的专注创新信念。

①"专注走心，追求极致"——精益求精品质

当今社会经济快速发展，与人们追求投入少、见效快相比，真正的工匠需要时时刻刻追求精益求精的品质。他们需要专注于制造某样物品或者精进自身技能，其所研制的产品要想达到高质量标准，就要以杜绝一切疏忽纰漏，极致追求产品质量为目标。工匠精神实质内涵中的"精"就指的是对一门技术的钻研，钻研，再钻研，如清代建筑世家雷氏家族设计制作的故宫模型，里里外外细节之处均严格按照1/100或1/200的比例来设计，生动地体现了中国古代匠人"专注走心、追求极致"的品质，也是自古以来工匠精神的核心要义。在新时代高职院校培育工匠精神，就是要让学生一丝不苟地对待自己的工作，做到精于工、匠于心、品于行，才显得更加珍贵与重要。

②"荣辱不惊，忘名忘利"——默默无闻品格

自古以来，中国从不缺少工匠精神。例如，梓庆削木为鐻的故事讲述了梓庆在做鐻之前开始斋戒。斋戒到第三天，这期间不再怀有庆功赏爵和食禄之想，斋戒到第五天，不敢再心存荣誉、是非或笨拙的杂念。他的心中没有喧闹，也没有浮躁，达到了荣辱不惊的境界，与当今物欲横流的社会中，很多人没有摆正心态，一心想急功近利，总想着不劳而获的成功的例子相比，梓庆的做法可谓更胜一筹。若没有守得了清贫，耐得住寂寞的性子，怎能有不改初心的定力和坚毅的工匠精神？因此，要提倡高职院校学生能扎根岗位，淡泊名利，乐于奉献，以水滴石穿的毅力不断提升个人的技能。假如他们敢于视金钱如粪土，敢于面对寂寞，其骨子里就必定蕴藏着一股不可战胜的力量，才能将平凡的事情做到极致，才能成为这个国家和民族真正实干兴邦的栋梁。

[①] 新时代工匠精神的内涵及特征_中国工会新闻_人民网[EB/OL].http：//acftu.people.com.cn/n1/2019/1105/c67502-31438790.html.

③"锲而不舍，咬定青山"——持之以恒精神

掌握一门精粹完美的技术是工匠们的毕生追求，倘若没有"锲而不舍，咬定青山"的持之以恒的精神，怎么会有废寝忘食、尽心竭力的付出。这就启示我们，成功并不是一蹴而就的，总有一些人能够数十年如一日地去攀登专业技能的顶峰，他们能以持续的学习、超高的专注度、不断的坚守和钻研，将技艺锻造得炉火纯青。一般人，花几年时间去重复地做同一件事，总会感到乏味，甚至是厌倦，从事加工工作25年的杨新华不一样，虽不善言语，但他懂得在重复中自得其乐，始终保持着初心，醉心于对技术的钻研。人们要想将一份事业当成是一场崇高的使命去完成，谈何容易？正如一则立世法则言道："锲而舍之，朽木不折；锲而不舍，金石可镂。"[1]高职院校学生要知道成功没有捷径，无论是学习、工作，或是对人生的追求中，需要了解其是一个长期奋斗积累，厚积薄发的过程，充分认识绳索割木木会断，滴水穿石石也穿的意义，只有持之以恒才能成就工匠精神。

④"尽忠尽职，脚踏实地"——爱岗敬业道德

工匠精神落实到个人工作层面，即爱岗敬业。爱岗敬业，是当今社会对人才的呼唤，是社会发展的要求，也是企业对员工个人发展的首要要求，其作为最基本的职业道德要求，是工作能力、职业精神的体现，更是每位职工必备的基本素质。高职院校学生能否端正态度履职尽责，关系着其走向社会后是否能胜任工作岗位的需求。因此，要鼓励高职院校学生一边学习专业知识，一边养成尽忠尽职、脚踏实地的优良品质，只有这样具备爱岗敬业道德的学生能尊重自己的工作，热爱自己的工作，他们各守其道，各司其职，因而能促使其事业的成功，为企业健康发展带来更多的机遇。

⑤"别具匠心，守正出新"——专注创新信念

"工匠精神"这四个字对正处在经济转型升级、攻坚克难的关键时期的中国具有重要意义，同时也是建设质量强国和文化强国的需要。所谓创新，既不是标新立异，也不是因循守旧，而是强调批判继承，吐故纳新，创造出新的东西，那么就意味着优秀工匠在很多时候毫不犹豫地否定自己，大胆突破，在思想、技术和工艺等方面具有与众不同的构思，不满足已取得

---

[1] 荀况，荀子·劝学[M]，哈尔滨：北方文艺出版社，2020：4.

的成就，实现对产品的精致追求。例如，2018年大国工匠年度人物谭文波利用业余时间开发出了具有自主知识产权的新型液压桥塞坐封工具，被誉为世界首创，为中国乃至世界石油技术带来革新。因此，高职院校在大力弘扬工匠精神的同时，要充分培养学生别具匠心、守正出新的专注创新信念，才能提高学生学习的主动性、积极性和创造性，充分发挥学生主体参与能力，为实现个人素质提高打下坚实的基础。

新时代中国工匠精神的实质内涵深刻展现了唯物辩证法的思想，既具有普遍共识的一般意义，又在各个行业分化着不同的内涵。它们包罗万象，且实用性强，可以为我们的人生指引航向。实际上，要想继续丰富新时代工匠精神的内涵，就要对中国优秀传统工匠精神批判继承的同时，充分吸收借鉴国外工匠精神有益的东西。光荣的广大劳动者们用最真实的实践行动，铸成了工匠精神、劳模精神和劳动精神所构成的完美体系，是以爱国主义为核心的民族精神和以改革创新为核心的时代精神的生动体现，也是社会主义核心价值观的应有之义，永远激励着广大青年朋友为实现中华民族伟大复兴中国梦付出一切实际行动。

（4）工匠精神的属性分析

工匠精神的历史已有上千年，正是有了工匠精神的支持才使得人类生活水平和质量不断提高。笔者认为把握工匠精神的属性可以更好地深入理解发挥工匠精神的作用，工匠精神具有以下属性。

①传承性

时至今日，从古代传承下来的工匠精神仍在时代风霜的洗礼中不断蜕变和重生。

首先，工匠精神有着丰厚的文明底蕴。回眸遥望夏、商、周的青铜技术，深沉感知跨越几千年的瓷器文化，用心感悟唐宋诗书文化，观瞻触摸明清家具与建筑文化，古代光辉灿烂的文明与出色工匠们的劳动成果相得益彰，逐渐形成了传统的工匠精神。如商代"四羊方尊"展现了古人对青铜技术的精准掌握以及对大自然馈赠的热情向往，再如清朝修建的北京故宫淋漓尽致的体现了古人的认真执着与大智慧。中华民族有着五千多年的文明历史，具有中国特色的工匠文化凝结了无数大国工匠的工匠精神，他们在造就无数精品的同时，也在农商业、科学与文学、艺术等各个领域有了长足的发展。

其次,工匠的超群技艺能流传至今,也展现了其传承性的伟大力量。当我们今天所看到的古代精美瓷器、玉器、建筑……不禁感叹古人技艺的巧夺天工,其背后折射出的工匠精神,所包含着的意蕴,蕴含着精益求精的态度、蕴含着极致和谐的追求,都深深影响着整个社会的发展,故而能够在现代社会继续传承。

②时代性

工匠精神既紧随历史发展,又充分展现鲜明的时代特征。即使时代在变,工匠精神和时代要求之间的契合关系却未有丝毫改变。工匠生活在特定的历史时代。在手工业时代的小作坊模式,以单个家庭或多个家庭合作生产为主,这些手艺人完全依赖双手,靠着吃苦耐劳的精神和精湛的技艺才能创作一件完美的产品,而这样的作品只为封建统治阶级而打造,并不面向普通人开放,因此工匠们有充足的时间对自己的产品精心打磨,以达到完美的程度;后来进入大工业时代,新的生产方式开始出现。社会评判优秀工匠的标准,是看其对作品的标准和规范是否严格遵循和坚守,再加上那时候人们都关注产品的增量和规模,所以普通民众的首选也不是以工匠精神代表所生产的高端产品;现如今步入工业信息化时代,人们生活水平日益提高,他们对质地低廉、千篇一律的产品嗤之以鼻,人们个性化需求急速增长,如个性化定制产品就是专门为满足消费者挑剔的眼光而设计出的。这样一来,工匠精神的时代特征愈发明显,就是要进一步推动工匠转变为普通劳动工人,使之符合新时代社会的生产要求。

③进步性

社会文明的进步得益于工匠精神的发展,是中国制造迈向中国创造的精神源泉。这些人如何从初出茅庐的年轻人,直至最后成为优秀的"大国工匠"的原因,就是对工作的热爱和追求,他们往往在斟酌细节时有大胆质疑,不断改善自己的工艺,注重积累相关的经验,精心雕琢自己的产品,追求完美和极致的品质。如前所述,工匠精神需要创新,即追求突破,追求革新。全球高科技的飞速发展离不开这些集创新和发明于一身的工匠们,他们在客观受限制的生活中充分探索新的先进工艺和生产工具,在制作器物过程中的追求价值和技能水平提升的同时,实现了自我超越的目标。如此来看，这样一种过程是必须要经历的，也是工匠精神逐渐丰富的过程。

④实践性

工匠精神本身被客观实践所检验。首先，人们在从事不同职业时所展现出的不同的职业价值观，表明工匠精神的内涵有极大的丰富性。其次，工匠精神本身是否满足所在时代生产力的客观需要，必须要通过实践来检验。通过实践检验，那些符合客观实践的，促进生产发展的，更好地满足时代需求的工匠精神，会被流传继承下去，那些无法满足当前客观需要，违背所在时代社会发展规律的，所谓的"工匠精神"会逐渐被工匠群体丢弃，最终消失。[1]最后，工匠精神是祖辈留给我们的财富，只不过它没有以实物的形式存在，在这个过程中，只有那些能经得起客观实践检验，并能不断发展前进，自我完善的，才是真正的工匠精神。

2. 工匠精神对大学生劳动教育的重要意义

劳动教育作为一种育人教育，始终要把握育人导向。工匠精神作为一种美好的价值追求，是人类在漫长劳动历史过程中，通过从事劳动总结形成的一种美好品质，它因手工业的兴起而产生，在培养人类动手能力、总结劳动经验、塑造人的劳动精神方面具有重要作用。

从新时代大学生劳动教育方面而言，弘扬工匠精神对于新时代大学生劳动教育的开展具有重要作用。

（1）工匠精神有利于激发大学生劳动精神、促进个人成长成才

工匠精神源自于人类在参与劳动中对经验的总结凝练，作为一种上层意识形态，它代表的是一种社会身份的认定，一种社会成员普遍认可并接受的内在意志，具有强大的示范效应，能够对个体产生积极广泛而又深远的影响。因此，工匠精神对于个体的激励作用深远而持久。它既是一种鞭策，也是一种追求。从大学生这个群体出发，工匠精神所内含的脚踏实地、爱岗敬业、尊师重道等内容，正是对当代大学生开展劳动教育所要达到目标的契合，也是劳动精神的一种深刻体现。工匠精神融目标、毅力、恒心、勤奋、方法于一身，为个体的成长成才提供了强大的精神动力[2]，有利于激

---

[1] 张文财. 基于工匠精神视域下高职院校技能型人才培养[D]. 南昌：东华理工大学，2018：15.
[2] 张苗苗. 思想政治教育视野下工匠精神的培育与弘扬[J]. 思想教育研究，2016（10）：49-53.

发大学生劳动精神，让大学生在劳动中感悟工匠精神魅力、体悟劳动乐趣，将所学所得内化于心，外化于行，成为提升自己、推动自己成长成才的重要武器，对个体的劳动意识养成和精神塑造具有不可磨灭的作用。

（2）工匠精神有利于锻炼大学生劳动能力、提升自身本领自觉

精益求精、追求极致是工匠精神的核心，也是成就杰出劳动者的根源。[①]首先，工匠精神中的内在因子能够深刻触动大学生，使他们在参与劳动中明白劳动意义之所在，体会劳动最美丽、劳动最光荣的内在本质，从而以更加自觉的意志加入到劳动中，不断提升自己的思辨能力、动手能力、实践能力，从而实现个体综合素质的提升。其次，工匠精神的内在引领力在于通过塑造一个活生生的大国工匠，让广大青年大学生在现实生活中感悟这些为国家、为民族、为社会做出突出贡献的大国工匠身上所散发出的职业素养与人格魅力，成为他们学习的榜样。更重要的意义在于，通过榜样示范、价值引领，能够让新时代大学生在提升劳动意识和增强劳动能力的同时，全方位提升他们的本领自觉，即让熟练掌握科学文化知识、全面提升综合素质成为他们内心的坚定信念和自觉行为，从而构建一种综合性的人才培养模式。

（3）工匠精神有利于强化大学生劳动素养、锻造大国工匠

个体的劳动素质是整个社会劳动力素养的深刻体现，只有在劳动中不断锻造自己，增长才能，才能够从根本上提升整个社会劳动力素质，推动社会产业、社会分工的进一步优化。而工匠精神在新时代无疑有着新的时代特征和时代意蕴，特别是党的十八大以来，工匠精神作为新时代社会需求、时代进步日益突出的时代精神，被赋予了新的时代要义、新的政治旨趣和新的实践方向，在中国共产党治国理政逻辑理路中赓续与发展。[②]作为新时代大学生，这一群体在劳动教育中更突显深刻意义，作为新时代中国特色社会主义现代化建设事业的接班人，通过强化大学生劳动素养锻造大国工匠是我们的根本追求，是我们国家在未来发展进程中能否始终走在世界发展前列的决定性因素。因此，工匠精神的塑造与弘扬，既是对新时代大学

---

① 乔东. 劳模精神、劳动精神和工匠精神探析[J]. 中国劳动关系学报，2019（10）：35-42.
② 明芳，石路. 从"劳工神圣"到"大国工匠精神"：中国共产党劳模精神的百年构建与嬗变[J]. 当代教育论坛，2021（07）：1-12.

生提升劳动素养的必然要求，又是新时代锻造大国工匠的价值指向。

3. 高职院校学生工匠精神培育存在的问题分析

（1）校园文化氛围不浓厚

高职院校要探索如何将校园文化与工匠精神充分融合的途径，营造充满工匠精神氛围的校园文化，才能做到有效依托校园文化载体，孕育工匠精神的摇篮，使之成为学校职业教育的一张靓丽名片。

①工匠精神与精神文化融合不深

工匠精神是高职院校的精神内核，体现在学校当中是办学理念、教风学风、发展思路等方面，而在校园当中工匠精神的文化是更为具体的，目的是培养"德艺双馨、匠心传承"的高素质技能应用型人才。很多高职院校在凝练和修订精神文化内容时，没有注重汲取工匠精神的精髓，在宣扬和培育工匠精神时，也没有与精神文化结合起来，致使两者融合不够紧密。工匠精神是高职院校的主要价值遵循，高职院校的精神文化如果不能很好地汲取工匠精神的精华，就很难实现自我完善和升华，也不能完整地体现高职教育的内涵和本质。同样工匠精神如果不能顺利融入高职精神文化中，它也难以被重视，其推动职业教育发展的效果也会大打折扣。[1]

②工匠精神在环境文化中凸显不足

如何有效地开发学生的智慧潜能，让自身道德品行在潜移默化的环境中升华，就离不开校园良好的环境建设。物质文化如整洁宽敞的道路，鸟语花香的风景，人文环境如和谐的师生关系，活泼的工作氛围等。近年来，国家下拨大量文化经费以助力高职院校推进校园文化建设，各院校也体现了各具风格的办学特色和精神面貌，这值得肯定。但还是存在一些不足，主要体现在以下方面。一是过度聚焦于外在的载体建设，没有将校园文化的艺术雅趣和现代工匠精神气息进行有效结合。二是校园物质文化利用率不大，虽校园主要景点和场所做了较好的展陈，但还存在着没有充分利用在办公室、教室、实训室等局部的问题，致使工匠精神宣传效果不佳。三是社团学术活动及供师生文娱活动的种类繁多，但工匠精神融入度不够且品牌特色不鲜明，导致其教育作用没有发挥应有的效果，造成师生体验感

---

[1] 王永波、胡大鹏，工匠精神融入高职校园文化建设的问题与对策——以长沙航空职院为例[J]. 机械职业教育，2020（07）：7.

下降。

③工匠精神在行为文化中践行不够

培育和弘扬工匠精神目的能否顺利实现，关键在于是否能彻底地持续践行。高职院校师生只有在日常的工作、学习和实践中持续不断地践行工匠精神，才能有效地提升自身职业素养和技术技能。[1]但在目前，高职院校在践行工匠精神方面还存在一定的问题。从管理者方面看，他们虽然意识到了工匠精神的重要性，也经常强调践行工匠精神，但缺乏卓有成效的措施和持续有力的执行，机制体制不完善，考核奖惩不明确，导致整体工作质量不高；从教师方面看，依旧习惯于固有的教学理念和方式，认为教书只是一种谋生的手段，缺乏敬业、执着、创新等工匠精神，没有把工匠精神有力地融入教学育人过程中，没有起到良好的示范引领作用；从学生方面看，他们中不乏对工匠精神内涵没有透彻的理解，有的虽有领悟但不愿意在持续吃苦耐劳中习得工匠精神。另外，学生之间缺乏崇尚技能、崇敬工匠、你追我赶的学习氛围。由此观之，工匠精神在很多高职院校中的践行力度还不够，没有形成良好的工匠行为文化。

（2）师资整体素质不够高

高职院校教师队伍的综合素质直接影响和决定着其育人质量的高低。当前，高职院校扩招与和生源减少等因素造成教师要面对各式各样的学生，这样一来就对教师整体素质提出了更高的要求，只有"有才之师"才能助力学生提升自身素养。事实上，笔者在研究过程中发现部分高职院校或教师仍然存在一些共性的问题，倘若正确对待，使他们更好地符合高职教学的需要，才能培养出对社会有用之才。

①在育人理念和劳动实践方面有失平衡

第一，一些院校管理者对工匠精神认识模糊，一味看重证书和技能考核、片面追求就业率、热门专业和"省钱"专业等，这些不确定因素让学生过度重视技能培养而忽视文化理论学习或学校出于安全因素的考虑，以课代劳，用讲的方式代替了实际动手操作，致使学生交流心得感受的时候不得不发挥想象，千方百计地杜撰，这也算是他们所经历的最具讽刺意味

---

[1] 王永波、胡大鹏，工匠精神融入高职校园文化建设的问题与对策——以长沙航空职院为例[J]. 机械职业教育，2020（07）：10.

的"精神性"劳动之旅，并未真正落实对学生有用的实践训练。

第二，课程内容大多较少涉及现代工匠精神的内容，而且实践性教材也比较缺少。在大多数院校中所设置的工匠精神培养课程大多是以公共选修课的形式存在，大班形式授课方式、课程内容泛泛而谈等因素，造成学校对学生的工匠精神培养教学容易出现理论教学照本宣科，实践教学又受限于实训基地等硬件资源以及实践师资队伍水平不高，与新时代工匠精神的培养要求背道而驰。

②师资队伍水平与学生实际需求不符

第一，在师资能力方面。现实中上高职院校所拥有的"双师"素质的教师数量绝对性短缺且水平不高，所谓双师型教师是指具备基本的教育和职业工作素质，精通特定专业工艺原理和专业实践能力，胜任承担对职业教育学习者的教育和培训任务的职业教育机构的教育者。[1]在职业院校的部分教师虽持有双证，但真正熟悉生产一线工作的却寥寥无几。这些教师在教学过程中只是停留在浅层的爱岗敬业等方面，对相关知识、概念所涉及到的工匠精神的内涵没有提及，因此其对工匠精神的传授力度非常有限，缺乏对学生工匠精神的内涵渗透。

第二，在教学方式方面。高职院校师资团队一般都具有丰富的理论知识，能够独立承担起专业教学任务，但教师在一对多的教学环境中难免力不从心，加上部分教师教学方式刻板，教学方法使用不当，在课堂以系统讲授理论知识为主，没有结合专业特点，特别是实训和教学结合阶段缺少实践方面的引导，缺乏对学生主动学习与知识应用的引导，这样不仅无法满足学生的学习需要，还导致在授课当中只能纸上谈兵，使教学过程与工匠精神的培育造成脱节。[2]

（3）学生综合素质不过硬

试问，短短三年的高职教育能将毫无实践经验的学生培养成一位大国工匠吗？答案显然是不可能的。学生主体是最为关键的一环，一个人只有在学生时代培养工匠精神，领悟工匠精神精髓，才能让他们在未来社会发

---

[1] 肖凤翔，张弛. "双师型"教师的内涵解读[J]. 中国职业技术教育，2012（15）:19-24.
[2] 赵智军，任庆国，刘喆，高职院校工匠精神"四进"工程培育体系研究与实践：以陕西铁路工程职业技术学院为例[J]，职业技术，2019（10）：46.

挥更大的作用。

①思想认知有待提高

首先，由于高职院校处于高招录取链末端，很多学生有的可能是因为高考时发挥失常，也有的可能本身就缺乏自律的意识，因此，这部分人在进入学校以后就表现出很多方面的缺陷，比如学习态度不正确、学习表现不认真、没有掌握适合自身的学习方法、对待考试往往采取应付了事的态度完成，长此以往，学生的这种消极不求上进的学习态度不利于工匠精神的培养和实践。

其次，学校唯分数论风气的盛行，导致大部分学生加重了"重理论轻技能"的思想，过度关注自己的课业成绩，他们只认为成绩的好坏能决定工作的好坏。同时还需要指出的是，部分学生在毕业之后的求职过程中对未来工作岗位期望太高，存在"小钱看不上，大钱挣不来"的眼高手低的情况，缺乏谦虚的工作态度，这些都是在思想上对自己没有清晰的认知。

②实践能力有待强化

多数高职院校能定期安排学生进行校内车间进行实训演练的课程，但部分高职院校的实践环节已大打折扣。一是由于高职院校教师大多是高素质人才，但却缺乏实践教学的经验。二是很少有企业愿意接收学生进行实践，原因在于不仅占用对方的人力资源讲解与指导，还要耗费其精力与场地。三是虽有毕业实习阶段，但学校对学生就业追踪监控也流于形式，学生往往会采取到用人单位盖个实习章应付了事。以上种种因素，都直接导致了学生实践动手、应用能力弱的现状，而且也有许多用人单位会要求学生具有一定的实践经验和动手能力，给尚在求学阶段且没有多少经验的学生们出了一道难题。

（三）创新创业教育

创造性是劳动的本质特征，正如马克思所指出的那样："最蹩脚的建筑师从一开始就比最灵巧的蜜蜂高明的地方，是他在用蜂蜡建筑蜂房以前，已经在自己的头脑中把它建成了。"[①]进入 21 世纪以来，科学技术和产业

---

① 中共中央马克思恩格斯列宁斯大林著作编译局编译. 马克思恩格斯全集（第23卷）[M]. 北京：人民出版社，1972：202.

不断发生着巨大的变革，新时代的科技发展朝大数据、人工智能、生物工程等方向发展，创新带来的竞争性优势越来越大。改革开放40多年来，我国取得了非凡的成就，经济总量跃居世界第二，成为世界第二大经济体，但是我们必须认识到，随着人口红利的消失、自然资源和环境的约束、改革红利等因素的消失和减退，我国必须转变经济增长方式，实现从要素驱动到创新驱动的发展之路。新时代是创新引领的时代，培养大学生创新劳动精神有助于大学生成长为创新型高素质人才，也有助于我国创新型国家建设，而培养大学生创新劳动精神需要加强创新创业教育。

1. 创新创业教育的内涵

（1）创新创业教育概念

"创新创业教育是中国人的理论创造"[1]，在借鉴西方发达国家创业教育经验基础上，创造性地提出并全面开展大学生创新创业教育，是在中国现有国情下，对创新教育和创业教育的整合和超越。2002年，学术界就有人依据"创新创业教育是高等教育的核心，提出创新创业教育的设想"[2]。此后，使用"创新创业教育"概念的越来越多。继学术界之后，国家从中央层面提出"建设创新型国家""以创业带动就业"的战略思想，创新创业教育由理论概念逐步落实到实践层面。2009年4月，中国高等教育学会创新创业教育分会在中南大学成立。2010年4月，教育部召开了推进高等学校创新创业教育和促进大学生自主创业工作视频会议，部署了高等学校大力推进创新创业教育和促进大学生自主创业工作，清华科技园、辽宁省教育厅、黑龙江大学在大会上发言，介绍推进创新创业教育的经验。同年5月，教育部下发了《关于大力推进高等学校创新创业教育和大学生自主创业工作的意见》（教办〔2010〕3号），要求高校大力推进创新创业教育，指出创新创业教育是适应经济社会和国家发展战略需要而产生的一种教学理念与模式，在高等学校开展创新创业教育，积极鼓励高等学校学生自主创业，是教育系统深入学习实践科学发展观，服务于创新型国家建设的重要举措；是深化高等教育教学改革，培养学生创新精华和实践能力的重要途径。

---

[1] 石国亮. 时代推展出来的大学生创新创业教育[J]. 思想教育研究, 2010 (185): 65.
[2] 李昌义, 杨建华, 邓忠莲. 关于开设创新创业教育的设想[J]. 发明与革命, 2002 (06): 22.

(2)创新创业教育的内涵

创新创业教育不是简单概念的重叠,是在当前高等教育综合改革下,适应经济社会发展方式转变、探索和研究创新精神、创业能力的培养,为社会主义建设事业培养创新型人才。是在理念和内容上实现了对创新教育和创业教育的超越,是一个完整概念范畴的生成。"从受教育者学生的行为主体,从知性统一的角度着眼,将创新创业教育作为一个完整的范畴研究分析,在理论上是成立的。"[1] 广义的创业教育,把"创新"的理念融合,是面向全体学生,为大学生终身可持续发展奠定坚实基础的综合性素质教育,并非是简单培养少数自主创业的企业家,或是教会就业困难的学生找工作的手段。所谓创新创业教育,"是指以培养受教育者的创新精神、创业意识与能力为基本价值取向的教育理念与教育模式"[2]。创新创业教育是与时代精神相吻合,与当前社会发展相适应的新理念。它的核心目标不是培养学生企业家,而是将创新和创业相互作用、相互促进,培养学生具备创造精神和创造能力,最终成为具有开创性特质的个体。创新教育的成效,要经过其培育的人才在未来创业过程中得以充分验证,而创业能否成功又有赖于创新教育的深入程度。

本书将采用"创新创业教育"一体的描述方式来诠释,这一概念符合时代潮流,满足社会进步对高等教育的需要。"创新创业教育"是广义上的创业教育,如果做严格的区分,确实存在细微的差别,但共性远远大于差异,可将两个概念互用。创新创业教育是推动高等教育实现知识向智慧的转化,既是解决生存问题又努力提高生活意义,是受教育者全部素质培养中最为重要的部分。知识经济发展以来,社会进步日益有赖于人的创新创业活动,对高等教育也提出了新的要求,作为新的教育理念和教育实践,创新创业教育是对国家发展战略的新回应。

2. 大学生劳动教育中创新创业教育的内容

2014年9月,李克强总理在夏季达沃斯论坛上提出"大众创业、万众创新"的理念,随后在冬季达沃斯论坛上又将"大众创业、万众创新"视

---

[1] 曹胜利,雷家骕. 中国大学创新创业教育发展报告[M]. 沈阳: 北方联合出版传媒股份有限公司,2009.

[2] 张澍军,王占仁. 作为理念和模式的创新创业教育[N]. 光明日报,2013-03-14.

为新常态下中国经济腾飞的动力之源。[①] 大学生是实施创新驱动战略及推动大众创业、万众创新的后备力量和主力军,大学生创新创业的能力将决定全民族创新创业的水平。当前,根据国家要求,各高校普遍开设了创新创业课程,举办了形式多样的创新创业竞赛,极大地激发了大学生的创新创业热情。但在实践中,仍有一些高校存在创新创业教育流于形式,造成大学生创新劳动精神缺乏,创新劳动能力不强的情况。因此,新时代大学生劳动观培养应把创新创业教育作为重要的教育内容。

创新创业教育主要包括以下四个方面的内容。

一是教育大学生明确创新创业教育的内涵与意义。当前,部分大学生甚至包括一部分教师对创新创业教育的理解存在偏差。部分大学生片面的认为创新创业教育只是教授学生创办公司,或者是为了开展第二课堂及社会实践的需要,更有甚者认为创新创业教育只是学校和社会为了解决、缓解就业压力而开展的教育活动。另外,受传统观念的影响,很多大学生仍然将大学视为封闭的象牙塔,在学校期间抱着"两耳不闻窗外事,一心只读圣贤书"的心态读书,期盼毕业后找到一份稳定、高薪、轻松的工作。所有这些误解都源于大学生没有真正理解创新创业教育的内涵与意义,导致部分大学生创新创业意识淡薄,创新创业知识储备不够,创新创业能力与准备不够,遇事容易妥协,缺乏奋斗与持之以恒的精神。"创新创业教育是中国人的理论创造。"[②] 创新创业教育最初是两个独立的概念,为了适应经济社会发展和国家战略发展的需要而提出的概念。教育大学生理解创新创业教育的内涵,就是引导大学生理解创新创业教育不是"创业教育"与"创新教育"的简单叠加,其核心价值取向是培养大学生的创新精神、创新意识与创新能力,旨在培养高素质创新型人才。创新创业教育在大学生成才以及走向社会的过程中起着至关重要的作用,在高等教育已经实现"普及化"的今天,大学生就业难的表象原因是供给过剩,深层次原因是不具备满足用人单位和社会发展所需要的能力。而创新创业教育是坚持以问题为导向,以社会需求为导向,培养大学生的创新意识、创新思维及创

[①] 石丽,李吉桢. 高校创新创业教育:内涵、困境与路径优化[J]. 黑龙江高教研究,2021(02):100.

[②] 石国亮. 时代推展出来的大学生创新创业教育[J]. 思想教育研究,2010(10):65.

新能力，有助于培养大学生的综合素质，适应就业市场的需求，提高大学生创业就业的能力。

二是教育大学生理解劳动与创新创业之间的关系。创新创业与劳动之间存在着密切的关系，无论创新还是创业要想取得成功都需要艰苦的奋斗，离不开辛勤的劳动。但仅凭激情、靠蛮干也不能取得良好的效果，只有建立在实干基础上的巧干才能取得事半功倍的效果，这就需要运用创新思维实现巧干。因此，创新创业的实现是以辛勤劳动、诚实劳动为基础，以创新劳动思维的确立为前提的。部分大学生不能认识到创新创业的艰巨性，不能承受失败的风险与压力，便不能实现真正的创新创业。因此，教育大学生理解劳动与创新创业之间的关系，有助于培养大学生的社会责任感，树立正确的劳动观，提升创新意识和创业能力，促进大学生积极主动就业，依靠辛勤劳动、诚实劳动、创造性劳动创造财富，更好的实现自身价值与精神追求。

三是教育大学生了解创新创业相关政策。大学生只有全面了解党和政府关于创新创业的相关政策，才能更好的进行创新创业活动，有利于增强对创新劳动的认识，同时推动大学生形成创新的劳动观。通过2010年教育部印发的《关于大力推进高等学校创新创业教育和大学生自主创业工作的意见》的学习，了解创新创业对学生与社会的重要价值与意义。通过对2012年教育部印发的《教育部关于做好"本科教学工程"国家级大学生创新创业训练计划实施工作的通知》以及2015年国务院办公厅印发的《关于深化高等学校创新创业教育改革的实施意见》等文件了解大学生从事创新创业所能获得的便利条件，包括允许大学生调整学习进度，保留学籍进行创新创业。只有对这些政策深入了解，才可以免除大学生创新创业的后顾之忧，推动大学生创新创业的真正实现。

四是教育大学生形成创新创业意识。教育大学生形成创新创业意识有助于大学生在求职、创新、创业及工作中不断解决新问题、想出新办法，增强学习与工作的实效性。创新创业意识是人们致力于发现新问题、探索新事物，寻求解决问题的新方法的积极心理倾向，是创造性劳动的内在动力。创新创业意识的形成需要教育大学生将所学知识内化，通过为学生提供更多的实践机会，增加学生的创新创业经验的生成，并且在实践的过程中引导学生积极地构建、理解新知识，促进知识与经验的有机融合，提升大学生创新创业的能力。在知识内化和经验生成的基础上，创新创业教育才能激发大学生创新创业的兴趣，积极主动的发现新问题，抓住新机遇，增强大学生创新创业的动机，形成为实现中华民族的伟大复兴而不断创造的价值观，进而不断开发创新创业的潜能，培养用于创新的劳动精神。

第六章　新时代高职院校加强劳动教育的现实途径

近年来，职业教育在我国越来越受到重视。职业教育培养的人才要向高层次发展，这就要求学校努力为人才培养提供适宜的环境，营造人才氛围，致力于培养高层次、高素质的劳动人才。人才观引领教育观的发展，课程改革呼唤人才观的更新。如何在新时代开展劳动教育需要运用好新思维，这既要体现中国特色社会主义教育的特点，又要突出时代特色。以立德树人为根本，结合职业教育"知行合一""工学结合"的办学特色和课程特点，可以从明确目标与原则、细化顶层设计、形成劳动文化、构建课程体系、健全协同机制、健全评价机制等方面入手，切实加强新时代高职院校劳动教育，实现培养"德技并修"的高素质劳动者和技术技能人才，促进学生全面成长成才的教育目标。

一、明确新时代高职院校加强劳动教育的目标与原则

（一）明确新时代高职院校加强劳动教育的目标

新时代高职院校劳动教育的目标在新时代高职院校劳动教育体系中起着至关重要的主导作用，决定着高职院校劳动教育的发展方向，同时也是开展高职院校劳动教育的重要保障。习近平总书记在全国教育大会上强调"培养德智体美劳全面发展的社会主义建设者和接班人"[1]，这既是新时代高校人才培养的目标，也是新时代大学生劳动教育的总体目标。与此同时，

---

[1] 习近平在全国教育大会上强调：坚持中国特色社会主义教育发展道路　培养德智体美劳全面发展的社会主义建设者和接班人 [N]. 人民日报，2018-09-11.

根据思想政治教育"知情意行"相统一的教育目标，本章根据新时代高职院校劳动教育特点，从认知目标、情感目标、意志目标以及行为目标四个维度提出了新时代高职院校劳动教育的各级目标。

1. 总体目标：培养德智体美劳全面发展的社会主义建设者和接班人

劳动作为我国"五育"之一，是新时代大学生实现自我净化、自我完善、自我革新、自我提高的主要途径。就中国目前的教育体系而言，一些中小学的教育主要是针对学生升学，更多的是灌输学生知识，引导他们的智力发展。进入大学后，这是一个管理相对宽松、教育相对开放的进入社会的"跳板"，我们更应该以全面提高德智体美劳为目标，坚持并大力加强劳动教育。

我们应该确立培养全面发展的社会主义建设者和接班人的教育目标，转变教育主体的劳动教育观念。在"君子劳心，小人劳力，先王之制也"等传统文化和当前中小学应试教育制度的影响下，智育水平和试卷分数被视为衡量一个学生是否优秀的重要指标。在这种狭隘的教育目标的引导下，劳动教育往往被排斥在教育体系之外。因此，提高劳动教育的地位，引起教育主体对劳动的重视，培养积极正确的劳动观，不仅是新时代大学生全面发展的重要环节，也是实现新时代大学生全面发展的总体目标。

2. 具体目标：培养"知情意行"相统一的社会主义劳动者

（1）正确认识劳动地位、目的和意义的认知目标

劳动是人类特有的、最基本的社会实践。它不仅创造了人和人类社会，而且促进了社会的发展。对人类来说，劳动不仅是谋生的手段，也是自我认识、自我发展、自我完善的根本途径。同时，劳动是财富和幸福的源泉。在新时代，大学生成长于一个经济和科学技术飞速发展的时代。他们的物质生活水平相对较高，从小到大接触劳动的机会相对较少，一些大学生在对劳动地位、目的和意义的认识上存在一定程度的偏差。因此，新时代高职院校加强大学生劳动教育的具体目标是使学生树立对劳动地位、目的和意义的正确认识，这是形成正确劳动观念和良好劳动习惯的基础。

（2）崇尚劳动光荣和尊重劳动的情感目标

随着经济全球化步伐的进一步加快和我国改革开放的全面推进，不同的社会思潮冲击着新时代高职院校大学生劳动教育的主环境。在这种不断变化和冲击的时代背景之下，部分大学生对劳动情感的淡漠尤为突出，甚

至在一些大学生眼中,"劳动"也不再是光荣的象征,"劳动者"也不再是受人尊敬的头衔。在应试教育的影响下,"劳动"逐渐被视为学生学业的"绊脚石",导致出现回避劳动甚至轻视劳动的现象。新时代高职院校劳动教育应坚持崇尚劳动、尊重劳动的情感目标,这不仅对实现高职学生劳动教育目标起到积极作用,同时也对促进社会主义核心价值观的培养起到一定的作用。

（3）磨炼劳动自觉和坚韧不拔的意志目标

与上一代相比,新时代的大学生生活条件优越,成长过程顺利。因此,他们给人的印象是：害怕艰难,害怕吃苦。当他们表现出对劳动的抵制和厌恶时,就会引起公众的谴责和劝导。但事实上,这是新时代大学生对劳动的真实感受。这种感觉不仅存在于新时代的大学生中,也存在于以往各个时代的大学生中。因此,对于新时代大学生来说,劳动意志素质的培养是极其重要的。我们应该积极引导他们,让他们明白,我们今天的幸福不仅在于我们祖先的"勤",也在于他们的"辛"。在勤劳工作中不怕辛苦付出,在艰苦和汗水中磨砺意志,是新时代大学生劳动教育应该达到的意志目标。

（4）投身劳动实践和创新创业的行为目标

目前,新时代大学生的劳动行为有两种极端类型：第一类是不热爱劳动,不会劳动,这些学生从小就受到父母和长辈的庇护,他们不知道什么是劳动,缺乏基本的生活技能；第二类是"投身"劳动,他们一有时间就做兼职以赚取报酬,但他们不愿意参加公益劳动。这两类学生是新时代大学生劳动教育需要关注的对象。第一类学生应以批判教育为导向,第二类学生应在鼓励的基础上引导积极参与公益工作。创新需要勇气和决心,创业离不开毅力和吃苦耐劳,而劳动教育是培养这些精神的重要手段。综上所述,在新时代开展高职大学生劳动教育的过程中,有必要将劳动实践和创新创业融入劳动教育,并将其作为劳动教育具体目标的最高价值追求。

（二）坚持新时代高职院校加强劳动教育的原则

马克思指出："原则不是研究的出发点,而是它的最终结果；这些原则不是被应用于自然界和人类历史,而是从它们中抽象出来的；不是自然界和人类去适应原则,而是原则只有在符合自然界和历史的情况下才是正确的。"① 因此,高职院校加强劳动教育的原则是依据劳动教育的实践总结出来的,必须符合劳动教育的目的,反映劳动教育的规律,即遵循合目的性与合规律性的辩证统一。

1. 坚持以学生为主体的原则

"主体原则是指思想政治教育者在开展教育活动时,应充分尊重教育对象的主体地位,注意调动其自我教育的积极性以达到思想政治教育目标的行为准则。"② 在整个教育活动中,学生始终是主体,这是由教育的基本特点和任务所决定的。在劳动教育过程中,学生不只是被动地接受教育的对象,也是不断地自我教育的过程。只有通过学生的主动内化,教育者的教育影响力才能真正实现教育目标。除此之外,随着社会主义市场经济的深入,大学生的目标追求和思想观念越来越多样化,他们获取信息的渠道也越来越广泛。劳动教育不应该沿袭过去片面强调教育者主体作用而采取简单灌输的策略,必须采取更加平等和民主的双向交流方式。所以,要提高高职院校劳动教育的效率,就必须坚持以学生为主体的培养原则。

第一,充分肯定学生的主体地位,发挥教育者的主导作用。劳动是推动社会进步的动力,是个人幸福的源泉。新时代高职院校的劳动教育应突出学生的主体地位,激发学生的主体意识,回归劳动是人的第一需要的本质,引导高职院校学生通过劳动追求幸福生活,激发志愿服务、奉献社会的劳动精神。新时代高职院校的劳动教育应在重视学生主体地位的同时,充分发挥教育者的主导作用。强调"以学生为主体"的原则,不是要否定教育者的主导作用,而是要更好地发挥教育者的主导作用。教育者的主导作用发挥得越好,学生的主体地位就可以充分调动起来。因此,为了调动学生的积极性,高职院校应承担起劳动教育的主要责任,确保开设全面、完整的劳动教育课程,科学设计课内外劳动项目,协调和组织学生在校内外的劳动实践。高职院校应采取多种措施对教师进行培训,提高其劳动教育的理论和实践素质。以身作则胜过言传身教。高职院校应加强师德师风教育,

---

① 中共中央马克思恩格斯列宁斯大林著作编译局编译. 马克思恩格斯选集(第三卷)[M]. 北京:人民出版社,1995:374.
② 陈万柏,张耀灿. 思想政治教育学原理(第三版)[M]. 北京:高等教育出版社,2015:210.

倡导教师以身作则，在实际劳动过程中以身作则，为学生做表率，为教师发挥主导作用奠定良好基础。同时，高职院校和社会应着力建立积极的激励机制，为优秀学生提供物质和精神奖励，形成人人争先的劳动氛围，激发学生的主体意识。

第二，注重培养学生的自我教育能力。授人以鱼不如授人以渔。教育不仅仅是简单的教学，更是通过教育实现学生的自我发展和自我完善，这也是以学生为中心的劳动教育原则的核心内涵。大学生在自主能力方面与中小学生存在显著差异。大多数大学生已经长大成人，具有明显的判断是非的能力，并具有很强的自我教育能力。高职院校的劳动教育必须注重培养高职学生的自我教育能力，使他们了解劳动的目的、功能和意义。通过多种途径引导大学生学习马克思主义劳动理论及其最新成果，在劳动实践中正确认识劳动，正确评价自己的劳动，形成较强的自我教育能力，形成新时代大学生的劳动观。此外，提高高职学生劳动教育自我教育能力的另一个途径是通过朋辈教育，相互帮助。劳动教育的主体性原则不仅强调大学生的自我教育，而且提倡同龄人之间的互助。大学生的特点是群体之间的交流非常频繁，接受新事物的速度很快，他们之间没有沟通障碍。在某些方面，同龄人的影响力甚至超过了教师对其教育的影响力。所以，劳动教育也应注重朋辈之间的示范和影响作用。

2. 劳动理论教育和劳动实践相结合的原则

正确劳动观的形成，不仅需要学习劳动理论，还需要通过劳动实践加以认识。正如毛泽东同志所指出的："我们的实践证明：感觉到了的东西，我们不能立刻理解它，只有理解了的东西才更深刻地感觉它。感觉只解决现象问题，理论才解决本质问题。"①，同时"通过实践而发现真理，又通过实践而证实真理和发展真理"②。因此，高职院校的劳动教育应遵循劳动理论教育与劳动实践相结合的原则。

第一，大学生劳动观的形成需要马克思主义劳动理论作为指导。马克思指出："理论只要说服人，就能掌握群众；而理论只要彻底，就能说服

---

① 毛泽东选集（第一卷）[M]. 北京：人民出版社，1991：286.
② 毛泽东选集（第一卷）[M]. 北京：人民出版社，1991：296.

人。"① 大学生思维活跃，独立判断能力进一步增强。只有通过劳动理论教育，才能在思想上认同劳动观念的培养，深入解读马克思主义劳动理论，让正确的劳动观念进入他们的头脑和心灵，才能让他们清楚地知晓自己所肩负的历史使命，从而更好地开展劳动实践。马克思主义劳动理论是一种科学理论，它深刻揭示了劳动的本质和属性，批判了异化劳动，为劳动解放人类提出了光明的前景。马克思主义劳动理论教育不仅有助于大学生增强"四个自信"，形成正确的劳动认识，而且有助于开展劳动实践。习近平总书记关于劳动的重要论述是马克思主义劳动观在新时代的重大发展，是习近平新时代中国特色社会主义思想的重要组成部分，是马克思主义的最新理论成果，反映了时代的新要求和新变化，具有前瞻性和导向性。新时代大学生劳动理论教育要以习近平新时代中国特色社会主义思想为指导，并深刻领会这一思想与其他思想的关系，从总体上把握劳动与"两个一百年"奋斗目标的关系，劳动与解决社会主要矛盾的关系，劳动与坚守人民立场的关系。

第二，新时代劳动观需要在劳动实践中形成。马克思指出："全部社会生活在本质上是实践的。"② 大学生应该在日常生活中养成劳动习惯，参与工厂生产劳动，培养诚实劳动的精神和创新劳动的意识，在志愿服务和社会实践中形成奉献精神。大学生应在劳动实践中，特别是在体力劳动中出力流汗，体认劳动的光荣和伟大，形成对劳动观的正确认知，养成良好的品行。大学生参与劳动实践还可以丰富劳动教育模式，避免了只通过教师讲解理论的单一形式，在劳动中验证理论，可以有效地提升对劳动的认知。因此，大学生劳动教育必须着眼于体力劳动实践，注重实践锻炼和道德修养，形成正确的劳动观和幸福观，承担起应有的社会责任和使命。大学生不仅要形成新时代劳动观念，还要积极劳动，做到知行合一，虽然许多大学生对劳动有了正确的认识，但他们没有把劳动付诸实践，劳动观念的培养也没有达到预期的效果。同时，大学生劳动观念的培养效果也需要在劳动实

---

① 中共中央马克思恩格斯列宁斯大林著作编译局编译. 马克思恩格斯选集（第一卷）[M]. 北京：人民出版社，2012：9-10.
② 中共中央马克思恩格斯列宁斯大林著作编译局编译. 马克思恩格斯选集（第一卷）[M]. 北京：人民出版社，2012：135-136.

践中进行检验。总之,劳动观的培养要注重劳动理论与实践教育的有机结合,通过理论教育真正理解劳动的真谛,通过劳动实践体验劳动价值,在劳动观的培养中实现知行合一,不断提高劳动教育的实效。

3. 传承与创新相结合的原则

随着时代的发展,社会背景发生了重大变化。科学技术的发展把地球变成了一个"地球村"。人们的交往日益广泛多样,大学生的价值观也日益多元化。劳动形式也在发生变化,新的行业和新的劳动形式正在出现。高职院校劳动教育在研究背景、对象、劳动本身等方面都发生了新的变化。因此,新时代高职院校的劳动教育必须紧紧围绕时代发展的主题,深刻理解新时代劳动的深刻内涵和主要特征,既要继承优良传统,又要顺应时代发展的要求,坚持继承创新,在创新中继承,不断创新教育内容和方法。

第一,新时代高职院校劳动教育内容的传承与创新。劳动教育内容的传承有两层含义。一是继承中华民族的优良劳动观念。中华民族勤劳、节俭、艰苦奋斗的优良劳动传统是民族精神的体现。正是因为有了这些优良的劳动传统,中华民族才永葆生机。我们必须继承优秀的文化传统,把它纳入劳动教育的内容体系。二是传承马克思主义劳动观,因为马克思主义劳动观是一种科学的劳动思想,是指导大学生劳动教育的基本理论。马克思主义唯物史观认为,劳动创造人和人类社会,劳动是人的本质属性,劳动创造财富。在社会主义和共产主义社会条件下,劳动是实现人的自由全面发展的必然途径。劳动的本质属性决定了即使在知识经济和人工智能时代,人们的闲暇时间增加了,一些人工智能已经取代了人们的体力和脑力劳动,但劳动仍然是推动人类和社会发展的根本动力,更美好的生活仍然需要劳动来创造。新时代高职院校的劳动教育要更好、更深入地阐释马克思主义劳动理论,继承中华民族的优秀劳动传统。

劳动教育内容的创新主要指的是两方面内容。一是培养大学生理解劳动的新内涵。随着时代的发展和新产业的出现,劳动也衍生出了许多新的形态。劳动形态的新变化要求劳动教育也需要做出相应的转变。新时代高职院校的劳动教育不仅要把劳动理解为体力劳动、简单劳动和产业劳动,还要充分认识劳动在时代发展中的重要性,使学生充分认识服务型劳动和创新劳动形式的重要性,引导学生充分认识劳动的丰富性和发展性,既不把某种劳动形式理解为劳动的整体,也不简单地用一种劳动形式否定另一种劳动形式,真正尊重一切有益于人民和社会的劳动,平等对待不同的职业。大学生劳动教育不仅要注重引导大学生了解劳动的本质和基本规律,还要注重按照新的劳动形式促进产教结合,培养大学生对普通劳动者的尊重,形成创新的劳动思维,不断提高科学创新工作能力。二是培养大学生的生态劳动意识。随着人类开发自然能力的提高,环境污染和资源枯竭逐渐成为阻碍人类生存和发展的挑战。应该教育大学生有环境意识,时刻牢记生态劳动在生产和消费领域的重要性,珍惜劳动者的劳动成果,坚持垃圾分类,坚持勤俭节约的美德。

第二,高职院校劳动教育方法的传承与创新。大量的事实证明,传统的劳动教育方法是行之有效的方法,我们应该继续坚持劳动思想理论灌输、劳动实践锻炼、劳动榜样示范等以巩固劳动教育成果。当代高职院校劳动教育的对象是伴随着网络而成长起来的一代人。针对此种情况,我们在强调传统劳动教育方法的基础上,也应该创新劳动教育的方式方法。随着信息技术在教育领域的广泛应用,网络教育的方式和方法也在不断地创新。要利用现代网络技术,以大学生喜欢的形式,如慕课、在线课堂、微课等开展劳动教育课程的教学,增强劳动教育的互动性和即时性,选择具有时代感的劳模精神和工匠精神等内容来教育大学生。通过人工智能推动个性化教学,利用人工智能的大数据处理功能记录和"诊断"学生的学习情况,实现个性化教学。利用网络覆盖面广、学生容易接受的特点,通过QQ、微信、微博等载体,潜移默化地为劳动观念的培养创造校园和社会环境。在推广网络教育新方法的同时,应采取平等互动的方式开展劳动教育。在新时代,大学生具有独立的思维和鲜明的个性,大学生劳动教育应采取平等视角、平和态度、平等互动的方法,增强劳动教育的吸引力和实效性。

4. 普遍性和特殊性相结合的原则

唯物辩证法认为,矛盾是推动事物发展的动力,事物的发展过程始终伴随着矛盾,矛盾具有普遍性和特殊性。矛盾的普遍性是指一切事物的发展过程中始终伴随着矛盾的运动,即共性问题。矛盾的特殊性是指具体事物的矛盾和同一矛盾的不同方面具有各自的显著特点,即个性问题。高职院校劳动教育要坚持普遍性与特殊性相结合的原则。

第一，从宏观的角度来看，高职院校劳动教育既要贯彻党中央的整体部署，又要坚持灵活多样的教育方式，确保劳动教育的实效性。为了保证高职院校劳动教育的科学性和系统性，必须坚持马克思主义劳动教育指导思想。应从环境优化、评价机制和保障体系等方面构建系统的劳动教育体系。为贯彻落实党中央的总体部署，还应该将劳动教育与创新创业教育、思想政治教育、志愿服务、职业教育等有效结合，系统推进高职院校劳动教育协作机制的建立，真正深入劳动教育的各个环节，促进与社会、家庭等主体的协同参与，形成教育合力，提高培训实效。强调高校劳动教育的整体性原则，可以有效避免大学生劳动教育的泛化和弱化。高职院校在坚持劳动教育总体部署的同时，也要因地制宜地开展劳动教育，根据学校和地区的实际情况，结合行业和地区的特点，开展多种形式的教育，避免"一刀切"。劳动教育应强调"因材施教"，增强教育的适宜性和亲和力。由于我国幅员辽阔，各地区之间存在着发展不平衡，教育的客观条件必然存在差异。因此，应该根据不同地区学生的实际情况，推进因地制宜、多渠道、多模式的劳动教育。根据不同学校类型，有针对性地开展劳动教育，例如：高职院校劳动教育的内容主要是基于诚信敬业的职业精神；普通高校要注重培养学生注重新知识、新技术、新工艺方法的应用，培养学生创造性地解决问题的能力；研究型大学应注重学生创新思维的形成和培养。大学生劳动教育既要从整体上把握教育方向，又要促进因材施教，坚持教育的整体性与灵活性的有机结合。

第二，从微观角度看，高职院校的劳动教育不仅要针对学生的共性问题，还要针对个性问题，如劳动观培养（包括劳动的认知、劳动的情感、劳动的精神、劳动的信念几个方面的内容）。因此，根据劳动观念培养的层次，劳动观念的培养应遵循层次性和阶段性的原则。以高职院校为例，针对不同年级，培训内容也应有所侧重。大一、大二要重视马克思主义唯物史观的理论教育，重视马克思主义劳动认识的培养；大三学生应通过"劳动月"和参观劳动模范工作室等劳动实践课程，激发对劳动人民的感情，珍惜劳动成果；大四学生应通过实习实训、创业就业、就业指导等形式培养自己的劳动精神和信念，为学生走向社会、成为社会主义建设者和接班人奠定基础。当然，分年级教育并不是绝对的，因为劳动观培训内容不仅层层递进，而且彼此相连，不可分割，不能简单地进行划分，因此在注重不同年级学生劳动观念培养的前提下，还应注意劳动观念培养的普遍性和完整性。此外，从全体学生和个别学生的劳动观培养的角度出发，每一代人都有自己的特点，但同一代人的每个个体都是在不同的家庭环境中成长的，都有自己的特点，因此，要培养大学生的劳动观念，既要把握新时代大学生的整体特点，还需要对不同的学生进行个别指导，坚持全员育人和个别指导相结合的方法。

二、细化新时代高职院校劳动教育顶层设计

（一）制定政策，推动高职院校劳动教育的落实

新时代高职院校加强劳动教育是一项长期而复杂的工作。面对社会错误的劳动观念和对大学生劳动教育的轻视，以及大学生劳动教育发展动力不足等认知问题，国家迫切需要出台相关政策来规范新时代大学生劳动教育的实施。只有政策完善、到位，大学生劳动教育在现实中的发展才能更加有底气、有效率。

首先，国家要制定大学生劳动教育发展的长期规划。对此，国家可以加快制定《新时代大学生劳动教育发展纲要》《新时代大学生劳动教育实施标准》等文件，以明确新时代大学生劳动教育发展的职责划分、目标追求、教育原则等，从而保障大学生劳动教育在新时代能够有序地、稳步地推进。同时，各级政府也应该基于国家的政策指导，因地制宜地结合当地的经济发展水平、传统文化、劳动环境、自然资源等特色来制定地方加强大学生劳动教育的方案，充分挖掘和整合当地的劳动教育资源，提升大学生劳动教育的实际效果。例如：西藏、云南等地可以将脱贫攻坚与大学生劳动教育相互结合起来，鼓励高校大学生运用自己的专业知识和劳动能力来助力当地的经济发展；经济发展水平较高的地区则要充分利用当地高新技术企业资源，将大学生劳动教育与创新创业联系起来，促进大学生掌握前沿劳动理念，提升劳动能力；而拥有丰富的农田、草场、林场等自然资源的地区则可以将农业生产、环境保护和大学生劳动教育结合起来，鼓励大学生走近自然，在劳动中感受人与自然的和谐，了解乡土人情，从而增强学生

对劳动的感情。

其次，国家要制定有关保障大学生劳动教育经费投入和使用的政策。目前，新时代大学生劳动教育的师资培训、课程开发、环境建设等尚处于初步探索的阶段，为了保证劳动教育的前期发展能够取得实质性的突破，教育部和财政部需要增设高校劳动教育专项经费来支持高校开展劳动教育。高校可以把这笔经费用于打造强有力的劳动教育师资队伍、配置校园劳动教育设施、完善劳动教育基地建设、支持劳动教育相关的学术研究、开发劳动教育课程资源、编制劳动教育教学计划，等等。明确劳动教育专项经费，不仅能够为大学生劳动教育的发展奠定物质基础，也能够鼓励相关教育工作者积极探索和研究新时代大学生劳动教育，为加强新时代大学生劳动教育创造更加有利的条件。

（二）完善法律，保障大学生劳动教育地位

目前，虽然劳动教育已经被纳入了国民教育体系，但是与德育、智育、体育和美育相比，劳动教育相对比较薄弱，各个高校开展劳动教育的随意性比较大。因此，制定和完善相关法律是落实新时代大学生劳动教育的重要保障。

《中华人民共和国教育法》（以下简称《教育法》）和《中华人民共和国高等教育法》（以下简称《高等教育法》）是与大学生劳动教育关系最密切的两部法律。《教育法》于1995年颁布，最近一次修订是在2015年，但《教育法》并未将劳动教育正式写入我国的教育方针，也未能在具体的条款中提出对劳动教育的要求。《高等教育法》颁布于1998年，2018年对其进行了第二次修订，但是目前在《高等教育法》的具体条款中也没有对高校劳动教育和大学生劳动素养的培养提出明确的要求。《高等教育法》中与大学生劳动教育相关的内容仅仅体现在对学生专业知识、专业技能的要求以及对学生进行勤工助学、社会服务等实践活动的鼓励。新时代，制定并完善大学生劳动教育的相关法律，将劳动教育写入《教育法》《高等教育法》等，明确大学生劳动教育在高校人才培养体系中的重要地位，明确对大学生劳动素质的要求，是加强新时代大学生劳动教育的有力保障。

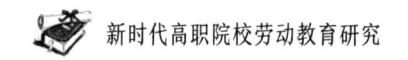

（三）注重整体设计，寻求大中小学劳动教育的贯通

新时代加强劳动教育就是要覆盖各个学段、面向全体学生的要求，从整体上看，大、中、小学的劳动教育共同构成了新时代劳动教育体系。在加强大学生劳动教育顶层设计时，要树立整体思维和贯通思维，充分体现大学生劳动教育与中小学生劳动教育的衔接性和层次性。这样，大学生劳动教育才能在实际的教育教学中更具可行性和针对性。

加强高职院校大学生劳动教育，不能脱离中小学生劳动教育。2015年《加强中小学劳动教育的意见》印发，2020年《关于全面加强新时代大中小学劳动教育的意见》印发，两份文件对大中小学一体化的发展做出了初步的方向性的指导。今后，无论是国家还是地方在细化大学生劳动教育顶层设计时，都要制订提升学生劳动素养的梯度目标，并据此安排大、中、小学生劳动教育的内容。另外，加强大学生劳动教育要遵循大学生的身心发展规律和特点，体现大学生劳动教育与中小学生劳动教育的差异和层次。大学阶段的劳动教育主要培养未来社会的准劳动者，要注重通过劳动教育来帮助大学生做好真实的劳动准备，并且大学生的劳动能力和思维能力越强，大学生劳动教育可以选择的内容就需要更加丰富，这些都是制定大学生劳动教育的发展规划时需要考虑的。例如，对大学生进行劳动教育时，除通过丰富大学生的劳动经验、增强其对劳动的感性认识外，还应该注重加强劳动理论知识的学习，促使大学生更加理性、更加深刻地理解劳动的内涵和意义。对于大部分大学生来说，高校是其踏入社会、成为一名职业劳动者的最后的学习阶段。大学生劳动教育不仅要培养大学生最基本的劳动能力、劳动习惯和劳动态度，更要与大学生未来的职业劳动相衔接，通过劳动教育帮助大学生做好职业准备，树立正确的就业观，引导大学生树立实干兴邦的理念，将个人的美好生活与国家的兴旺发展联系起来，促使大学生未来能够积极地加入我国现代化建设的过程中去。

三、在全社会形成浓厚的劳动文化

（一）引导社会舆论，弘扬正确的劳动价值观

要在全社会形成浓厚的劳动文化氛围，大力营造"劳动光荣、创造伟大"

的社会风尚,这样不仅有利于获取更多社会公众对大学生劳动教育价值的认同,而且会为加强新时代高职院校大学生劳动教育赢得良好的外部环境。对此,可以从以下几方面入手。

第一,引导新闻媒体以小见大,关注普通劳动者的劳动生活,讲好普通劳动者的劳动故事。劳动是人类最基本的社会实践,一直在创造和改变着我们的生活。劳动形式多种多样,既可以非常复杂,也可以非常简单;劳动成果繁多,可以是宏大的,也可以是微小的;劳动者的身份呈多元化,他们可以是国家领导人,也可以是普通工人。过去,我们在宣传马克思主义劳动价值观和劳模精神的时候,经常存在将典型劳动人物完美化、极致化的倾向,容易使大多数人感到自己的劳动品质与这些先进人物之间的差距是难以跨越的。与此相反,从普通的劳动者着手,通过讲述他们平凡的劳动生活来引导人们尊重劳动、尊重劳动者,这样往往更具有感染力。例如,在疫情防控期间,多家媒体对普通医护人员、基层工作人员、外卖人员、快递人员等一线劳动者辛勤劳动的事迹进行跟踪报道,就在社会上引起了强烈的反响。人们在这些报道中感受到了自己美好、安稳生活的背后是普通劳动者的默默奉献和付出,这对于培育人们正确的劳动价值观起到了十分积极的作用。

第二,鼓励和支持文艺工作者创作更多地以歌颂普通劳动者、宣传优秀劳动者、弘扬劳动精神为主题的优秀作品。习近平总书记说过,"文艺是铸造灵魂的工程"[1],优秀的文艺作品极具感染力,能够引领社会风气,丰富人们的精神世界。要在全社会形成浓厚的劳动文化氛围,文艺的力量不可忽视。一方面,文化宣传部门可以鼓励和引导广大文艺工作者推陈出新,创造性地传承、发展和弘扬中华民族传统劳动文化,促使根植于人民心目中最淳朴的勤劳美德焕发出蓬勃的生机。例如,广东卫视于2019年10月推出了一档名为《劳动号子》的原创音乐文化节目,该节目通过搜集并创新演绎不同民族、不同地域、不同历史时期的劳动号子来展现不同时代劳动者的风采,向一代代朴素而伟大的劳动者致敬,弘扬了新时代的劳动精神。这类以传统劳动文化为素材的电视节目值得学习和继续开发。事实上,

---

[1] 习近平主持召开文艺工作座谈会强调:坚持以人民为中心的创作导向 创作更多无愧于时代的优秀作品[N]. 人民日报,2014-10-16.

我国许多传统诗词、传统技艺、传统戏曲、传统手工艺品等都蕴含着丰富的劳动文化，蕴含着我国劳动人民勤勉、坚韧、团结、臻美的精神品质，它们都可以成为文艺创作的素材。时代在变化，人们劳动的形态也在变化，但传统劳动文化中包含的这些优秀的劳动美德和精神不会过时，需要并且值得我们在新时代传承和发扬下去；另外，文化宣传部门应激励和支持广大文艺工作者以歌颂新时代劳动者为主题，创作出更多彰显新时代劳动特点、弘扬新时代劳动精神的文艺作品。这类文艺作品能够更加形象生动地表达当代劳动者的苦与乐，也更容易触动人们的情感和内心世界，使人们真切地感受到劳动对于新时代的个人和社会的发展的重要意义。2014年以来，宣传部、文化部、国家新闻出版广电总局共同举办了以中国梦为主题的新创作歌曲宣传推广活动，各主流媒体和文化单位齐心协力，通过多种形式增强这些优秀音乐作品的影响力，取得了良好的社会效果。其中，《时代号子》《加油干》《快乐男子汉》等歌曲充分体现了劳动和劳动者对于中国梦的重要意义，也得到了广大群众的认可和喜爱，在社会中广为流传。此类活动值得我们借鉴和推广，文化宣传部门应该号召广大文艺工作者通过文学、美术、舞蹈、雕塑、音乐、影视等多种艺术形式诉说新时代的劳动故事、赞美新时代劳动者的奉献，并大力推广优秀作品，增强此类文艺作品在人民群众中的影响力和认可度，从而实现弘扬劳动精神、宣传劳动文化的目的。

第三，与时俱进，宣传新时代中国特色社会主义劳动观。每个时代的劳动形态、劳动形式和劳动环境都具有鲜明的时代特征，每个时代的劳动观也都带有时代的烙印。新时代弘扬正确的劳动价值观，不仅仅是为了鼓励劳动者"苦干""多干"，更要提醒劳动者"实干""巧干"，在劳动中追求人生价值的实现。例如，2019年，入选当年十大网络热词的"996"工作制一度成为人们热议的焦点：加班是否就意味着勤劳、努力？"朝九晚五"是否就代表懒惰与懈怠？对此，人们争论不休、各执己见。在许多知名互联网企业老板都表示鼓励和支持员工"996"的情况下，人民日报等主流媒体秉承客观性原则，刊登的一些文章更加全面地分析了劳动者的压力、责任与权利，认为竭泽而渔的工作方式是不可取的，强调"996"与奋斗之间并不存在对等的关系。主流媒体的这一舆论导向能够促使更多的劳动者关注自身的发展，不至于陷入忙碌的"陷阱"而忽视了劳动真正的意义。宣传新时代中国特色社会主义劳动观，政府、媒体、思想政治教育者都应转变陈旧的劳动观念，引导劳动者深刻认识到新时代劳动的发展及其对劳动者提出的新要求，从而促使劳动者树立正确的劳动观念，提升自己的劳动素养。

第四，加强舆论监管，正面回应和纠正错误的劳动观。随着新媒体技术的发展，现代媒体的形式更加多样化，新兴的社会自媒体和一些网络知名用户对人们接收新闻信息和做出价值判断的影响不亚于传统主流媒体，但新媒体更容易出现非理性的舆论引导，对社会产生负面影响。例如，近年来，许多大学生毕业后选择回乡做"职业农民"，从事农业、养虾、销售特色产品等。对于这一现象，主流媒体的报道往往体现出明确而积极的价值取向。这些报道从"互联网+"现代农业的时代背景出发，肯定了大学生抓住机遇、回乡创业、振兴家乡的创业创新精神。然而，在一些社会自媒体报道中，这种现象被视为"怪事""奇事"，暗讽大学生读书无用，存在明显的劳动不平等观念和不尊重劳动、不尊重知识的舆论导向。与理性分析相比，这些偏激甚至极端的话语更容易煽动人们的情绪，破坏风清气正的舆论环境，影响人们正确劳动价值观的确立。对此，相关文化宣传部门要加强舆论控制，积极应对和纠正社会上流行的错误劳动观念，综合利用报纸、电视、广播、微博、微信公众号、抖音等舆论载体，打造强大的主流媒体平台，推动自媒体广泛宣传新时代劳动最光荣、劳动最崇高、劳动最伟大、劳动最美丽的劳动价值观。

（二）加强宣传教育，扭转传统劳动教育理念

引导社会公众正确认识新时代高职院校加强劳动教育的内涵意义，扭转教育者传统的教育观念，能够促使高职院校劳动教育在发展的过程中充分彰显时代特征。

一是要广泛宣传新时代高职院校加强劳动教育的丰富内涵。近年来，国家出台了一系列有关劳动教育的政策文件，不断丰富新时代劳动教育的内涵，但对于政策文件的解读往往是仁者见仁、智者见智，由于劳动观的不同，每个人的劳动教育观也有所不同。新时代提升了大学生劳动教育的

教育地位，赋予了大学生劳动教育崭新的、丰富的教育内涵。但是，人们在以往长期的大学生劳动实践中形成的劳动理念并非一朝一夕就能改变的，对此媒体应该发挥其舆论宣传功能，引导社会公众正确认识新时代高职院校大学生劳动教育。一方面，媒体要大力宣传高职院校劳动教育在人才培养体系中的基础性、全局性的作用以及劳动教育在促进高职大学生全面发展过程中的重要地位。对此，媒体可以通过邀请著名学者和权威专家解读政策文件等方式为社会公众理解新时代高职院校劳动教育提供方向性的指导。另一方面，媒体要突出强调新时代高职院校劳动教育应是充分尊重学生身心发展规律并与社会生产力发展相适应的教育。为了深化社会公众对大学生劳动教育的肤浅认识，媒体不仅要积极报道并邀请权威专家解读大学生劳动教育的相关政策文件，还要着重宣传实际教育教学中能够充分彰显新时代高职院校劳动教育特征的案例，从而逐渐引导社会公众深入地理解新时代高职院校劳动教育的内涵。例如，与高等教育相关的微信公众号、杂志、报纸等可以开辟劳动教育专栏，专门用于介绍和推广大学生劳动教育经验，传播新的大学生劳动教育理念等。另外，文化宣传部门还应该鼓励和支持创办劳动教育相关刊物，推动更多学者参与大学生劳动教育的学术研究和社会调研，促使大学生劳动教育理念的更新进步。

　　二是要强化专门的大学生劳动教育师资培训工作。新时代高职院校劳动教育要求教师树立"五育融合""五育并举"、理论与实践相结合、教育与自我教育相结合等教育理念。为了扭转高职院校劳动教育者的传统劳动教育观念，有必要开展系统、专业的劳动教育师资培训。鉴于新时代高职院校劳动教育具有独特性、专业性的特点，高职院校的每位教师，包括辅导员、班主任以及社会兼职劳动教育教师都应该纳入培训的范围。培训的内容不仅应该包括劳动教育的政策、内容、原则、方式等提升全体教师的劳动教育意识和能力的内容，还应该包括对马克思主义的劳动理论及习近平总书记关于新时代劳动、劳动教育重要论述的学习，从而进一步提升劳动教育教师的劳动理论素养，促使劳动教育教师首先树立起正确的劳动观并积极践行劳动精神，为学生树立良好的榜样。

（三）积极推动校园劳动文化建设

校园文化对于学生的影响是不可忽视的，营造尊重劳动、崇尚创造的校园文化氛围能够潜移默化地影响大学生的劳动观念，对此高职院校可以从以下几个方面来加强校园劳动文化的建设。

第一，在校园内广泛宣传"四个最"的劳动价值观。校园的文化环境和文化氛围的浸润是高职院校劳动教育可以利用的隐性教育资源。一方面，高职院校可以利用传统的宣传方式，如在校园内悬挂、张贴有关勤劳奋斗的名人名言，在校园的公共空间设置提醒学生爱护环境、爱护公物、尊重他人劳动成果的标语，为在校园进行劳动服务的学生佩戴红袖章等，让学生在校园中随时都能受到劳动文化的熏陶；另一方面，高职院校还可以利用校园新媒体宣传劳动文化，如在校园公共宣传屏幕播放《大国工匠》《伟大工程巡礼》《创新中国》等新时代优秀劳动题材的纪录片片段，加深学生对这些优秀工匠、劳模的认识以及对新时代伟大劳动成就的认识，促进大学生将这些优秀劳动者视作自己的"偶像"，主动学习他们身上的钻研、奋斗、奉献的劳动品质，以提升自己的劳动素养。除此之外，高职院校还可以通过校园微信公众号、学校官方微博、学校网站等平台宣传劳动文化，通过收集校内外师生劳动的高光时刻、采访优秀教职工、直播校园集体劳动等方式，营造浓厚的崇尚劳动的校园文化氛围。

第二，鼓励开展多种多样的校园劳动教育活动。校园活动是丰富学生课余生活的一项重要内容，富有劳动教育意义的校园活动能够引导学生树立正确的劳动价值观，培育他们的劳动精神。校园劳动教育活动可以从以下两方面着手：其一，以重大活动、重要节假日、重要事件为契机，选择合适的主题开展劳动周、劳动月等劳动教育活动。对此高职院校可以在劳动节、植树节、学雷锋日、农民丰收日等这些具有浓厚劳动氛围的节假日前后安排设立劳动周或劳动月，组织开展系列劳动教育活动。如高职院校可以组织学生参加大型集体劳动，可以开展劳动技能竞赛、劳动精神征文、"身边最美劳动者"短视频征集、"劳动之美"主题读书节等系列活动并对优秀作品进行集中展示，可以邀请劳模、非物质文化遗产继承人、优秀工匠等举办讲座，从而营造浓厚的校园劳动氛围，弘扬劳动精神。其二，引导学生社团、学生组织以"劳动"为主题开展学生活动。高职院校学生社团或组织的活动丰富多彩，形式多样，学生的关注度和参与度都比较高，在这些活动中加入劳动的元素，能够在潜移默化中起到劳动教育的效果，如辩论社团在选择辩题时，可以考虑在当前劳动发展过程中人们的一些认知或伦理问题，类似"人工智能时代是否应该交给机器人""现代化生产方式下手工劳动是否还有价值""高校毕业生竞争环卫工人是否合理"等辩题，不仅具有辩论的必要性，更能够启发学生深刻思考现实劳动问题，从而澄清大学生对劳动的困惑。

第三，增强校园劳动的仪式感。尊重劳动、尊重劳动者不仅仅是一句口号，铭记劳动者的劳动贡献可能是对劳动和劳动者最基本的尊重，赋予劳动一定的仪式感可以增强普通劳动者的责任感、成就感和自豪感，也可以让更多的公众以辛勤劳动为荣，以好逸恶劳为耻。2008年，为奥运会建造的国家体育场成功完工。虽然体育场的建成意味着建筑工人使命的完成，但国家并没有忘记他们的辛勤工作。国家体育场的钢柱上刻着1 000多名参与施工的优秀焊工的名字。2020年，武汉市疫情防控形势严峻。为了让更多的病人得到治疗，许多来自全国各地的建筑工人聚集在武汉，参加定点医院的建设。"火神山"医院十天建成，"雷神山"医院十天建成交付。这些"逆行"的建筑工人并没有被忽视。中央电视台对两家医院的建筑工地进行了现场直播，让这些建筑工人成为当时全国人民最关心的劳动者。这些仪式活动不仅能触动劳动者最柔软的感情，而且具有劳动教育的意义。高职院校在推进校园劳动文化建设的同时，还可以增强劳动仪式感，进一步丰富学生的劳动情感体验，加深学生的劳动记忆，从而引导学生尊重劳动和劳动者。例如，"校园劳动清单"可以以"劳动打卡"的形式设计，学生完成规定的劳动任务后，可以颁发纪念章；学生完成集体作业后，还可以为学生及其劳动成果拍摄纪念照片，使这些劳动经历成为学生的宝贵记忆；还可以合理划分校园劳动力，在学生负责工作的区域标注负责工作的学生姓名，增强学生的劳动责任感。

开展丰富多彩的校园劳动教育活动，宣传校园劳动文化，可以营造浓厚的劳动教育氛围，真正将劳动教育融入学生的生活世界，使学生逐步形成自己的劳动态度，树立正确的劳动观。

四、构建综合性、实践性、开放性、针对性的劳动教育课程体系

（一）课程构建理念

新时代高职院校劳动教育课程建设坚持"整合"和"共享"的理念，挖掘现有课程的劳动教育资源，充分发挥现有资源的最大优势和效益，实现"三全育人"指导下的课程建设。

1. 整合

高职院校现有的实习基地和实训室是其开展劳动教育的主战场。在劳动教育课程建设中，应该整合现有的实训设备和师资力量。在劳动教育课程总体目标下，各要素应该形成合力，共同建设劳动教育课程。

（1）整合教师资源

高职院校的劳动教育课程应打破教师"单打独斗"的常规，形成各学科教师共同参与的新格局，让全体教师承担起劳动教育的责任，实现"全员育人"。基础课程教师、专业课程教师、实训课教师、顶岗实习教师、创新创业课教师、后勤服务人员和行政管理人员始终贯彻劳动教育精神，实现从学生入校到顶岗实习再到毕业的全过程育人。

（2）整合课程资源

每门课程都有其特定的教学内容和目标，是人才培养过程中不可或缺的一部分。然而，新时代高职院校劳动教育课程建设决不能孤立存在。树立课程劳动教育理念，让每门课程充分利用自身独特的知识体系和技术内容，挖掘劳动教育要素，融入多学科，营造劳动教育氛围，促进劳动教育有序长远发展，实现全方位育人。

2. 共享

（1）实训室共享

共享是互联网经济的特征之一。高职院校实训基地可以实现校内共享，条件成熟后，可以向中小学生开放，成为中小学生劳动教育的一部分。首先，落实每间实训室每个学期在校内开放共享一个星期的制度，本专业优秀学生担任实训讲师，指导非专业学生完成，如插花、烹饪、烘焙、面点、测量、

高尔夫、空乘等体验性生产劳动，让全校学生流动起来，体验不同职业的魅力，感受不同职业的艰辛，树立正确的择业观。其次，实训室向社会开放共享。通过更加科学高效的管理，高职院校的实训资源可以有序开放共享。中小学生到高职院校实训室参观学习，开展职业启蒙教育，完成最初的职业体验，有利于提高学校的知名度和社会服务能力。

（2）劳动成果共享

在"以学生为中心"的教育理念下，充分发挥互联网的优势，积极构建学校劳动教育资源共享平台。学生的劳动反思、劳动作品和劳动过程都可以上传到平台或官方账号，不仅可以加强师生之间、生生之间的互动，还可以实现资源共享，增强学生的劳动获得感和成就感。

（二）课程建设的内容

1. 强化教育目标的引导性

新时代劳动教育的核心是劳动价值观教育，因此劳动教育的课程目标最主要的是要引导学生树立"一粥一饭，当思来处不易；半丝半缕，恒念物力维艰"的思想观念。通过实训、竞赛、志愿服务、案例分析、社会现象剖析等形式，增强学生对劳动的感悟和认知，引导学生亲近劳动、尊重劳动和热爱劳动。通过科学劳动素养培育，使学生养成良好的劳动习惯。高职院校的劳动教育应该以落实立德树人为根本任务，强化思想认识、情感态度、能力习惯"三位一体"的教育目标，为国家和社会培养新时代的高素质技术技能型人才。

2. 突出教育内容的时代性

劳动教育是新时代我们党对教育的新要求，因此劳动教育的内容应该突出时代性。

（1）教育案例的时代性

在劳动教育教学过程中，让学生学习共和国勋章获得者、七一勋章获得者、新时代劳动模范、大国工匠、时代楷模等杰出人物的先进事迹，充分发挥劳模精神、工匠精神的激励作用。邀请本校的优秀毕业生来校同学弟学妹交流先进经验，从思想意识上促进学生崇尚劳动、尊重劳动者、树立正确的劳动价值观。新时代高职院校劳动教育，只有引用时代特征明显的教育案例，才能增强代入感，才能培养学生逐步树立劳动最光荣、劳动最崇高、劳动最伟大、劳动最美丽的观念。

（2）专业技能的时代性

2021年3月12日，教育部印发《职业教育专业目录（2021年）》，高职专科较高职（专科）专业目录（2015年）及历年增补专业保留了414个，调整了439个，调整幅度为56.4%。这次专业目录的调整，意味着专业技能的调整，劳动教育课程要紧密结合新时代的要求，通过激励、竞赛、"1+X"证书培养等方式，使学生掌握适应新时代需求的劳动技能，让学生感受到劳动的快乐。

3. 开设劳动理论课，深化大学生劳动认知

"坚持理论学习、创新思维与社会实践相统一……是大学生成长成才的必由之路。"[1]当前，高职院校劳动教育课程多以实践课为主，缺乏对劳动理论课程和基本劳动理论知识的学习，容易缩小劳动教育的内涵。大学生的劳动课不同于中小学生的劳动课，除提升大学生的劳动体验和劳动情感外，还应引导大学生理性地倡导劳动。为此，高职院校可以开设专门的劳动理论课程，对高职学生进行马克思主义劳动观、劳动精神、劳动文化、劳动法律法规的教育，加深学生对劳动的性质、意义和特点的认识，为大学生认同"四个最"劳动价值观并将其具体化为实践奠定基础。对此，我们可以从以下几个方面入手。

第一，加强马克思主义劳动理论教育。"劳动是人类的本质活动，劳动光荣、创造伟大是对人类文明进步规律的重要诠释。"[2]

党的十八大以来，习近平总书记围绕劳动的重要性、弘扬劳动精神、树立"四个最"的劳动价值观以及关心和爱护劳动者的劳动观展开了诸多论述，进一步丰富和发展了马克思主义劳动观，感染、激励并引导着全体人民自觉尊重劳动、崇尚创造。深入研究马克思主义劳动理论及其在新时期的重大发展，可以促使学生通过复杂的社会历史现象，把握劳动发展的

---

[1] 本刊编辑部. 教育部等部门关于进一步加强高校实践育人工作的若干意见（摘录）[J]. 实验室研究与探索，2012（06）：4.

[2] 习近平. 在庆祝"五一"国际劳动节暨表彰全国劳动模范和先进工作者大会上的讲话[N]. 人民日报，2015-04-29.

本质、意义和规律，提高大学生面对个人发展问题和现实劳动问题的辨别是非能力，自觉树立"四个最"的劳动价值观。对此，首先要提高高职院校劳动教育教师的马克思主义劳动理论水平。教育部门要对劳动教育教师进行专项理论培训，确保劳动教育教师真正掌握和理解马克思主义劳动观及其在新时期的发展。其次，教材中应包含马克思主义劳动观的内容。在教育部明确将劳动课作为必修课之前，马克思主义劳动观一直被视为思想政治教育的内容。然而，在高校思想政治理论课的相关教材中，马克思主义劳动观的内容并没有得到系统的阐述。新时代，劳动课程作为一门独立的课程，应将马克思主义劳动观作为重要的教育内容，并在教材中体现出来。最后，马克思主义劳动观教育应紧密结合时代发展和实际问题。在对学生进行马克思主义劳动观教育时，不仅要介绍相关理论，还要结合实际问题，有针对性讲解和分析马克思主义劳动观，从而提升学生用马克思主义劳动理论指导自己思考、分析和解决现实劳动问题的能力。

第二，将劳模文化引入高职劳动教育课堂。在建设和发展中国特色社会主义的道路上，劳动模范的丰功伟绩不容忽视，他们是杰出的劳动者和时代的领跑者。

"劳动模范和先进工作者是坚持中国道路、弘扬中国精神、凝聚中国力量的楷模。"[1]劳动模范的劳动奉献事迹及其所体现的劳动精神、劳模精神和工匠精神，是社会开展大学生劳动教育的生动资源。以劳模文化为主要内容的劳动课程建设可以从两个方面着手：一是劳模讲授劳动课程，创建一支由全国和各省劳模组成的杰出教授团队，进入高职院校劳动教育课堂，特聘教授根据高职院校劳动教育的课程目标和计划制订教学内容，劳模走进课堂，结合自己的劳动经历、劳动项目和劳动成果，与高职学生分享实现人生理想、劳动创造美好生活的经历，将劳模精神和劳动精神深入人心；二是劳动课上讲劳模，以劳模文化研究领域的领军任务为指导，在全国各省市组织了一支年龄结构、学术结构合理、学术科研能力强的专职教研团队和劳模文化宣传小组，重点梳理劳模文化研究成果，挖掘其中的劳动教育要素，设计不同年级学生的教育内容，专职教师可以更有层次、

---

[1] 习近平. 在庆祝"五一"国际劳动节暨表彰全国劳动模范和先进工作者大会上的讲话[N]. 人民日报, 2015-04-29.

更系统地讲述劳动模范文化，提高高职学生对劳动精神、劳模精神、工匠精神内涵的理解。

第三，结合高职学生发展需求，丰富劳动理论课的内容。高职学生在劳动实践和未来的工作生活中会遇到各种各样的问题。劳动理论课作为高职学生的一门必修课，应具有通识性和基础性。对此，高职院校劳动理论课需要着眼于学生的发展需要，将劳动经济学、劳动法、劳动关系、劳动力市场等劳动相关领域的知识融入劳动理论课，丰富学生的劳动科学知识。例如，基于新时代劳动发展的前景，劳动课教师可以帮助学生分析与学生未来职业发展相关的劳动问题，如社会劳动力市场状况，让学生更清楚地了解当前的劳动环境和新时代对劳动者的素质要求，消除学生在未来劳动就业中可能遇到的困惑。此外，劳动理论课还可以对现行劳动法律、法规及相关政策进行初步介绍。这些法律法规不仅保护了劳动者的权利，而且规范了劳动者义务的履行。这一部分内容能够帮助学生感受到国家对劳动者权益的保护和提高劳动者地位所做出的努力。同时，它可以帮助学生树立劳动规则和法治意识，促进学生诚实劳动。近年来，中国劳动关系学院一直致力于探索和开发劳动理论课程，并取得了一定的研究成果：2020年春季学期，学校正式为大一、大二学生开设公共必修课"劳动教育通论"，涵盖劳动与伦理、文化、经济、法律、心理学等方面的理论学习，普及了与学生未来发展密切相关的通用劳动知识。中国劳动关系学院开设的劳动理论必修课具有一定的示范意义，对其他高校和高职院校开展劳动理论课程具有一定的借鉴意义。

4. 改革劳动实践课，强化劳动体验

（1）建设以提高学生劳动技能为目的的实训课程

理论课注重培养正确的劳动观念，实践训练课注重培养学生的劳动技能。学校要加强实训课程建设，根据劳动教育总体规划和课程标准，结合学生的学习情况，分类别、分阶段地设置一批劳动项目。在具体的教学实施中，可以采用项目引领和任务驱动的方法，让学生体验完整的劳动过程，提高劳动能力。高职院校应充分挖掘专业实践课程所包含的劳动教育要素，使学生在动手实践过程中创造有价值的物化劳动成果，增强学生的职业认同感和劳动自豪感。

（2）构建多元健全的劳动教育实践平台

第一，与创新创业教育对接。劳动教育和创新创业教育都是为了满足人才培养的客观需要。它们在教育目标和内容上是互利的、相互关联的。创造性劳动既是新时代劳动教育的内在意蕴，也是创新创业的目标和成就。高职院校在发展过程中，必须适当调整教育理念和方法，将创新理念的内容充分融入劳动教育，从根本上推进创新创业教育，使学生在学习过程中勇于创新和突破，进一步培养学生的创新能力。在具体实施中，要建立创新创业项目孵化基地，提高学生在科技成果转化和产学研合作中的创新驱动发展能力，使他们不断积累劳动经验。同时，要积极拓展参与竞争的视野和思路，把创新创业大赛打造成劳动教育的重要新载体。

第二，与课外校外实践活动相融合。高职院校应将劳动教育融入社团活动，充分利用社团活动的实用性和互动性优势，增强学生的劳动荣誉感和幸福感，使他们树立正确的劳动价值观。同时，通过开展"三下乡""青年红色筑梦之旅"等相关公益活动，进一步增强学生的公益意识，培养学生的爱国主义精神。

第三，共建校企合作的劳动实践基地。劳动领域的可变性和劳动过程的完整性要求学生在实际生产实践中劳动，从而形成对劳动领域的完整理解和认知。校企合作、共建劳动实践基地是落实这一原则的有效途径。高职院校应遵循劳动领域多元化的要求，加强与行业龙头企业、骨干企业和高新技术企业的密切合作，发展各类校企合作模式，共同建设内外部劳动实践基地。同时，大量引入企业真实的劳动生产项目，建立长效机制，使学生广泛深入地参与生产实践，形成对劳动的全面认识。除此之外，总结劳动实践基地建设的经验，探索实践基地市场化运行机制，确保劳教实践基地建设的规范化和标准化。

5. 点面结合，推进劳动教育全方位融入其他课程

在新时代，实现专门的高等教育劳动课程的开发建设，并不意味着要割裂劳动教育与其他课程的关系。劳动教育与德、智、体、美教育的关系是整体性的。高校的思想政治教育、职业教育、体育、艺术教育等课程包含着丰富的劳动教育资源。对此，新时代高职院校劳动教育也应倡导"课程劳动教育"的理念。在设置和加强劳动必修课的同时，要做到点与面相

结合，推动劳动教育全面覆盖学生的学习和生活，充分凸显劳动教育的综合性。根据高职学生的学习特点和劳动教育的内容，高职院校应特别将劳动教育渗透到以下课程中。

一是与专业课程相结合。高职院校根据专业设置课程，专业课程的学习是大学生的主要学习任务，也与学生将来从事的职业密切相关。要实现劳动教育的全面覆盖，必须注重劳动教育与专业课程的有机融合。大学生劳动教育有别于中小学劳动教育的特点之一，就是注重学生职业能力的培养，帮助学生做好就业准备。因此，专业课教师应增强劳动教育意识，在传授专业基础知识的基础上，进一步拓宽学生的视野，向学生介绍专业领域最新的劳动理念、过程、技术和方法，要求学生锻炼身体，熟悉掌握专业技能，从而提高学生的劳动能力和就业创业能力。此外，专业课教师在传授知识的过程中，要传递遵守职业道德、树立创新意识、树立远大理想的思想，让学生明白，只有在今天学习专业知识，掌握真正的技能，他们才能依靠自己的努力创造未来更好的生活。

二是与思想政治教育相结合。在立德树人教育理念的价值导向下，劳动价值观教育已成为大学生劳动教育的核心教育任务。我们要弘扬劳动精神，深化高职学生对马克思主义劳动观的理解，引导学生自觉艰苦奋斗、廉洁奉公、勇于创新，努力做好高职院校思想政治教育工作。高职院校思想政治理论课可以从中国特色社会主义发展历程、社会主义核心价值观、中国精神、中国梦等内容中提炼出丰富的劳动教育素材。为此，思想政治教师应加强劳动教育意识，积极帮助学生从历史传统和国家性质的角度出发，从民族发展的角度出发，更深刻地认识劳动对个人和社会的意义。例如，高职院校思想政治教师可以从劳动的角度宣传社会主义核心价值观，引导学生认识劳动对国家繁荣、社会进步和个人发展的重要性。具体来说，社会主义核心价值观在国家层面所强调的"富强、民主、文明、和谐"，应以先进生产力和生产关系为基础；社会层面强调的"自由、平等、公正、法治"与我们今天所追求的体面劳动，在全社会弘扬尊重劳动者和维护劳动者合法权益的目标相契合；个人层面的"爱国、敬业、诚信、友善"，需要通过劳动者的奉献和创造来体现，与我们今天所提倡诚实劳动、创造性劳动相契合。总之，高职院校思想政治教师需要有意识地挖掘一般思想政治教育内容中所包含的劳动教育资源,这不仅可以增强劳动教育的影响力,而且可以提高思想政治教育的实效性。

三是与职业生涯规划教育相结合。大学生职业生涯规划教育的内容,如自我认知、职业选择、就业准备等,与劳动教育密切相关。在现代社会,劳动具有复杂性和多样性的特点。因此,人们的职业类别越来越多样化,职业的内涵也越来越丰富。仅仅通过教师的描述和介绍,学生很难彻底了解各种职业的内容、特点和要求。劳动是大学生增强职业意识的重要渠道。高职院校劳动教育要鼓励大学生参与日常生活劳动、公益劳动、实习培训等劳动实践,促进学生在真实的劳动环境中更直接地了解特定职业的特点以及自己的个性、兴趣和能力。为了深化大学生劳动教育与职业规划教育的融合,职业规划教师可以在教育大学生职业前景、职业发展规划或创业指导的同时,渗透劳动价值观教育,强调职业没有尊贵卑贱之分,任何职业都需要努力才能取得成功,任何有益于社会的劳动成果都需要得到尊重。教师还应引导大学生实现自己的责任和使命,树立更大的职业理想,鼓励学生为中国特色社会主义建设和发展作出贡献。

五、健全新时代高职院校劳动教育统筹协同机制

(一)树立合作共赢的协同育人理念

完善高职院校劳动教育协调机制涉及多元化的育人主体,虽然各教育主体共同关注高职学生劳动素养的发展,但由于他们的立场和性质不同,在构建高职院校劳动教育协调机制的过程中,必须树立合作共赢的理念,平衡各教育主体的利益诉求,提高高职院校劳动教育协同育人的实效性。

完善高职院校劳动教育协调机制,要促使各教育主体就高职院校劳动教育目标达成共识,即高职院校劳动教育符合社会生产力的发展,以全面提高高职学生劳动素质为主要内容,以促进高职学生全面发展为根本教育目的。不能简单地理解为鼓励学生参与生产劳动的教育,而应注重引导学生树立"四个最"劳动价值观,培养学生勤劳、诚实、创造性的劳动态度,鼓励学生在劳动中实现人生价值。为此,各教育主体应首先积极扭转传统教育观念,共同树立以学生全面发展为核心的协作教育理念,营造相互信任、

相互尊重、相互支持的协作教育氛围，促进合作共赢合作教育理念的确立。

明确所有教育主体的共同教育目标，以及所有教育主体的教育责任和教育内容，以协调所有教育主体的利益需求。对此，政府首先应承担起指挥和调控的责任，制定和出台有利于促进大学生劳动教育协调发展的政策。通过政策文件进一步明确各教育主体的责任和义务，理顺各教育主体之间的关系，鼓励各行各业和社会组织为高职院校劳动教育提供更多的教育资源，引导家庭在学生劳动教育中发挥基础性作用，充分调动各教育主体的积极性。其次，高职院校要发挥主导作用，通过调查研究，尽可能全面了解学生的劳动力需求、区域经济发展特点和劳动力发展趋势，组织安排更加丰富、更加有特色、更加适合社会需要的劳动教育内容和劳动实践形式。此外，各企业、社区和社会组织应支持和配合高校劳动教育规划，积极主动地与高职院校进行深入沟通，力求最大限度地满足双方利益，最有效地利用校内外劳动教育资源。双方应共同协商制定科学有效的劳动教育计划，提高高职院校劳动教育的实效性。最后，家庭应承担起对学生进行劳动教育的基本责任，营造尊重和热爱劳动的良好家庭风气，自觉让大学生承担一些家务劳动。与中小学相比，大学生远离父母家庭，但家庭劳动氛围和劳动观对大学生劳动观和就业观的影响不容忽视。高职院校应自觉为家长提供专业指导或培训，引导家长树立正确的劳动观念，重视学生的劳动教育，尤其要注意为学生树立良好的榜样。当学生选择在困难地区工作或从事艰苦工作时，父母应该支持和鼓励他们。

政府、高校、社会和家庭都是非常重要的教育主体。只有在合作共赢的合作教育理念指导下，各教育主体才能平衡和协调各方利益，明确各方责任和立场，最终推动高职院校劳动教育协同育人不断向纵深发展。

（二）凝聚社会力量共建劳动教育基地

对于高职学生来说，参与个人劳动活动或过程对其劳动观念和能力的影响非常有限。只有在持续的、现实的劳动中，他们才能深刻感受到劳动的付出、责任和成就。大学生劳动教育基地的建立，可以为大学生提供更多长期稳定的劳动实践场所，丰富劳动教育的形式和内容。新时代高职院校劳动教育基地建设应克服以往形式化的问题，注重高职院校与社会劳动教育的衔接，确保劳动教育的教育性。

建设劳动基地的目的是为学生提供一个长期、稳定、专门指定的劳动实习场所。大学生劳动教育基地提供的学习和实践内容可能与学生的专业不一致，因此必须注意实践内容的多样性，丰富学生的劳动经验，培养学生的劳动精神。对此，高职院校需要因地制宜，充分挖掘学校周边的劳动教育资源，可以是大片农田、某行业先进单位、学生亲身体验劳动的场所、学生提供劳动服务的基地，主要目的是让学生有机会相互合作和交流，使学生能够共同完成劳动任务，激发学生的劳动积极性。

基于大学生劳动教育基地建设过程尚处于探索阶段的事实，为了更好地促进新时代高职院校劳动教育的发展，我们可以优先挖掘现有教育基地所蕴含的劳动教育资源。高职院校可以依托现有的爱国主义教育基地、红色教育基地、科普教育基地等教育基地，将弘扬劳动精神与弘扬民族精神、时代精神有机结合起来，对高职学生进行劳动教育。高职院校在安排学生进行劳动实践时，可将参观这些教育基地纳入活动范围。无论是革命烈士、文化名人还是科学家，他们的人生经历都一定经历过艰苦奋斗。这些真实的经历是生动的劳动教育素材，每个教育基地都承载着一代又一代劳动者的劳动创业史。在这些基地可以找到不同年代劳动者的风采、劳动环境和劳动精神。通过对这些历史文化的渗透，学生可以更深刻地理解劳动方式演变与社会生产力发展之间的辩证关系，感受到劳动者是创造社会历史的主体。在组织学生参观这些教育基地之前，高职院校劳动教育负责人应与基地负责人进行沟通，提前规划参观的主要内容，提前准备好向学生讲解的内容，有选择地突出劳动教育的目的。

（三）整合共享社会劳动教育资源

新时代高职院校劳动教育要树立协同育人的教育理念，有意识地把劳动教育内容从课内拓展到课外，从校内延伸到校外，采取一定的、有效的措施整合校内外一切可以利用的劳动教育资源。这些教育资源不应该局限于劳动实践场地，还应该包括文化、经费、人力、信息等，这些资源分散于社会中，需要进一步地进行统筹规划，才能转化为可以利用的劳动教育资源。

首先，要积极践行劳动教育资源集约共享的理念，提高高职院校劳动教育资源的利用效率。社会劳动教育资源的优化整合并不是提供给特定的高等院校使用的，对于同一地区的大学生来说，他们能够发掘和利用的社会劳动资源大多是重复性的。为了充分满足学生的劳动需求，高职院校应设立专门的劳动教育责任部门，加强校际合作与交流，实现劳动教育资源的最大集中，促进劳动教育资源发挥最深远的教育影响。在这方面，高职院校可以围绕共同的主题开展一系列的劳动教育活动，实现劳动教育资源的合理利用。例如，高职院校可以联合邀请非物质文化遗产继承人、劳动模范、工匠等为学生授课。双方可以共同举办劳动技能竞赛，促进学生相互学习，增强劳动教育活动的影响力，共享劳动教育基地。

其次，可以充分利用网络来协调和规划高职院校劳动教育资源。社会劳动教育资源十分丰富，并且有些是动态发展着的。为了更好地把握和协调这些劳动教育资源的使用，政府可以牵头组织高职院校相关部门和社会机构共同搭建劳动教育资源网络对接平台。所有企业、农场、工厂、公共文化场所等单位，工会、共青团、妇联等团体以及与环境保护、慈善救援、医疗卫生、教育文化等相关的社会组织，都可以将自身能够提供的劳动实践场地、劳动实习机会、劳动物资经费等教育资源公开在网络平台上，并开放与高职院校的沟通渠道，鼓励高职院校按照劳动教育计划合理选择和使用这些劳动教育资源，促进双方合作共赢。除此之外，在这个网络平台上，还可以开发在线教学、讨论和咨询功能。有了这一功能，劳动教育就可以摆脱时间和空间上所受到的限制，创造出创新的劳动教育形式。例如，邀请各行各业的优秀劳动者在线分享他们的劳动体会，教授他们的劳动经验，展示一些新技术和成就。充分利用网络劳动教育平台，可以进一步促进高职院校与社会劳动教育资源的深度整合。

六、建立完善的劳动教育实施评价体系

（一）"内+外"式师资队伍建设

高职院校师资队伍的建设，可以遵循"内设专兼职教师，外聘优秀劳动者"的原则来进行。

1. 内设兼职教师

劳动教育课程是一门新的学科，目前许多学校还没有现成的专职教师，暂时以兼职教师为主。高职院校中的"双师型"教师可以作为劳动教育兼职教师的主力军。此外，专职辅导员、学生处工作人员、实训室管理人员也可以兼职劳动教育教师，讲授劳动基础知识和对学生进行劳动教育管理。

2. 外聘优秀劳动者

可以聘请各行各业的优秀劳动者作为劳动教育的重要师资，对学生进行劳动精神、劳模精神、工匠精神的教育，其作用和意义是专职劳动教育教师不可替代的。

（二）科学制定大学生劳动素养评价标准

新时代高职院校劳动教育的内容既有理论性的也有实践性的；劳动教育的目标既涉及价值观层面，又涉及实践能力层面；劳动教育的形式对于不同专业、不同年级的学生来讲也有所差别，等等。我们需要在具体实践中慢慢探索，不断调整高职院校劳动教育评价标准，才能制定一套合理且科学的评价标准。为确保新时代高职院校劳动教育评价标准能朝着更加客观、全面的方向发展，高职院校劳动教育评价标准应把握以下原则。

首先，要根据劳动教育的任务，全面制定评价标准。新时代高职院校劳动教育的教育任务包括树立正确的劳动价值观、掌握基本劳动能力、培养良好的劳动素质等。这意味着，高职院校劳动教育的评价标准还应包括学生劳动成果、劳动技能和劳动素质的内容。对这些内容的综合评价可以充分反映高职学生的劳动素质。根据新时代高职院校劳动教育的主要使命，劳动教育评价应以树立正确的劳动价值观为底线。在学习和生活中，学生在劳动价值观上存在偏差，逃避劳动，不能诚实劳动，不能尊重劳动者，即使掌握了专业的劳动技能，其劳动素养评价也不能予以合格。

其次，根据劳动教育的形式设计多种评价方法。新时代高职院校劳动教育不仅走进了课堂，走进了学生的生活，也走进了社会，既有理论教学又有实践教学，这意味着高职院校劳动教育的评价主体是多元的，包括专职劳动教育教师、社会兼职劳动教师、学生等主体。因此，对高职学生劳动素质的评价应将学生自评、互评和教师评价相结合，以确保对学生劳动素质的评价更加客观、全面。此外，从劳动教育评估的形式来看，部分劳动理论教育可以以一般书面评估的形式进行。例如，在学期中和学期末，要求学生结合实际生活，写一篇关于劳动主题的小论文，促进学生对理论知识的深入思考，以测试学生对课堂内容的消化能力。在劳动实践教育方面，一是要安排校内外劳动教育教师共同记录和评价参加劳动实践的学生出勤率、劳动过程中的态度、完成劳动任务的质量，可作为劳动过程绩效最终评价的重要依据；二是可以通过举办劳动技能竞赛、劳动成果展示等活动来检验学生的劳动素养。

（三）重视大学生劳动素养的评价结果

重视大学生劳动教育评价结果，是提高高校师生对劳动教育的重视程度，促进大学生劳动教育实施的重要途径。新时代高职学生劳动素养评价结果应适应其作为新时代高职院校人才培养体系独立组成部分的地位，并明确将高职学生劳动素养纳入学生综合素质评价体系。

首先，高职学生劳动课程应与其他必修课程一样有学分的要求。想要获得劳动教育学分的学生必须参加相应学时的劳动理论课程，完成规定的劳动实践任务，否则将不会给予学分认证，这也意味着未能通过劳动课程评估的学生将无法顺利毕业。目前，一些高职院校已经完成了劳动课程的学分设置，但大多体现的是对学生进行必要的劳动实践的要求。为了更好地体现新时代高职院校劳动教育的全面性，未来高职院校劳动课程的学分设置需要进一步细化。例如，劳动理论课和劳动实践课应分别给予相应的学分要求。

其次，高校应设立单独的奖项，表彰劳动表现突出的学生，为其他同学树立起学习的榜样标杆。如2018年，武汉生物学院通过设立"勤奋奖学金"，鼓励学生努力学习，自强不息，在校园营造了劳动光荣的良好氛围。除设立特殊奖学金外，高职院校还可以在每个劳动月或评定劳动周表彰一批"校园劳动模范"，或在学年末增设"先进劳动个人""杰出劳动人物"等奖项，鼓励学生勤于劳动、热爱劳动。

最后，高职院校应将学生的劳动素养纳入日常评奖评优标准中，并将劳动素养的评价结果反映在学生的毕业成绩单和个人档案中。高职院校在评选"三好学生""优秀学生干部""优秀毕业生"等荣誉称号或评定奖学金时,应该把学生的劳动素养纳入评价标准。对于劳动素养不合格的学生,应该取消其获奖资格。除此之外,学生劳动素养评估结果应写入学生毕业成绩单或综合素质评估表。这样,既可使用人单位在开展招聘工作时有一个评价依据,又可提高学生对自身劳动素养的重视程度。

第七章　河北交通职业技术学院劳动教育新模式初探

近年来，河北交通职业技术学院（以下简称"学院"）秉承"干在实处永无止境，走在前列再谋新篇"的学院精神，攻坚克难、迎难而上，取得了一批标志性成果和荣誉：2019年7月，被确定为国家优质专科高等职业院校；2019年8月，被确定为全国创新创业典型经验高校；2019年12月，获批成为首批全国职业院校劳动教育研究院劳动教育研究中心成员单位；2021年6月，获批河北省首批劳动教育试点学校。

办学65年来，学院始终恪守"厚德、明志、砺能、笃行"的校训，坚守交通特色、时刻保持与时俱进，用心铸就办学品质，为河北交通运输行业发展作出了积极贡献，为交通事业输送了近10万余名各类中、高级专门人才，80%以上已经成为交通运输行业技术和管理骨干，被誉为河北省交通技术技能人才的摇篮。

学院高度重视大学生劳动教育工作，积极探索高职院校劳动教育的内涵建设，根据我院的办学定位和人才培养目标，健全学生劳动教育长效机制，依托"劳动清单"建设，逐步探索出了"一三四六二"的劳动育人模式。

一、一元引领，落实立德树人

（一）全面加强劳动教育，全面落实立德树人根本任务

1. 习近平关于立德树人的论述

立德树人是高等教育的使命所在。高校进行教学活动、开展科学研究和社会服务，归根结底，其目的都是育人。党的十八大以来，习近平总书

记就落实立德树人问题多次发表重要讲话。

2018年9月10日,在全国教育大会上习近平总书记提出了"六个下功夫",即在坚定理想信念上下功夫、在厚植爱国主义情怀上下功夫、在加强品德修养上下功夫、在增长知识见识上下功夫、在培养奋斗精神上下功夫、在增强综合素质上下功夫,进一步明确了新时代落实立德树人的具体任务。

2. 习近平关于劳动教育的论述

习近平总书记在全国教育大会上提出"培养德智体美劳全面发展的社会主义建设者和接班人",这一提法将劳动教育从以往促进青少年全面发展的途径提升为国民教育体系中与德育、智育、体育、美育并举的重要组成部分,也对各级各类学校提出了科学构建劳动教育体系、切实加强劳动教育的新要求,具有教育方针性的重要意义。

习近平总书记在全国教育大会上同时强调,要在学生中弘扬劳动精神,教育引导学生崇尚劳动、尊重劳动,懂得劳动最光荣、劳动最崇高、劳动最伟大、劳动最美丽的道理,长大后能够辛勤劳动、诚实劳动、创造性劳动。这些重要论述,高扬劳动教育的旗帜,丰富发展了党的教育方针,具有重大的时代价值和鲜明的现实针对性,也对高校提出了加强劳动教育的新任务、新课题。

3. 努力构建德智体美劳全面培养的教育体系,"五育并举",形成更高水平的人才培养体系

相对于其他四育而言,劳动教育具有一定的综合性,同时有德育、智育、美育、体育的任务,蕴含了知、情、意、行的培养,具有综合育人的价值。习近平总书记提到的"六个下功夫",每一项任务的落实都离不开劳动教育的有力助推。在坚定理想信念上下功夫,就要加强劳动价值观教育,让大学生真正理解并懂得"劳动最光荣、劳动最崇高、劳动最伟大、劳动最美丽"的道理,立志肩负起"劳动托起中国梦"的时代重任;在厚植爱国主义情怀上下功夫,就要加强劳动情感教育,教育大学生热爱劳动、热爱创造,深刻体验"中国梦·劳动美"的真理性意义,立志扎根人民、奉献国家;在加强品德修养上下功夫,就要培养大学生良好的劳动品德,教育大学生辛勤劳动、诚实劳动、创造性劳动,由衷地尊重各类劳动和劳动者、珍视他们的劳动成果,成为有大爱大德大情怀的人;在增长知识见识上下功夫,

就要加强科学教育劳动技能培育和劳动实践锻炼，充分发挥劳动手脑统合进行知识建构的优势，转变长久以来唯分数、唯书本、唯训练、唯考试，追求"纸面成长"的不良取向，教育学生知行相须，沿着求真理、悟道理、明事理的方向前进；在培养奋斗精神上下功夫，就要切实加强劳动实践锻炼，精心组织好大学生社会实践与志愿服务，不断深化产教融合，扎实推进创新创业，引导大学生在广阔的生产劳动与社会生活大熔炉中真抓实干、埋头苦干，历练敢于担当、不懈奋斗的精神；在增强综合素质上下功夫，就要充分发挥劳动天然具有的树德、增智、健体、育美、创新的综合育人价值，将劳动教育有机融入全面培养的教育体系中。

（二）基于任务式清单的劳动教育新模式探索

劳动教育是新时代党对教育的新要求，是中国特色社会主义制度的重要内容，是全面发展教育体系的重要组成部分。加强劳动教育既是全面落实立德树人总目标的任务要求，也是新时代高职院校担负培养高素质技术技能人才的使命要求。

因此，学院围绕立德树人根本任务，也开展了一些探索。例如：印发《中共河北交通职业技术学院委员会关于成立劳动教育工作领导小组的通知》，成立了以党委书记、院长为双组长，教务处、学生处、人事处、财务处、后勤保障处等为成员的劳动教育工作领导小组，下设劳动教育工作办公室和劳动理论研究办公室，分别负责指导学院实施劳动教育工作、劳动教育理论课教学和研究工作；印发《大学生思想教育大纲》，充分考量学生在不同成长阶段的发展需要，分阶段、分层次确定了劳动教育的目标、内容与形式；印发《劳动教育工作实施方案》，明确了学院劳动教育的主要任务，扎实推进劳动教育与思政教育、与专业教育等相结合；印发《关于促进学生全面发展的实施意见》，实施劳动淬炼工程，抓好生活劳动和公益劳动，抓好专业劳动实践，丰富学生劳动实践体验，提高学生职业劳动技能水平。

随着不断地外出调研、交流学习，不断地开会研讨、思维碰撞，"劳动教育清单"（以下称"劳动清单"）计划慢慢成形：立足学院实际，面向全体学生，本着落细、落小、落实的原则，实施学生劳动教育清单计划，制定《学生劳动教育清单管理办法》，挖掘全院岗位育人资源，构建劳动教育工作协同育人体系；以"劳动清单"为抓手，通过设计清单、实施清单、综合评价等方式，将劳动清单建设成为学生劳动教育重要载体、学生劳动素养提升的重要阵地、学生劳动教育工作理论研究与实践创新的重要平台，最终引导学生动手实践、出力流汗、接受锻炼、磨炼意志，培养学生正确劳动价值观和良好劳动品质。

二、三体共推，聚合多元力量

在劳动清单设计、实施过程中，充分整合学校、家庭、社会各方面力量，强化综合实施，拓展教育途径，努力构建协同育人格局。

（一）充分发挥学校在劳动教育中的主导作用

在"劳动清单"设计过程中，在全院范围内征集育人岗位，各部门、各系部均在劳动清单的规划设计、组织协调、资源整合、过程管理、总结评价等环节献计献策、贡献力量，充分激发了学院劳动教育协同育人活力。

1. 把握三个原则，做好清单设计

一是根据不同劳动教育内容，设计不同场域。例如：日常生活劳动教育在家庭和学校中落实；生产劳动教育在家庭、学校和社会中落实；服务性劳动教育在学校和社会中落实。场域的确定，使劳动教育的参与主体更为明确，促进了劳动教育的扎实落地。

二是根据学生发展需求，设计不同任务。一年级以日常生活劳动、公益服务劳动为主要内容开展劳动教育，二年级以服务性劳动、专业生产性劳动为主要内容开展劳动教育，三年级以专业性生产劳动为主要内容开展劳动教育。

三是根据育人一体化原则，注重不同年级任务的衔接。清单中高年级的劳动项目可作为低年级的发展目标，而低年级的劳动项目则是高年级必须做到的基础内容，以此保障劳动教育的持续性和有效性，使劳动教育形成一个相对完整的实施体系。

2. 抓好三个路径，促进清单落地实施

（1）注重前期教育，筑好学生思想根基

辅导员召开主题班会围绕劳动为什么、是什么问题，有重点地进行讲解，让学生懂得劳动的意义和价值。加强劳动观念、劳动纪律、劳动相关法律法规的正面引导，指明轻视劳动，特别是轻视普通劳动的危害，让学生明辨是非。岗位指导教师加强劳动知识技能的讲解，让学生认清事理，掌握实践操作的基本原理、程序、规则，正确使用工具的方法和技术；同时，围绕不同年级学生的学习特点，加强分类指导，有侧重地进行讲解，让学生懂得不同阶段的劳动活动重点：针对一年级学生，侧重培养劳动观念与劳动技能；针对二年级学生，侧重培育双创意识和职业精神；针对三年级学生，侧重增强职场适应与工匠精神。

（2）合理设计评价，激发学生劳动热情

为保持劳动教育的活力，激发学生的学习热情，设计了与"劳动清单"相配的评价体系，明确了劳动实践类型、次数、时间等考核要求。"劳动清单"的评价按维度可以拆分为：劳动态度分，以出勤、组织纪律、劳动用具保护、有互助精神等方面评分；劳动技能分——根据劳动技能的熟练程度评分；劳动任务完成情况分——依据每天劳动效果评分；"劳动清单"教育手册填写情况分——根据教育手册记录评分。由班级辅导员会同岗位指导教师结合各劳动岗位考核标准及其他相关要求进行综合评定，并在"劳动清单"教育手册录入学生成绩。同时，关注学生在完成劳动清单活动中的实际表现，注重从行为表现中分析把握劳动观念形成情况，以教师、家长、服务对象、用人单位等他评方式，指导学生进行反思改进。

（3）打造教育团队，提升育人能力水平

通过内招外聘、专兼结合方式，打造由教职工、企业导师、劳模工匠组成的劳动教育教学团队；组建多个劳模工匠、技能大师、博士工作室，牵头开展职业劳动与专题劳动教育。同时，学院以三支队伍建设为重点，全面推进劳动教育扎根结果。以思想政治理论课教师队伍建设为重点，推进红色教育与劳动教育的融合，引领学生培养爱国情怀，坚定理想信念；以辅导员队伍建设为重点，推进养成教育与劳动教育的融合，引领学生树立正确的劳动观和价值观；以专业课教师队伍建设为重点，推进专业实践与劳动教育的融合，引领学生树立正确的职业观和人生观。组织开展多种形式的师资培训活动，在师德师风建设中大力倡导劳动精神、劳模精神、工匠精神，着力建设一支站得稳、看得远、行得动的劳动教育工作队伍。

3. 抓住三个环节,巩固清单育人成果

(1) 示范操作

在"劳动清单"实施过程中,注重示范与练习,让学生会劳动。在日常劳动过程中,注重强化规范意识,辅导员、岗位指导教师注重教育学生从最基本的程序学起,严守规则,避免主观随意。在专业生产劳动过程中,注重强化质量意识,专业教师注重引导学生关注细节,每个步骤、环节都要精准到位;企业导师注重强化专注品质,注重引导学生对操作行为的评估与监控,做到眼到手到心到,有始有终。

(2) 反思交流

在"劳动清单"阶段性任务完成后,注重引导学生总结、交流,促进学生形成反思交流习惯。指导学生思考劳动过程和结果与社会进步、个体成长的关联,避免停留在简单的苦乐体验上。组织学生交流分享劳动的体验和收获,肯定具有积极意义的认识,纠正观念上的偏差。将反思交流与改进结合起来,使学生在劳动中获得成长。

(3) 榜样激励

在"劳动清单"实施过程中,注重树立典型,激发劳动热情。注意遴选、树立多类型榜样,不仅要有大国工匠、劳动模范,还要有身边劳动表现优异的普通劳动者和同学,选树"劳动之星",引导学生在劳动实践中努力向榜样看齐,指导学生从榜样的具体事迹中领悟他们的高尚精神和优良品质。

(二) 有效发挥家庭在劳动教育中的基础作用

在"劳动清单"设计和实施过程中,注重发挥家庭自身的基础作用,在学生日常学习过程中,让家长配合学校完成劳动实践教育,树立崇尚劳动的良好家风,重视引导学生积极参与家庭劳动,培养学生养成劳动和学习的好习惯。

例如,2020年初,新型冠状病毒肺炎疫情来袭,全民抗疫。在疫情防控期间,家长居家工作,孩子居家学习,成了生活常态。这给家长与孩子提供了更多相处的时间和空间,为家庭劳动教育的开展创造了机会。疫情之下,劳"疫"结合,以"疫"待劳,以"疫"拓劳,开展劳动教育周活动，深挖家庭劳动资源，让劳动教育真正回归家庭。一是挖掘家庭生活中的服务家庭型劳动资源，动员学生参与进家庭的日常劳动中，主动帮忙承担家务劳动。二是挖掘家庭生活中的服务社区型劳动资源，增强疫情防护的社会责任感。鼓励、引导学生积极参加社区的防疫防护工作，在疫情公益劳动中增强自身的劳动价值感，提高自身的劳动素养。发挥家长的引领、监督作用，用"三个一"评估的方式，即通过"每天一记录、每周一总结、每月一评价"，来督促学生、帮助学生形成正确的劳动观念、积极的劳动态度，掌握丰富的劳动知识与娴熟的劳动技能，养成良好的劳动习惯。

（三）注重发挥社会在劳动教育中的支持作用

"劳动清单"设置了企业教育特色实践，加强了校企合作力度，高效利用了企业的基础设施协作建设劳动实践教育基地，弥补了学生在课堂中学习不到的实践知识和技能，从而集社会各界力量，全方位培育了学生的劳动精神和劳动能力。

"劳动清单"设置了劳动场域在学校、家庭范围之外的，以校外职业体验劳动、校外服务性劳动为主的劳动形式。让学生体验其中相关的劳动实践过程，从中认识劳动的价值，以及个体劳动与社会发展之间的直接关系。

例如：校外职业体验劳动设置了包括参观式职业体验、职业辅助劳动体验、顶岗式职业体验，可以是学工、学农等；校外服务性劳动设置了包括为社区、城市的相关组织提供社会公益服务，如公共图书馆服务、博物馆志愿者服务、环保服务、助残、敬老、扶弱等。

三、四个结合，深化知行合一

（一）将"劳动清单"与日常生活实践相结合

学院在家庭推出"居家劳动一小时"活动，使学生养成良好的个人生活习惯。在学校推出"文明宿舍评选""留给母校一间整洁如初的寝室""劳动教育周"等活动，在集体劳动中提升学生的生活技能。

学院开办劳动技能大赛，将布艺手工、厨艺争霸、垃圾分类、机械组装等生活劳动项目纳入生活技能竞赛范围，培养学生热爱劳动的情感，掌握基本生活技能，提高劳动本领，感受劳动的乐趣，体验劳动的价值，同时也丰富学生的课余生活，促进学生全面发展。

（二）将"劳动清单"与社会志愿服务实践相结合

学院重点依托志愿服务、社会实践等项目模块，夯实学生社会实践能力，提升学生社会服务水平。一是拓展实践平台，打造特色服务品牌。通过组织"重走长征路""助力乡村振兴"等近百项社会实践活动，动员1 000多名青年学生深入基层、深入社区，广泛开展调研和社会实践。"深入山村奉献青春力量""元氏孝道村墙绘"等多个社会实践志愿服务品牌项目受到了人民网、河北卫视、中国青年网等30余家新闻媒体的跟踪报道，产生了良好的社会反响。二是突出"奉献"主题，完善志愿服务体系。搭建以赛会服务、品牌活动为重点的志愿服务项目体系。为河北省残疾人运动会等大型赛会输送志愿者519人，累计服务时长2万小时；打造了志愿服务常态化的"九大志愿品牌工程"，以实际行动践行初心和使命。学院现有注册志愿者5 000余名，累计开展活动2 000余项，为社会提供服务63万小时，学院也荣获河北省优秀青年服务志愿集体称号。

（三）将"劳动清单"与创新创业实践相结合

学院是全国创新创业典型经验高校，建有创业指导办公场地、创业孵化基地、创业实训基地、创业实践平台等校级创业指导服务工作专用场地3万平方米。通过将劳动清单与创新创业实践相结合，依托学院双创教育"六四五五"教学体系，围绕创新创业教育集聚的师资、课程、讲座、实训、竞赛、孵化以及支撑平台、体制机制等要素，发挥"政、行、企、校、研"各自优势，健全"五方协同"的双创育人机制，开展"创意、创新、创客、创业、创造"教育和实践活动，让学生在创业劳动中体会酸甜苦辣。目前，众创空间入驻学生企业40余家；单周举办创新创业"睿道讲座"，累计近50场；举办"校友有话说"大型生涯故事分享会8场。每年举办大学生"互联网+"创新创业大赛，让学生把创业理论转化为实实在在的成果，增强学生创业的获得感和劳动幸福感。

（四）将"劳动清单"与实习实训相结合

依托职教集团，学院产教融合、校企合作不断强化：与中铁十二局等多家世界500强企业和国有大型企业建立合作关系；与长城汽车股份有限公司签约成立全国首家"长城汽车产业学院";上汽大众SCEP项目是华北地区规模最大、河北省唯一的五星级标杆基地;现代物流实训基地承担了石家庄区域内本专科物流专业培训。学院是中国公路建设行业协会在河北省唯一认定的培训合作机构。通过将劳动清单与实习实训相结合,将"读万卷书"与"行万里路"相结合,搭建了练好技能培养平台,让学生在岗位上锻炼,在劳动中提升,扎根中国大地了解国情省情民情,在专业探究实践中树牢匠心筑梦、技能报国的家国情怀。

四、六个课堂,汇聚全域资源

"六个课堂"全域协同全方位育人,通过凝聚"六个课堂"的时、空、人、事全要素,创新多维途径,汇聚多元力量,立足全方位,整合育人全资源,推进课内课外育、线上线下育有机融合,构建劳动教育全方位协同育人平台。

(一)深耕"育人主战场"第一课堂,扎实开展劳动教育课程,充分发挥课堂主渠道作用

学院自2002年开始以劳动周的形式开设劳动教育,已近20年。2020年,根据《关于全面加强新时代大中小学劳动教育的意见》,学院对劳动教育课程进行了调整,将劳动教育课程分两部分进行。第一部分在第二、三学期各安排1周劳动周,由专人负责劳动周安排,以班级为单位划分小组,有序安排学生的集体劳动,学生分工负责开展校园指定区域的卫生保洁、修剪草坪、秩序维护等劳动,培养了学生的劳动意识、劳动习惯、劳动精神和健康体魄;第二部分生产劳动,以实习实训课为主要载体开展劳动教育,其中劳动精神、劳模精神、工匠精神专题教育不少于16学时。

(二)推动"兴趣延伸"第二课堂

学院利用课外业余时间,鼓励对接"1+X"职业技能证书,建设专业社团,通过团队项目、技能大赛等方式,将劳动育人贯穿各个环节,丰富活动育人载体。

(三)拓展"网络空间"第三课堂

学院依托"大学生在线""易班""学院两微一端"等平台,加强劳动科学知识的宣传普及，创新网上劳动实践活动的开发设计；加强劳动模范先进事迹的示范引导，使劳动教育的形式更加灵活多样，内容更加生动有趣。

（四）组织"实训实践"第四课堂

学院探索"学、研、政、企"四位一体共建模式，强化企业导师指导角色，优化劳动教育元素，构建全员育人实践平台；在学生中弘扬劳动精神，厚植工匠文化，不断加强和提升学生劳动素养和劳动技能，培养学生恪守职业操守、崇尚精益求精、认真负责的优良品质。

（五）重视"职场实战"第五课堂

学院坚持教育与生产劳动相结合，以市场需求为导向；通过实行仿真训练、校中厂、厂中校、顶岗实习等灵活多样的人才培养模式；通过激发学生在打工、兼职过程中的育人要素，建设企业级职业训练环境；融入行业标准与企业文化元素，构建基于职业导向的职业技能训练体系，培养学生职业劳动素养。

（六）注重"文化浸润"第六课堂

一是推动劳动教育融入办学理念。学院校训——"厚德、明志、砺能、笃行"意在培养"有品德修养，有坚定志向，有过硬技能，有实践担当"的高素质技术技能人才；学院精神——"干在实处永无止境，走在前列再谋新篇"引导学生真干实干的劳动精神和勇于争先的意志品质。二是推动劳模精神、工匠精神融入校园活动。开展"奋进新时代，中华传统美德职教行"全国交通运输职业院校"劳模工匠进校园"活动，宣传劳动模范和高素质劳动者的突出事迹和重要贡献，让凸显鲜明职业文化的劳模精神与工匠精神成为校园文化建设的主流与风尚。三是推动劳动教育融入专业教育。连续多年举办技能大赛，连续多年举办校园科技文化艺术节，营造"崇尚技能、技高为荣"的技能文化氛围，校园中崇尚技能、练就技能已蔚然成风。四是完善激励机制，对在学习活动、实践活动、技能竞赛中表现优异的学生给予表彰和奖励，选树"劳动之星"，挖掘师生中的各类典型、模范和榜样予以深入宣传报道，营造"崇尚劳动、尊重劳动、热爱劳动、锤炼技能"的校园文化氛围。

五、两大平台，建立综合评价

构建学生成长成才诊改平台，创新拓展"到梦空间"平台，使育人的"软指标"变为"硬约束"。

（一）以内部质量诊断与改进为抓手，构建学生成长成才实时动态诊改大数据平台

学院围绕学生个体发展的总目标，在学生层面设定了5个诊断项目，14个诊断要素，61个诊断点，对每个诊断点都设定了标准值和预警值，并参照年级特点分别设立了有针对性的引领性、约束性、激励性诊断点，分配了不同的权重，形成一年级注重职业生涯规划和基本劳动素质养成、二年级注重专业能力和职业素养培养、三年级注重综合职业能力和工匠精神锻造的三阶递进培养模式。通过构建学生工作组织机构体系、搭建数据采集智慧平台体系、完善制度建设体系、落实经费保障、依托大数据分析与决策预警平台，对学生目标完成情况进行实时监测、即时预警、常态纠偏、调控改进，有效激发学生参与劳动、热爱劳动的内生动力。

针对培养学生劳动素养，学院实施劳动"淬炼"工程，邀请"大国工匠"进校园，将劳动教育与思想政治教育相结合、教育引导学生端正劳动观念，锻造学生练就过硬本领。最终在一学年的目标达成度进行诊断时，标准达标率为97.1%，目标完成率为92.75%。其中，美劳素质拓展方面，目标达成度为88.89%，自诊的问题是参与社会劳动实践学生比例未能达到目标；诊断原因是学院固定的社会劳动实践基地较少，未能组织开展满足学生实践需求的各类活动。

针对参加社会劳动实践学生比率未达到标准问题，学院加强学生社会劳动实践基地合作项目建设，拓展社会劳动实践活动载体，提升学生参与劳动教育活动的积极性。2021年5月20日，学院与河北省农林科学院联合共建的"青年劳动教育实践基地""现代农业科普实践基地"，共建实践基地将为两院广大青年、学生参加劳动实践提供便利条件，对加强实践技能、增长农业知识、培养劳动精神、提升综合素质、弘扬时代新风起到重要的推动作用。

（二）积极搭建第二课堂劳动育人平台，完善劳动教育的实践活动体系

一是创新和拓展"到梦空间"平台的功能与使用领域，将第二至六课堂分类整合，构建包括工匠技能在内的 6 个学分模块，积极完善第二课堂成绩单制度的劳动教育板块，丰富以社会实践和劳动服务两模块为主要形式的第二课堂劳动教育。学院自 2016 年第二课堂成绩单制度施行，在"第二课堂成绩单"载体 App"到梦空间"共发布 2 816 个第二课堂活动，其中劳动实践及服务类活动有 531 个，平均每个活动签到率高达 93%。二是开展丰富多彩的劳动主题教育和劳动技能竞赛活动，如开展一月一主题的劳动教育周活动、"一系一品"专业技能竞赛月、勤工俭学等活动，激发学生劳动兴趣。三是将日常生活劳动和校内外公益服务性劳动等劳动教育实践活动纳入"到梦空间"学分体系，通过项目化方式，鼓励支持学生自主设计组织有意义的课外劳动教育活动，制定融通第一课堂与第二课堂的学院学分认定与转换管理办法，建立"个人成长成绩单"沉淀式汇兑机制与平台，落实"第二课堂成绩单"制度，激发学生参与劳动的积极性。学院通过打造实践育人平台，逐步构建包含学校劳动、家务劳动、社会劳动的实践教育体系。

六、主要做法及经验思考

（一）主要做法（以校内岗位体验清单为例）

1. "劳动清单"计划安排

"劳动清单"计划在全日制学生中开设，学生处在全院范围内征集育人岗位，根据岗位数量统一编制"劳动清单"，以系为单位集中组织实施。

"劳动清单"计划为每个学生必须参加的主题教育，时间 1 学年，设若干个岗位积分，一般安排在一年级的 1 个学年，学生劳动教育岗位清单按学生处汇总编制的执行。

2. "劳动清单"内容（岗位设置）

卫生保洁：负责校园内道路、广场、绿地、教学楼、学生公寓楼、食堂、

实训室等场所的环境卫生清扫、保洁、监督工作。

绿化养护：协助做好校园内所有绿地的杂草清除，草坪养护、残枝烂叶修剪以及校园或会议的花卉摆放和布置等工作。

秩序管理：协助做好公寓安全卫生检查、校园安保巡逻、门岗值勤、访客登记、实训室管理等工作。

处室助理：协助做好资料整理、文字录入、事务协调等工作。

其他校内岗位常规性或突击性的劳动任务。

3. 劳动时间安排

总体时间安排：周一至周日。每天劳动时间：上午8：30~11：30，下午14：00~17：00，个别岗位视工作内容确定劳动时间；担任值班的同学劳动时间由指导师傅安排；突击性劳动时间另行安排。学生根据自己课余时间安排确定劳动见习岗位。

4. 岗前教育

上岗劳动前安排一次岗前教育课，辅导员对各岗位的劳动任务、职责和考核标准开展教育。

各劳动岗位指导教师必须对参加劳动岗位见习的学生进行认真考勤，在学生参加岗位劳动时开展安全教育、劳动技术指导等。

5. 劳动岗位考核标准

学生劳动见习岗位考核根据学生劳动态度、掌握劳动技能、劳动任务完成情况和手册填写情况，进行定性定量考核。

劳动态度30分：以出勤、组织纪律、劳动用具保护、有互助精神等方面评分。

劳动技能10分：根据劳动技能的熟练程度评分。

劳动任务完成情况50分：依据每天劳动效果评分。

劳动清单教育手册填写情况10分：根据教育手册记录评分。

学生劳动岗位成绩分为优秀（90分以上），良好（75~89分），及格（60~74分），不及格（60分以下）四个等级。

6. "劳动清单"奖惩

对"劳动清单"活动成绩突出的班级或个人授予相应的荣誉称号，给予精神和物质奖励。

劳动岗位见习成绩低于"良"者,不得评为省级以上"三好学生""优秀学生干部"。

(二)工作成效

1. 清单引领,为劳动教育赋能

"劳动清单"的价值不仅在于让学生掌握劳动技能,更在于它用"打卡"式任务驱动的新形式,为劳动教育赋能,让学生在亲历劳动的过程中,感受到劳动的艰辛和收获的快乐,增强了获得感、成就感和荣誉感,通过"劳动清单"引领,将劳动教育落细、落小、落实。

2. 三阶递进,为学生成长铺路

"劳动清单"遵循教育规律,形成一年级大学生主要从事校内体力服务型岗位,二年级学生主要参加创新创业和校外服务型活动,三年级结合专业从事技术型实践的三层递进的教育模式,为学生增强职业荣誉感和责任感,提高职业劳动技能水平,培育积极向上的劳动精神和认真负责的劳动态度搭台铺路,不断提升综合劳动素养。

3. 各方协同,为劳动育人聚力

"劳动清单"的规划设计、组织协调、资源整合、过程管理、总结评价等环节,充分整合了学校机关、系部各单位及家庭、社会各方面力量,充分发挥学校的主导作用、家庭的基础作用、社会的支持作用,充分激发了劳动教育协同育人活力,强化了综合实施,拓展了教育途径,努力构建协同育人格局。

(三)下一步加强和改进的计划

1. 聚焦清单内容建设

将"劳动清单"嵌入大学生主题活动中。大学生往往根据兴趣爱好,利用课余时间参加自己喜欢的校内实践活动,如投身学生会、筹备迎新生晚会等,这些实践活动与学生的日常生活有机结合,蕴藏了丰富的劳动要素。将校内实践活动有机嵌入"劳动清单"的相关内容中,为每个活动设计一个总体的劳动项目,再将劳动项目分解为具体的劳动任务,组织学生分工执行。在劳动项目的驱动下学生不仅参与了自己喜欢的实践活动,而且在完成任务的过程中还得到了相应的锻炼,收获到了劳动的成果。

2. 聚焦实践平台建设

充分利用社会资源，使劳动教育小课堂与社会实践大课堂精准对接，主动与街道社区、工厂农场、行业协会、公益基金会、敬老院、孤儿院等组织机构联系，本着双向共建，合作共赢的理念，从企业单位发展需要和锻炼大学生劳动能力的角度出发，挂牌建立多种形式的劳动教育基地，结合专业特点开展社会服务，开展生产实习，让学生在劳动中增长才干，让相关机构在活动中获得效益。

3. 聚焦校本教材开发

要在目前"劳动清单"的基础上，配套研发日常生活劳动、生产劳动和服务性劳动等校本教材，做好让学生不仅有丰富的劳动锻炼平台，还要有规范性技术指引，进行全面系统的劳动科学素养培育，更好地提升综合劳动素养。

参 考 文 献

[1] [苏]马卡连柯. 马卡连柯全集（第5卷）[M]. 刘长松，杨慕之，李子卓，等，译. 北京：人民教育出版社，1956.

[2] [苏]马卡连柯. 马卡连柯全集（第4卷）[M]. 耿济安，等，译. 北京：人民教育出版社，1957.

[3] [英]亚当·斯密. 国民财富的性质和原因的研究（下）[M]. 郭大力，王亚南，译. 北京：商务印书馆，1974.

[4] [英]威廉·配第. 配第经济著作选集[M]. 北京：商务印书馆，1981：66.

[5] [法]傅立叶. 傅立叶选集（第3卷）[M]. 汪耀三，庞龙，冀甫，译. 郭一民，校. 2版. 北京：商务印书馆，1982.

[6] [苏]瓦．阿．苏霍姆林斯基. 家长教育学[M]. 杜志英，吴福生，等，译. 北京：中国妇女出版社，1982.

[7] 王天一. 外国教育史（上册）[M]. 北京：北京师范大学出版社，1984.

[8] 中央教育科学研究所编. 中华人民共和国教育大事记（1949—1982）[M]. 北京：教育科学出版社，1984.

[9] 华中师范学院教育科学研究所. 陶行知全集（第3卷）[M]. 长沙：湖南教育出版社，1985.

[10] 卢梭. 爱弥儿：论教育：上[M]. 李平沤，译. 北京：人民教育出版社，1985.

[11] [美]亚伯拉罕·马斯洛. 动机与人格[M]. 许金声，程朝翔，译. 北京：华夏出版社，1987.

[12] 华东师范大学教育系编. 中国现代教育文选[M]. 北京：人民教育出版社，1989.

[13] 中国文化书院学术委员会. 梁漱溟全集（第4卷）[M]. 济南：山东人民

出版社，1991.

[14] 成有信. 劳动教育、综合技术教育和职业教育（上）[J]. 高等师范教育研究，1992（06）.

[15] 陈谟开. 高等教育与生产劳动相结合新论[M]. 长春：东北师范大学出版社，1995.

[16] 何东昌编. 中华人民共和国重要教育文献（1949—1975）[M]. 海口：海南出版社，1998.

[17] 何东昌编. 中华人民共和国重要教育文献（1976—1990）[M]. 海口：海南出版社，1998.

[18] 蔡汀，王义高，祖晶. 苏霍姆林斯基选集（第2卷）[M]. 北京：教育科学出版社，2001.

[19] 李昌义、杨建华、邓忠莲. 关于开设创新创业教育的设想[J]. 发明与革命，2002（06）.

[20] 何东昌编. 中华人民共和国重要教育文献（1998—2002）[M]. 海口：海南出版社，2003.

[21] [苏]马卡连柯. 马卡连柯教育文集（下卷）[M]. 吴式颖，等，译. 北京：人民教育出版社，2004.

[22] 黄济. 关于劳动教育的认识和建议[J]. 江苏教育学院学报（社会科学版），2004（05）.

[23] 瞿葆奎. 劳动教育应与体育、智育、德育、美育并列？——答黄济教授[J]. 华东师范大学学报（教育科学版），2005（03）.

[24] 北京师联教育科学研究所. 阿莫纳什维利实验教学体系与教育论著选读[M]. 北京：中国环境科学出版社，2006.

[25] 刘畅. 论中高级技工人才培训与"大工匠"培育[J]. 新乡学院学报，2017（08））.

[26] 曹胜利，雷家骕. 中国大学创新创业教育发展报告[M]. 沈阳：北方联合出版传媒股份有限公司，2009.

[27] 黄济. 雪泥鸿爪——新中国教育哲学重建的探索[M]. 北京：北京师范大学出版社，2010.

[28] 吴丹. 弘扬劳模精神 争做时代楷模[J]. 中国人力资源社会保障, 2010（06）.

[29] 石国亮. 时代推展出来的大学生创新创业教育[J]. 思想教育研究, 2010（10）.

[30] 徐海红. 生态劳动视域中的生态文明[D]. 南京：南京师范大学, 2011.

[31] 肖凤翔、张弛. "双师型"教师的内涵解读[J]. 中国职业技术教育, 2012（15）.

[32] 陶行知. 陶行知自述[M]. 合肥：安徽文艺出版社, 2013.

[33] 薛栋, 论中国古代工匠精神的价值意蕴[J], 职教论坛, 2013（34）.

[34] 周汉民. 敬业乐群·黄炎培职业教育思想读本（教育篇）[M]. 上海：上海科学技术文献出版社, 2014.

[35] 陈万柏, 张耀灿. 思想政治教育学原理（第三版）[M]. 北京：高等教育出版社, 2015.

[36] 陶行知. 行是知之始[M]. 苏州：古吴轩出版社, 2016.

[37] 张苗苗. 思想政治教育视野下工匠精神的培育与弘扬[J]. 思想教育研究, 2016（10）.

[38] 赵亮亮. 关于进一步做好劳模管理服务工作的研究与思考[J]. 北京市工会干部学院学报, 2017（03）.

[39] 何云峰. 从劳动作为人的类本质的视角看劳动幸福问题[J]. 江汉论坛, 2017（08）.

[40] 田正平, 李笑贤. 黄炎培教育论著选[M]. 北京：人民教育出版社, 2018.

[41] 张文财, 基于工匠精神视域下高职院校技能型人才培养[D]. 南昌：东华理工大学, 2018.

[42] 何云峰. 社会主义对资本主义社会文化价值系统的超越[J]. 湖北大学学报（哲学社会科版）, 2018（06）.

[43] 李珂. 嬗变与审视：劳动教育的历史逻辑与现实重构[M]. 北京：社会科学文献出版社, 2019.

[44] 刘向兵. 新时代高校劳动教育论纲[M]. 北京：社会科学文献出版社·城市和绿色发展分社, 2019.

[45] 柳夕浪. 全面准确地把握劳动教育内涵[J]. 教育研究与实验，2019（04）.

[46] 徐海娇. 重构劳动教育的价值空间[J]. 中国教育学刊，2019（06）.

[47] 乔东. 劳模精神、劳动精神和工匠精神探析[J]. 中国劳动关系学报，2019（10）.

[48] 赵智军、任庆国、刘喆，高职院校工匠精神"四进"工程培育体系研究与实践：以陕西铁路工程职业技术学院为例[J]，职业技术，2019（10）.

[49] 陈慧、韩忠培、陈瑶，论基于校企合作视角的高职院校高技能人才培养模式[J]，教育与职业，2019（16）.

[50] 周淑芳. 新时代大学生马克思主义劳动观教育刍论[J]. 学校党建与思想教育，2019（23）.

[51] 孙怡. 新时代大学生劳动观教育研究[D]. 喀什：喀什大学，2020.

[52] 卢心悦. 新时代大学生劳动教育研究[D]. 上海：华东师范大学，2020.

[53] 张洁. 农村小学综合实践活动课中劳动教育的现状及对策研究——来自长沙市望城区三所小学的调查[D]. 长沙：湖南师范大学，2020.

[54] 程秀. 效用错位视角下城市居民绿色生活方式引导政策及仿真研究[D]. 北京：中国矿业大学，2020.

[55] 檀传宝. 何谓"教育与生产劳动相结合"——经典论述的时代阐释[J]. 课程·教材·教法，2020（01）.

[56] 雷虹，朱同丹. 以学生为中心视域下高校劳动教育的意蕴解读及路径选择[J]. 黑龙江高教研究，2020（03）.

[57] 姜大源. 刍议新时代劳动教育的时空构建[J]. 国家教育行政学院学报，2020（06）.

[58] 王永波、胡大鹏，工匠精神融入高职校园文化建设的问题与对策——以长沙航空职院为例[J]，机械职业教育，2020（07）.

[59] 吴军. 高职劳动教育再审视：现实需要、逻辑机理及实践路向——基于马克思主义劳动观的阐述[J]. 职业技术教育，2020（10）.

[60] 周菲菲，日本的工匠精神传承及其当代价值[J]，日本学刊，2020（S1）：151.

[61] 耿协萍. "课程劳动教育"问题初探[J]. 江南论坛, 2020 (11).

[62] 刘向兵. 用劳模精神、劳动精神、工匠精神凝聚新征程奋斗力量[J]. 红旗文稿, 2021 (01).

[63] 邢良, 曹科岩. 工匠精神融入高职院校人才培养路径探析[J]. 深圳职业技术学院学报, 2021 (02).

[64] 石丽, 李吉桢. 高校创新创业教育: 内涵、困境与路径优化[J]. 黑龙江高教研究, 2021 (02).

[65] 陈波涌, 黄鑫楠. 中小学劳动教育的国际经验及启示[J]. 当代教育论坛, 2021 (04).

[66] 杨效泉, 曾蓓蕾, 白炳贵. 加强大学生劳动教育的时代价值与实践路径[J]. 黑龙江教育 (理论与实践), 2021 (04).

[67] 翟博. 党的教育方针百年演进及其思想光辉[J]. 人民教育, 2021 (06).

[68] 明芳, 石路. 从"劳工神圣"到"大国工匠精神": 中国共产党劳模精神的百年构建与嬗变[J]. 当代教育论坛, 2021 (07).